U0724556

古月 ◎ 著

唐盛唐衰

肆

龙游浅水

中国铁道出版社有限公司
CHINA RAILWAY PUBLISHING HOUSE CO., LTD.

图书在版编目（CIP）数据

唐盛唐衰 . 肆，龙游浅水 / 古月著 . —北京：中国铁道
出版社有限公司 , 2024.8
　ISBN 978-7-113-31291-6

　Ⅰ . ①唐… Ⅱ . ①古… Ⅲ . ①中国历史—唐代—通俗
读物 Ⅳ . ① K242.09

中国国家版本馆 CIP 数据核字（2024）第 106316 号

书　　名：**唐盛唐衰（肆）：龙游浅水**
　　　　　TANG SHENG TANG SHUAI (SI)：LONGYOU QIANSHUI
作　　者：古　月

策划编辑：王晓罡
责任编辑：马慧君　　　　　电　　话：（010）51873005
装帧设计：尚明龙
责任校对：刘　畅
责任印制：赵星辰

出版发行：中国铁道出版社有限公司（100054，北京市西城区右安门西街 8 号）
网　　址：http://www.tdpress.com
印　　刷：河北燕山印务有限公司
版　　次：2024 年 8 月第 1 版　2024 年 8 月第 1 次印刷
开　　本：710 mm×1 000 mm 1/16　印张：13　字数：200 千
书　　号：ISBN 978-7-113-31291-6
定　　价：88.00 元

目 录

第一章 安史之乱

I

第二章　内忧外患

第三章 后劲乏力

后　记

主角：安禄山、郭子仪

配角：李隆基、李亨、李光弼、史思明、颜真卿、颜杲卿、李泌、李俶、李倓、李辅国、张良娣、程元振等

事件：震古烁今的"安史之乱"终于爆发了，蓄谋已久的安禄山带领数十万虎豹豺狼直下中原，中华大地顿时沸腾起来，首先面对兵锋的河北地区几乎只有颜杲卿和颜真卿兄弟带着几个将领坚守，其他郡县瞬间被安禄山收入囊中。手忙脚乱的唐玄宗李隆基仓促间组织的防守效果并不理想，安禄山肆无忌惮地摧残着大唐，不过还好大唐根基雄厚，很快便稳住阵脚，安禄山随之陷入困境，然而，令所有人想不到的是让安禄山摆脱困境的人竟然是他最大的仇敌——杨国忠！

奸臣作梗，使得大唐蒙难、皇帝蒙羞，李隆基惶惶如丧家犬般逃出京城长安，在马嵬驿留下一段凄美的爱情故事……

马嵬驿事件之后，太子李亨与父亲挥泪告别，组织人马平叛。最终，在郭子仪和李光弼等人的共同努力下，终于收复了大好河山。

安禄山的叛乱平息了，史思明的叛乱也平息了，这场叛乱算是过去了，但它带来的影响是空前的，可以说是唐朝由盛转衰的转折点，对后世的政治、经济、文化等方面均产生巨大影响，史学家司马光是这样评价的："由是祸乱继起，兵革不息，民坠涂炭，无所控诉，凡二百余年。"

仓促备战

公元 755 年，手握重兵的安禄山发动叛乱，大唐朝野震动，唐玄宗李隆基的心中如同打翻五味瓶一般，一位自己如此重用、如此厚爱的大臣竟然跟自己翻了脸。

到底错在哪里？

此刻的李隆基已经没有时间来思考这个问题，因为安禄山那号称二十万的大军正兵分多路袭击中原，当务之急是召集群臣开会，商讨对策。

够级别的大臣很快到齐了，大家闹哄哄地议论着安禄山这人不厚道，皇帝对他那么好，他竟然还能干出这样缺德的事儿，大骂安禄山的同时也都神色慌张，这般文臣这辈子还没打过仗，虽然边境战事断断续续，但那离他们太远了，现在安禄山剑锋所指可是长安城啊，那群野蛮人要是真杀过来可如何是好？

几乎所有人的面部表情都痛苦不堪，唯独宰相杨国忠不然，眼瞅着战火即将荼毒大唐，身为宰相的他不但不忧国忧民，反倒流露出难以掩饰的开心，如同刚刚吃了蜜糖一般，在场的所有人——包括皇帝在内——都能从他脸上读到他的心声："我说安禄山要造反吧，皇帝偏偏不信，现在怎么样？事实证明我杨国忠是正确的。"（《资治通鉴》记载：杨国忠扬扬有得色。）

杨国忠不紧张不完全是因为出了皇帝不相信他的这口恶气，还有另外一个原因，那就是他根本没把安禄山放在眼里，在他看来安禄山不过是个肥胖的小丑，是他妹妹杨贵妃的干儿子，是众多宫女褓裸中的大婴儿……因此，杨国忠大大咧咧地跟李隆基说："陛下不必多虑，安贼掀不起什么大风浪，他的手下那么多大唐子弟，一定不会跟他造反的，不出十日，安贼首级必被送至京城。"

李隆基看杨国忠拍着胸脯打包票，心里顿时踏实许多。

第二天，安西节度使封常清进京见驾，李隆基对这位实战将军十分看重，正好向他询问退敌良策。封常清虽没像杨国忠那样认为安禄山的脑袋很快会被送到这里，但也表示这不是什么大事儿，兵来将挡水来土掩，他敢造反，我把他弄死就是了。

这下李隆基心里更有底了，任命封常清为范阳、平卢节度使，到东京洛阳招募士兵讨伐叛贼。

范阳和平卢两地的节度使原本都是安禄山担任的，现在他叛变了，自然得重新委任节度使，那些地方都在安禄山的掌控之中，不管谁当节度使都没办法去上任，李隆基任命封常清为两地节度使只是一种许诺。

封常清是位相当了得的将军，要文韬有文韬，要武略有武略，他说他孤身一人带着圣旨到洛阳现场征兵就能破安禄山二十万大军，是否就真能破呢？

如果按照封常清预料的那样可能真能破，他认为安禄山的二十万大军不是铁板一块，从各级将领到士兵并不都是铁了心地跟着造反，只要大唐官军一到，便会土崩瓦解。

可是，封常清并不知道安禄山为了造反蓄谋已久，军中重要岗位都是安禄山的心腹胡将，而且他还私自训练了一支属于自己的极其忠心的队伍，这支队伍称为曳落河。

"曳落河"这个词是突厥话音译过来的，翻译成汉语就是壮士的意思，这支壮士组成的队伍足足有八千人，这八千人都不是汉人，是同罗、奚、契丹以及其他民族的人。

为了让曳落河死心塌地为自己卖命，安禄山给他们提供极其优越的待遇，还将他们收为义子，这样一来，这支队伍除了跟安禄山有工作关系之外，还跟他有了亲情，这亲情虽不是真的亲情，但对作战还是会有很大帮助。

封常清并不了解叛军的基本情况，因此才敢孤身一人镇守洛阳，令大家比较高兴的是，封常清在洛阳的工作开展得极其顺利，十天时间征兵六万，洛阳作为东京绝对是座坚城，有六万人镇守应该可以抵挡叛军冲击，有了这层保障，李隆基可以安心进行第二阶段部署。

第二阶段的第一件工作就是泄愤，安禄山远在范阳，他的儿子安庆宗一直在京城做官，安禄山造反之前为了不让李隆基起疑，一直没把儿子撤回老家，这下安庆宗可就倒霉了，被大骂一通之后砍头示众，他的媳妇荣义郡主也被赐自尽家中。

杀完安庆宗是稍微出了口气，可这却会让安禄山那二十万大军来得更加凶猛，杀了人家儿子人家能不生气吗？虽说安禄山在范阳起兵之

时便知道儿子应该是小命不保，但等真的收到死讯时仍然暴跳如雷，为此，李隆基还得继续进行人事调整和军事部署。

这次调整的力度非常大，任命郭子仪为朔方节度使，程千里为潞州长史，荣王李琬（李隆基的儿子）为兵马大元帅，高仙芝为兵马副元帅。

主将、副将都安排好了，但打仗不能没有士兵啊，禁军那是保护皇帝的，不到万不得已的时候不能派出京城，另外各个节度使手下都有几万兵马，但那些兵也不能抽调过来，他们要跟吐蕃、突厥、南诏等进行长期而艰苦的斗争，此刻为平叛还得新募士兵，还好大唐人口众多，一支十多万人的队伍迅速拉了起来。

李隆基这边积极备战，可仍然赶不上安禄山进攻的步伐，转眼之间黄河以北的大部分地区就姓了安，安禄山之所以能打这么快，主要有这样几个原因：

第一，安禄山来势凶猛，大有人挡杀人、佛挡杀佛之势。

第二，安禄山长期担任范阳、平卢、河东节度使，黄河以北的大部分区域本来就归他管，现在他带头杀过来，大部分城池望风而降。

第三，中原官民安稳日子过得太久，根本没有战争意识，更谈不上备战，虽然有些守将有节操，但他们的下场大多是为国尽忠。

要说黄河以北地区能给安禄山制造麻烦的也就只有颜家兄弟了，颜杲卿通过诈降的办法稳住安禄山，然后准备敲他闷棍，他的堂弟颜真卿水平更高，早就看出安禄山必反，又知道皇帝不会相信安禄山必反，因此也没向皇帝汇报，自己很早就开始做战争准备，即便这样，颜真卿也只能保住一小片区域，安禄山的大军长驱直入，直逼东京洛阳。

叛军快速逼近洛阳，但大多数人并不太担心，因为洛阳有封常清镇守，而且还有六万士兵，这应该足以给叛军重创。

此刻的封常清压力极大，他知道这六万新兵的战斗力比没有强点儿不多，但能有什么办法呢？有就比没有强呗，在这种情况下他也只能硬着头皮把新兵派上前线，结果由田承嗣、安忠志、张孝忠率领的叛军先锋部队轻而易举便把唐朝新兵打得七零八落，这一仗下来，封常清更加认识到事情的严重性，叛军情况并非自己开始预料的那样，看来这仗不好打，不好打也得打啊。

唐军数战数败之后，叛军终于攻陷洛阳，这下洛阳城可遭殃了，这些胡兵根本不知道"同情心"三个字怎么写，见到男人就杀，见到女人就强暴，见到东西就抢，抢不走的就砸。封常清又尽力反击了两次，每次都以大败而告终，最终只得落荒而逃。

洛阳失守对大唐打击极大，无节操的地方官员干脆放弃抵抗直接投降，但那些有气节的英雄仍然用一腔热血捍卫着大唐的尊严。

封常清战败之后与高仙芝汇合，把胡兵胡将的情况如实进行汇报，并且提出切实可行的建议："叛军兵锋太盛，我们用新兵正面迎击跟送人头没什么区别，现在只能避其锋芒，由主动进攻转为全面防守，虽说我们打不过他们，但要是全力防守应该还是绰绰有余，目前最佳防守地点就是潼关，叛军若是攻打长安要经过潼关，我们在那布防定能让叛军寸步难行。"

封常清是高仙芝一手提拔起来的，高仙芝对他的能力再了解不过，这个建议确实可行。

为何说在潼关布防叛军就寸步难行呢？

要是看看潼关的地理条件，您就能明白。

潼关北面是波涛汹涌的黄河，南面是险峻的秦岭，只有中间一条羊肠小道，绝对是一夫当关万夫莫开。

高仙芝立刻带兵火速赶往潼关，他们前脚刚进驻潼关，叛军后脚就到了，生猛的胡兵也并不是傻子，一看潼关这地形要想正面攻克几乎不可能，于是退回洛阳。

安禄山大摇大摆走进洛阳之后，立刻就再也不想出来了，洛阳的外城被破坏得一塌糊涂，内城的各种宫殿却没有丝毫损伤，安禄山看着眼前日思夜想的宫殿，便想在这歇歇脚，顺便当个皇帝，因此，进攻的势头也减了下来。

书生发怒

经过安禄山这通折腾，李隆基终于有种如梦方醒的感觉，回想自己近些年来的所作所为才发现跟历代昏君一般无二，于是长叹一声，将太子李亨叫到身前，说道："朕在位四十多年，厌倦了政务，去年就想

把皇位传给你，但赶上各种水灾旱灾，朕不想把灾害留给子孙，想等到收拾完那烂摊子再退位，没想到今年安禄山造反，朕决定把大唐交给你，然后御驾亲征平此叛乱。"

要说李隆基当够了皇帝，这事儿很好理解，他这些年看重的只是享受生活，至于至高无上的皇权一点儿都不想再使用了，李亨这孩子够老实、够孝顺，让他接班自己就可以完全不用想工作的事情，还能继续过这样的日子，何乐而不为呢。

至于为何有御驾亲征的想法，这就更好理解了，李隆基的一生是成功的一生，从发动"唐隆政变"扫除韦氏，到消灭太平公主，大权在握，再后来大唐的文治武功都取得丰硕成果，李隆基的一生顺风顺水，没栽过跟头，偏偏到晚年在自己一手扶植起来的安禄山身上栽了大跟头，搁谁都堵得慌啊，唯有御驾亲征亲自消灭安禄山才能为自己的一生画上完美的句号。

李隆基要退位，这可吓坏了杨国忠，他明白这个老糊涂的皇帝退位后换个年轻有为的新皇帝可就没那么好糊弄，于是，立刻去找韩国夫人、虢国夫人和秦国夫人，对她们说："太子向来看咱们老杨家不顺眼，一旦他当上皇帝，咱们的好日子也就到头了。"

三位夫人马上进宫找到杨贵妃，把这情况一说，贵妃也慌了，使出浑身解数请求李隆基不要退休。李隆基虽然经过这次打击明白了很多事情，但好色仍然是他的软肋，面对哭得梨花带雨的贵妃，李隆基表示继续当皇帝，也不去前线跟安禄山一较高下了。

看来老杨家的人还真不明白，要想平安无事只有积德行善，否则就算有人能保你一时也无法保你一世。

皇帝没有御驾亲征，但并不影响那些忠君爱国的仁人志士积极平叛，颜真卿这一介书生在外敌入侵之时表现出来的魄力和能力让无数人惊叹。

在"安史之乱"发生之前，颜真卿只能做些防御工作，他总不能大张旗鼓地征募士兵，因为他没有募兵这个权利，私自募兵可不是越权这么简单，是会被当成蓄谋造反株连九族的，现在不同了，李隆基在全国各地设置防御使，这些防御使可以招募军队抵抗胡兵。

颜真卿依靠个人威望，十天时间便招募了一万多新兵，经过集训还是可以打打小仗的。

安禄山第一阶段攻击效果非常理想，顺利入主洛阳，为了显示威风，以及震慑那些负隅顽抗的唐军将士，派手下段子光带着李憕、卢奕、蒋清（这三人都是顽强抵抗叛军的大唐官员）的人头到河北（这个河北不是今天的河北省，而是指的黄河以北区域）各郡耍威风。

满腔怒火的颜真卿得知这个消息后，带人突袭叛军，生擒段子光。接下来发生的事情更让大家对这个书生另眼相看，颜真卿须发皆张，痛斥安禄山和段子光等人的罪行，然后将段子光腰斩。面对如此血淋淋的场面，文弱书生丝毫没有惧意。

腰斩段子光之后，颜真卿用稻草做了三具身体，将李憕、卢奕、蒋清三位英雄的头颅跟稻草尸体缝在一起，收入棺椁厚葬。

河北诸郡中当即就有十多个郡表示响应颜真卿，推他为盟主共同抵抗叛军。这样一来，颜真卿就如同敌人心腹之间的一根钉子，在很大程度上牵制着他们。

悲喜交加

颜真卿的牵制让叛军无比头疼，让他们更头疼的是正面战场上也被唐军迎头痛击。

公元 755 年冬，朔方节度使郭子仪率领振武军大败叛军将领高秀岩率领的大同军，然后乘机攻占静边军城（今山西省右玉县）。

这一战意义重大，从虚的方面说，这是"安史之乱"以来唐军第一次大胜，也可以说是由守转攻的转折点；从实的方面来说，朔方振武军的胜利不但威胁到叛军右翼，而且，如果继续南下的话便可以与长安地区遥相呼应。这样的局面安禄山实在不想看到，于是，他立刻派出大同兵马使薛忠义带领大部队抢夺静边军城，郭子仪派左兵马使李光弼、右兵马使高睿、左武锋使仆固怀恩、右武锋使浑释之迎敌。叛军再次大败，七千多骑兵被坑杀，大将周万顷被斩。郭子仪乘胜追击，攻占云中城（今山西省大同市），然后派急行军以迅雷不及掩耳之势攻占马邑（今山西省朔州市）。

这下大唐的战局立刻就不同了，黄河东部重要军事地区被唐军控制，叛军无法渡河从北部进攻长安。郭子仪的部队蓄势待发，向东北可以威胁安禄山老巢——范阳，南下可以袭击洛阳，向东进军可以切断安禄山的退路。

郭子仪军威大振，河北各郡县的信心立刻大幅度提升，颜杲卿积极组织手下准备起兵给安禄山一个"惊喜"，与此同时，颜真卿从平原（今山东省德州市陵城区）派颜杲卿的外甥卢逖与颜杲卿接上了头。

颜杲卿打着安禄山的名头把一群胡将召集起来请他们喝酒，喝完酒之后一刀一个都送去见了阎王，其他诸位大唐官员知道自己手下没有能打仗的兵，只能深挖沟、高筑墙抵挡叛军进攻。

这些文官骑马冲杀是不行，论起谋略来还真不含糊，他们挖完沟、筑完墙开始四处散播谣言："李光弼带领步骑一万为先头部队已经杀过来了，郭子仪的大军随后就到！"

原本被安禄山打散的河北诸郡再次抱作一团，二十三个郡中只有范阳、密云等六个郡在安禄山的控制之下。

安禄山的战略部署完全被破坏，本来他打算不惜一切代价挥师西进攻取潼关，再逼长安，现在看来，哪儿还有西进的心思啊，必须得先把后方平定了再说。

虽然看起来局势对大唐有利，但危险同样也是存在的。安禄山的部队战斗力很强，分些散兵游勇牵制河北诸郡，再派些能征善战的对抗郭子仪，剩下主力部队全力攻打潼关，如果拿下潼关，长安就摆在面前，把大唐朝廷整窝端掉，剩下的问题就好解决多了。

潼关绝对是此次战争中的一个关键环节，此刻，镇守潼关的人——高仙芝、封常清——压力很大，这压力不完全是来自安禄山，对于久经沙场的老将来说防守如此易守难攻的关口还是很有信心的，这压力主要来自监军边令诚，边令诚这太监可不是什么好东西，仗着自己受皇帝宠爱便飞扬跋扈，高仙芝也是暴脾气，根本不给边令诚面子，睚眦必报的边令诚找个机会回到长安告了高仙芝和封常清一状："封常清长叛军士气灭我军威风，多次在公开场合夸叛军战斗力强，吓得高仙芝放弃上百里的大好山河，带领部队逃回潼关，把无数城池拱手让给安禄山，另外，他还贪污军粮。"

这时，李隆基爱听信小人谗言的毛病又犯了，也不调查取证，直接派边令诚去砍高仙芝和封常清的脑袋。

李隆基如此草率也是有原因的，之前封常清拍着胸脯打包票，结果到洛阳就把城给丢了，洛阳城里有数不尽的好东西，因此他痛心疾首。至于高仙芝嘛，之前他为立军功在西域地区制造了不少民族矛盾，也把不少战利品揣进自己腰包，李隆基对他早有意见，听完边令诚的汇报就直接下了处决令。

边令诚带着圣旨到潼关就把两员名将给砍了。

二位将军死得确实太冤枉，胜败乃兵家常事，封常清虽然丢了洛阳，但不停地给朝廷打报告，让朝廷不要盲目乐观，应该重新估算叛军战斗值，重新进行战略部署，并且还提出"镇守潼关"这样有重要战略意义的建议，应该给他戴罪立功的机会。高仙芝退守潼关并不是临阵脱逃，这完全是战略调整，由正面进攻转为据险而守，至于说他贪污军粮绝对是冤枉好人，高仙芝对自己的士兵爱护有加，绝不会打军粮的主意。

虽然郭子仪、颜真卿等人给大唐很多惊喜，但临阵斩将——并且是高仙芝、封常清这样的大将——实在是够悲剧的，这段时期的情况完全可以用悲喜交加来形容。

不过此刻已经没有时间让大家觉得悲或者喜，潼关还得重新任命守将，新守将选好之前只能让河西兵马使李承光暂时统军，大家都知道，李承光承担不了这样的重任，他只能临时顶一顶。

近些年来大唐人才储备极度匮乏，根本就找不出合适的人选，李隆基左挑右选都没有一个能令他满意的，这时，他只好把目光放在病床上。

李隆基眼巴巴地看着哥舒翰，看得哥舒翰直发毛，心里想："你看我也没用，虽说于公于私我都应该主动请缨前去讨贼，但你看我中风这么严重，生活都快不能自理了，还能打仗吗？"

如果哥舒翰不中风的话，还真是个合适人选，他跟安禄山历来不和，矛盾很突出，有次酒席宴上甚至还差点大打出手。此刻他这中风确实很严重，因此才表示难当重任。

哥舒翰自知这样的身体挑不了这么重的担子，但李隆基实在找不出更合适的人选，最终，哥舒翰只得拖着病重的身体奔赴潼关。

常山之战

公元 756 年正月，安禄山在洛阳登基，自称大燕皇帝，跟他一起造反的那些人成了开国元勋，轻轻松松当上三品大员，达奚珣为侍中，张通儒为中书令，高尚、严庄为中书侍郎。

安禄山终于当上了梦寐以求的皇帝，只不过这皇帝当得并不舒心，颜真卿、颜杲卿哥儿俩带头跟自己过不去，斩杀多员大将，此刻，颜杲卿的儿子颜泉明正带着李钦凑的人头押解着何千年、高邈等俘虏前去给李隆基报喜，这几个人都是安禄山的爱将，那个李钦凑还是他干儿子。

安禄山恨透了颜杲卿，决定要拿他开刀，于是派出手下最厉害的大将——史思明。

说起打仗，多少个颜杲卿加起来也不是一个史思明的对手啊，要是有坚固的防御工事说不定还能抵挡一阵，可惜颜杲卿起兵时间太短，防御工事根本没构筑起来，面对史思明的虎狼之师，颜杲卿只好求助同僚王承业，怎奈这个王承业实在不是个东西，为了把颜杲卿在河北地区取得的功劳据为己有，竟然希望他早点死掉，当然也就不可能派出一兵一卒进行支援。

史思明轻而易举地生擒了颜杲卿的小儿子颜季明，用儿子要挟他投降，颜杲卿丝毫不受影响，全力守城，最后弹尽粮绝，城破被擒。

颜杲卿及其家人、部下被押到洛阳，安禄山心情大好，奚落着五花大绑的颜杲卿："我说小颜啊，你这人人品有问题啊，当初你不过是个小小的范阳户曹，是我提拔你当上判官，没过几年就当上太守，今天竟然好意思辜负我？"

"呸！"颜杲卿狠狠吐了安禄山一口，大骂道，"你也配提'人品'二字，你原本不过是个放羊娃、偷羊贼，后来能当上三道节度使，不都是圣上的恩惠吗！你为何还要造反？再说了，我世代为唐臣，官职爵位都是朝廷给的，跟你有何关系？为国讨贼是我应尽的本分，怪我无能被尔等所抓，要杀便杀，要剐便剐，少在这说些废话惹大爷生气！"

颜杲卿刚骂完，他的部下袁履谦也跟着开骂，这群读书人思路开阔、逻辑清晰、引经据典把安禄山骂得七窍生烟。安禄山最恨别人提他当年放羊、偷羊那段屈辱的往事，暴怒之下，下令把这群俘虏全杀掉。在死亡面前，颜家人没有一个肯屈服的，三十多人全部殉国。

颜杲卿战败对河北地区影响很大，史思明乘势四处出击，多个郡县再次划归叛军名下，当然也有些硬骨头在顽强抵抗，饶阳太守卢全诚面对史思明的重重包围丝毫没有惧意，组织军民共同抗敌。史思明顺势采用围点打援的战术，把前来救援的几路人马全部打退。

这战局真可以用瞬息万变来形容，转眼之间就明显对大唐不利了，为控制住河北地区形势，李隆基让郭子仪兵分两路，一路进攻洛阳，另外一路平定河北。

郭子仪也不会分身术啊，不能同时带两路兵，便建议让李光弼担任河东节度使进攻河北，李隆基赞同郭子仪的建议，于是，李光弼带领一万多步兵、骑兵还有三千弓弩手进入河北。

李光弼的运气还真是好，刚刚到常山（今河北省正定县），常山的民间武装力量——团练兵——便杀死守城胡兵，生擒胡将安思义，出城投降。

李光弼知道这个安思义相当有价值，一刀砍了太浪费，于是玩起心理战，他对安思义说："你知道你跟安禄山造反犯的是死罪吧？"

蝼蚁尚且贪生，何况是人呢！再说了安思义也没觉得自己有必要为安禄山送死，但他不知道李光弼想干啥。

就在安思义不知如何回答的时候，李光弼接着说道："你是位久经沙场、经验丰富的老将，我的部队你也看到了，能打得过史思明吗？采取什么战术对我有利？如果你的策略对我有用，可免一死。"

李光弼知道两军作战情报的重要性，知己知彼百战不殆，他不了解史思明的战斗力以及作战习惯，因此才想从安思义身上下点功夫。

安思义听李光弼问完问题，知道活命的机会来了，于是详细地讲出自己的想法："将军长途奔袭至此，可以说是人困马乏，如果此时遇到强敌恐怕不容易取胜（这几句话其实是在委婉地回答李光弼的第一个问题，意思就是说你打不过他）。在下建议将军进驻常山城，做好防御工事，养精蓄锐、以逸待劳，胡人以骑兵为主，不擅长攻城，虽然骁勇善战，但脾气不好，如果他们在这里占不到便宜，士气就会低落，到时将军再找战机定能大获全胜。另外，史思明正在围困饶阳，距此不过二百里，昨天他已经知道您到常山，据我推测，明天早晨他的先锋部队

就会到这儿，大军必然尾随其后，将军要做好准备。"

安思义的话正合李光弼心意，李光弼当即为其松绑，然后率领大军入城。

史思明听说常山失守，立刻放弃饶阳转攻常山。叛军先头部队到达常山后发现根本没有机会，只好原地待命，等待大部队到来。很快，史思明的两万铁骑兵临城下。

面对骁勇的胡人骑兵，李光弼早就想好破敌良策，五百弩兵在城墙扫射，一千弩兵分成四组轮射，史思明眼睁睁看着自己的铁骑变成铁刺猬只好停止进攻，等待步兵增援。

此刻，正有五千叛军步兵披星戴月赶往常山，当地百姓第一时间把这情况汇报给李光弼，李光弼派出两千骑兵和两千步兵悄无声息地靠近叛军，就在叛军埋锅造饭的时候，唐军四面杀出，敌人本来就是急行军，都快累散架子了，好不容易等到吃饭的时候可以休息一下，哪承想唐军突然杀到。

这场奇袭战很快结束，叛军几乎全军覆没。

史思明听说步兵被杀光了，自己剩下这些骑兵留在这儿也只能变刺猬，只好退兵。

李光弼趁机收复常山下属各县，分兵驻守。

接下来，李、史二人进入僵持期，李光弼兵少，补给也困难，史思明援军源源不断，补给还轻松，形势对唐军越来越不利。

李光弼一看形势不好，立即向郭子仪求助，郭子仪率领大军来到常山，跟李光弼合兵一处，步兵、骑兵加起来足足有十余万，这些兵将中还有很多是附属于大唐的番兵，这些番兵战斗力相当了得，关于这一点很快便会得到证明，郭子仪、李光弼合兵之后就跟史思明交上了火，史思明大败，数员大将被斩于阵前。

史思明率领残兵败将落荒而逃，郭子仪、李光弼紧随其后，一路下来解放多个被叛军占领的郡县，打到博陵（今河北省定州市）的时候，军粮不足，只好回常山补给。

郭子仪、李光弼刚刚回到常山，史思明就卷土重来了，他长途奔袭疲惫不堪，想要休整一下再开战，郭子仪可不会给他这样的机会，立即率军突袭，再次大胜。

这样一来，安禄山再也坐不住了，从多处给史思明增派援军。看着眼前的五万大军——这其中还有一万同罗兵和曳落河，史思明立刻又信心十足，同罗兵和曳落河的战斗力在当时绝对首屈一指，关键就看将领能否把他们发挥出来。

面对这五万战斗力十足的叛军，郭子仪知道不能硬拼，否则就算打赢也是伤敌一千自损八百，于是，唐军开始挖沟垒墙，遍地深沟让叛军铁骑战力大打折扣，高大坚实的城墙让叛军的攻城部队不知如何是好。

史思明的战斗力根本发挥不出来，憋气又窝火，然而，更让他憋气窝火的是唐军还经常来找碴儿，白天弄些轻骑四处骚扰，晚上也总有很多个小撮唐军偷袭军营，一段时间下来，叛军由于睡眠不足，大眼袋、黑眼圈都出来了。

叛军很憔悴，唐军却在城里养精蓄锐，终于，时机成熟了，郭子仪、李光弼率兵倾巢而出在嘉山跟史思明决战，那些黑着眼圈的曳落河战斗力跟平时差得太多，其他士兵就更不用提了，最终战局跟大家预料的一样，叛军战死四万，被俘数千，就连史思明都差点成为阶下囚。

嘉山大捷之后，河北形势再次发生逆转，十余个郡县的叛军守将被杀，其余人等投靠大唐。

防不胜防

黄河以北地区的战局在郭子仪、李光弼、颜真卿等人的努力下得到一定程度的控制，但黄河以南地区并不乐观。

安禄山在攻打潼关的同时，派张通晤进攻河南，一群没节操的唐朝官员望风而降，雍丘（今河南省杞县）县令令狐潮高高兴兴地投降叛军，掉过头来屠杀自己的同胞。谯郡（今安徽省亳州市）太守杨万石不但自己当叛军，还让真源（今河南省鹿邑县）县令张巡跟他一起当叛军。

张巡乃是忠义之士，当然不会当汉奸，振臂一呼便召集了两千多人，他带着这两千多人跟另外一位勇士贾贲汇合前去攻打雍丘。

令狐潮刚刚打了一场胜仗，抓了数百唐军俘虏，此刻正绑在雍丘城中准备砍头。这个时候令狐潮刚好有事出城，他刚走，城里就乱了，

那几百俘虏解开绳索杀掉守卫占据雍丘城,张巡、贾贲捡了个便宜直接进入城中,进城之后杀掉令狐潮的老婆孩子,据城自守。

前不久,李隆基任命吴王李祗为河南都知兵马使、灵昌(今河南省滑县附近)太守,李祗听说张巡、贾贲占领雍丘,立即给二人封了官。

令狐潮办完事发现雍丘丢了,老婆孩子都被砍了,顿时火冒三丈,率军攻打雍丘城,贾贲杀敌心切带领一队人马冲出城去,结果壮烈牺牲。

张巡带领剩下的唐军将士拼力杀敌,最终打退令狐潮的进攻。

赔了夫人又折兵的令狐潮不肯善罢甘休,数日之后带着四万叛军以及李怀仙、杨朝宗、谢元同等数员大将围困雍丘城。

面对数万敌军,唐军将士心开始发虚,以几千杂牌军对抗数万正规军确实容易让人心虚,但张巡不虚,他对大家说:"叛军人多势众,肯定不把我们放在眼里,认为我们只会躲在城里防守,不可能主动出击,那我们偏偏就主动出击,一定能打他们个措手不及,如果我们能以少胜多打击叛军的士气,接下来再守城就容易多了。"

大家觉得这话有道理,纷纷表示赞同,当天,张巡挑选一千英勇善战的将士跟他一起冲出雍丘城。

此举果然严重出乎叛军预料,他们正纳闷儿呢:这千八百人是来送死的吗?

但是,很快这种不切实际的想法便被抛到脑后,因为带头那位大哥——张巡——实在凶悍,身后的一千小弟也个个勇猛,在敌阵中左突右杀,如入无人之境。叛军一时间乱了阵脚节节败退,张巡见好就收,退入城中,他知道等那几万人回过神来自己必死无疑。

第二天,叛军全力攻城,雍丘本来就不是什么坚城,再加上守军也不够专业,按理说要想拿下并不会太困难,虽然昨天叛军被打掉不少士气,但攻城之时仍然信心满满。

可是,这样的信心又没坚持多久,叛军再次发现自己错了,防御工事很强大,采用的武器、方法也是多种多样,木栅栏、石炮、油脂、火箭等等各种易燃易爆危险品应有尽有,全部毫无保留地往叛军身上招呼。

说到这里不得不插一句,张巡是位牛人,《旧唐书》对他的评价是:"博通群书,晓战阵法。"他虽然名气不大,但水平很高。这样的高人不能身居高位，跟李林甫、杨国忠长期当宰相有很大的关系，这两位奸相极力打压有德有才者，那个时期有很多像张巡这样的牛人没有出头之日，通过这次"安史之乱"，这些有志气、有节操、有能力的人才充分展现出自己的价值。

张巡带领几千士兵与四万叛军持续作战六十多天，大大小小打了三百多仗，平均下来一天打五仗，这样的强度让叛军实在吃不消，只好撤退。

叛军撤退的时候并没太注意防守的问题，因为他们万万想不到张巡竟然还有能力追杀出来，想不到的事情还真就发生了，张巡总是这样的防不胜防，满身是伤的他身先士卒带领小弟们拼命追杀，杀过瘾之后还抓了两千多俘虏。

一时间，张巡的名字响彻中华大地。

潼关、灵宝之战

与此同时，洛阳城中，大燕皇帝，正在摔东西！

安禄山刚刚骂走高尚、严庄等几位谋士！

这段时间安禄山的日子太不好过了。史思明被郭子仪、李光弼打得丢盔弃甲；颜真卿在河北腹地猛打游击；张巡钉在雍丘挡住东进之路；鲁炅坚守南阳阻断南下通道。

安禄山大骂这些谋士是因为他们当初说放心造反吧，肯定万无一失，现在搞成这个局面却没人能给点好的建议，此时，安禄山甚至有退回范阳老家割据一方的想法，在实施这个想法之前，他决定再拼一次，看看能否打开潼关这个突破口。

安禄山不知道，这段时间跟他日子一样不好过的还有哥舒翰。哥舒翰镇守的潼关夹在洛阳和长安之间，所受到的威胁也是来自这两个地方，只不过来自洛阳的威胁是光明正大的，相对来说更容易对付，来自长安的威胁却是难防的暗箭，杨国忠随时都可能给他致命一击，腹背受敌的哥舒翰心理压力极大，他那中风也是日渐严重。（杨国忠跟哥舒翰的矛盾主要在于两人都手握大权，互相怕对方害自己，前不久哥舒翰刚

刚陷害了自己的政敌，杨国忠怕他的下一个目标是自己，便准备先下手为强。）

哥舒翰的手下王思礼也感觉到这腹背受敌的压力，要想守住潼关必须把背后的问题解决，他向哥舒翰建议道："安禄山造反的借口是杨国忠，我们也可以借题发挥，以退安禄山叛军之名回京诛杀杨国忠。"

其实，这个想法哥舒翰不是没想过，但他知道如果自己率领大军回长安杀杨国忠，那跟安禄山起兵不是一样了吗。

王思礼一看这个建议不被采纳，于是再提另外一个建议："那我们不带大军回去，而是派几十个武林高手把杨国忠劫持到潼关，在这把他杀了，然后上报皇帝。"

这个建议仍未被哥舒翰采纳，因为，凡是绕开皇帝先斩后奏的行为都会跟造反脱不了干系，这样一来，哥舒翰等人只得硬着头皮坚守潼关。

哥舒翰没法先行发难，但杨国忠的刀子已经掏了出来，他迫不及待地掏出刀子是因为有人说：当今朝廷的重兵都在哥舒翰手中，若他不用这兵对抗叛军，而是杀回长安，那您的性命可就堪忧了。

即便这人不跟杨国忠说，杨国忠心中也明白，因此，他对李隆基说："咱把能打的部队都给哥舒翰了，万一潼关失守咱岂不是只能任人宰割！"

"是啊！那咋办？"李隆基觉得杨国忠说得有道理。

"陛下应该再训练一支自己的队伍，做最后一道防线。"

李隆基听从杨国忠的建议，在皇家园林中训练了三千新兵。

没过多久，杨国忠又劝李隆基招募一万士兵由杜乾运（杨国忠的心腹）统领，驻守灞上。

李隆基以为这些防御工作是用来对付安禄山的，实际上哥舒翰明白这是杨国忠用来对付他的。

哥舒翰不想坐以待毙，便给皇帝打报告说潼关的兵不够用，请求把灞上的兵也调到潼关，过了一段时间又找借口把杜乾运给砍了。

这下杨国忠更慌了，哥舒翰的下一刀会不会真的砍向自己呢？

杨国忠挖空心思要除掉哥舒翰，此刻刚好有这么个机会，但付出的代价可能是潼关失守，至于潼关是否守得住杨国忠可顾不了那么多。

有人向李隆基汇报说叛军崔乾祐带领三千多老弱残兵驻扎在陕郡（今河南省三门峡市附近），李隆基迫切想要早日扫平叛乱，再加上这段时间捷报频传，更主要的是杨国忠一直在旁煽风点火，因此，李隆基要求哥舒翰由守转攻，早日与叛军决战。

哥舒翰手里有多少兵呢？

大数是二十万左右，并且有一部分是精兵，这也是李隆基要求进攻的一个重要原因。

有这些兵是不是就可以一战而将叛军消灭呢？

这事儿实在不好说，作战讲的是"天时、地利、人和"，这三个因素是成败的关键，跟这三个因素比起来，军队的数量和质量反倒没那么重要。此时的局势对大唐虽然有利，但不见得就适合主动出击，如果这样一直拖下去必然会把安禄山拖垮，因此，安禄山巴不得唐军出来决战，尤其是如果潼关的守军出来决战那就再理想不过了，战败就是死个痛快，总比这样耗死强，而战胜便可突破潼关直逼长安。

哥舒翰作为久经沙场的老将，当然知道安禄山打的什么主意，便跟李隆基汇报："安禄山征战多年，精通兵法，肯定不会犯低级错误，陕郡作为潼关和洛阳之间的重要城池，不可能只放几千老弱残兵把守，这应该是诱饵，我军若是出击就上了敌人的当。另外，现在的局面对安禄山不利，他想速战速决，我们不能中了圈套啊。"

与此同时，郭子仪和李光弼也建议潼关应该固守，然后，他们二人引兵北上攻取范阳，这样叛军必然不战自溃。

这些话李隆基根本听不进去：杨国忠天天在耳朵边说哥舒翰放着大好战机不把握说不定是有二心，李隆基确实也担这个心，如果哥舒翰真调转矛头的话后果不堪设想，正所谓用人不疑、疑人不用，用人家还怀疑人家必然不会有好结果。

哥舒翰收到皇帝下的死命令——立刻出击——后痛哭流涕，硬着头皮走出潼关。

高仙芝和封常清就是前车之鉴，不听皇帝的话只有死路一条。

公元 756 年 6 月，唐军与叛军在灵宝遭遇，灵宝这个地方的地理条件有些特殊，北面是黄河，南面是崇山峻岭，中间有一条七十里的狭长山道。

王思礼带领五万唐军精锐冲在最前，紧随其后的是十万大军，另外，黄河北岸还有三万人马策应。

王思礼很快就见到了崔乾祐的老弱残兵，这群兵不但老、弱、残，而且连个像样的阵型都摆不出来，零零散散，恐怕最基本的战斗力都不可能发挥出来。

唐军见有便宜可捡便长驱直入，当大部队进入那条狭长的山道后，突然！滚木礌石从天而降，唐军在这样狭小的空间里顿时乱了阵脚，紧接着从天而降的是燃烧着熊熊烈火的战车，车里都装着干草，这些火车散发出滚滚浓烟，唐军在浓烟之中不知如何是好，只能胡乱放箭。

这场面一直持续到太阳落山，唐军还没跟敌人交上火就已经伤亡惨重。就在大家又累又饿的时候，崔乾祐指挥叛军伏兵从四面八方杀出，一场惨不忍睹的屠杀开始了。

最终，唐军只有八千多人逃回潼关，死去的十几万人只有一部分是被叛军直接杀死的，很大一部分是互相踩踏致死和掉进黄河淹死的。

崔乾祐乘胜追击，杀到潼关城下。

哥舒翰的手下番将火拔归仁趁哥舒翰松懈之时将其五花大绑，出城投降。

关于这场大战后人还是有些疑惑的，凭哥舒翰的作战经验怎么会这么轻易中埋伏，况且他来之前是有心理准备的，之前他就想到安禄山用诱饵引他上钩，那为何还会在如此容易设伏的地方中埋伏？

时至今日，这个答案已经无法得到，另外，还有更令人疑惑的事情紧接着就发生了。

当哥舒翰见到安禄山的时候竟然跪倒在地，磕头请罪。

安禄山这下可是高兴了，不但拿下潼关，而且还生擒哥舒翰，当然要好好奚落他一番："你当初不是很瞧不起我吗？现在有啥想法？"

令人想不到的是，这位曾经顶天立地的大英雄一边磕头一边答道："在下肉眼凡胎不识陛下是真命天子，所以才有今天的下场，为辅助陛下一统天下，我愿给李光弼、鲁炅等人写信，让他们全部为陛下效劳。"

安禄山大喜，立即封哥舒翰为司空，并且为讨好他还杀了火拔归仁。

结果哥舒翰的劝降书没有一封奏效，安禄山白高兴一场。

《旧唐书》《新唐书》《资治通鉴》对于这件事情均有记载，以《资治通鉴》为例，文中是这样说的，"安禄山问翰曰：'汝常轻我，今定何如？'翰伏地对曰：'臣肉眼不识圣人。今天下未平，李光弼在常山，李祗在东平，鲁炅在南阳，陛下留臣，使以尺书招之，不日皆下矣。'禄山大喜，以翰为司空、同平章事。谓火拔归仁曰：'汝叛主，不忠不义。'执而斩之。翰以书招诸将，皆复书责之。禄山知无效，乃囚诸苑中。"

看哥舒翰之前的事迹，那绝对是流血不流泪的汉子，为何肯跪在一个无德无才的混血胡人脚下？另外，如果他真的不在乎当叛军，不在乎叛国，那他手握二十万重兵的时候为何不肯回京杀掉杨国忠呢？

这些谜团可能永远无法解开，虽然后世专家、学者做出多种假设，但个人认为没有一个能使人信服。不过换另外一个角度想想，每天发生在我们身边的真实的事情，不是也有很多是让人百思不得其解嘛。

长恨歌

唐朝二十万大军战败，潼关失守，对整个战局乃至大唐社会都产生了极大影响，很多影响是深远的，一时半会儿看不出效果，眼下能看到的效果就是——朝廷乱作一团！

当李隆基得知潼关失守之后，立刻召集群臣开会，商讨对策。说是商讨对策，实际上完全是一群无头苍蝇瞎嗡嗡，此时此刻，杨国忠仍然不忘撇清自己跟国难的关系，竟然对李隆基说："陛下，十年前就有人说安禄山会造反，但陛下不信啊，所以才有今天这样的事情，这可不是我宰相的过错。"

杨国忠把责任推掉之后出了这样一个主意："咱们放弃长安，到蜀地去。"

杨国忠之所以提议去蜀地，原因之一是那里物产还算丰富，原因之二是他是剑南节度使，那片地区归他管。

如果李隆基带着一干大臣逃出京城的话那就成了流亡朝廷，等于把大好河山拱手让给安禄山。可是，杨国忠提出这样的建议后竟然几乎所有大臣都表示同意，仅有一个小小的监察御史表示强烈反对。这个监察御史叫高适，跟岑参、王昌龄、王之涣合称为"边塞四诗人"，他的那句"莫愁前路无知己，天下谁人不识君。"至今脍炙人口。

关键时刻这位诗人说道："陛下，不能走啊，当务之急是组织各方力量积极抵抗叛军，诸位大臣应该带领家属登上城头誓死保卫家园，各地勤王救驾的队伍赶到之后定能退敌。"

这位文弱书生表现出来的气魄令人无比钦佩，但李隆基并没有心思关心气魄问题，他已下定决心带杨国忠到蜀地避难。

公元 756 年 6 月，李隆基任命京兆尹魏方进为御史大夫兼任置顿使，走在流亡朝廷的前头，在沿途郡县准备好吃住用品，迎接流亡中的皇帝。

李隆基草草安顿了一下长安的情况，便带领皇子皇孙、王公大臣等在陈玄礼的保护下离开皇宫。

逃亡队伍经过皇帝仓库的时候，杨国忠想放火把它烧了，他是恨透了安禄山，一点儿好处都不想给他留下，李隆基阻止了杨国忠的行为，并且说："叛军来的时候如果抢不到好东西，就会把怒火撒到百姓身上，还是留下吧，说不定百姓能因此少受点苦。"

李隆基逃亡的计划并没有完全公开，一些级别比较低的大臣还不知道这事儿，第二天上朝才发现皇帝逃了。于是，皇宫里面乱成一锅粥，到处都是各种趁火打劫的行为，新任的京兆尹崔光远杀了十余人才算把局面控制住。

崔光远稳住局面之后就开始谋划自己的前途："皇帝带着一群大臣跑了，留这么个烂摊子给我，安禄山的大军很快就会杀到，不管是物质上还是精神上，皇帝根本没给我任何守城的支持，那我为啥还要死心眼儿给他卖命？"

崔光远想通之后，派儿子去洛阳见安禄山，表示愿意投降。

崔光远把长安卖了的事情李隆基根本不知道，此刻他刚到咸阳就发现之前派出去安排伙食的官员和太监早就跑没了影儿，到饭点儿的时候没有御膳吃。非常时期，没御膳就没御膳吧，随便弄点鸡鸭鱼肉凑合一顿也行，可是，别说鸡鸭鱼肉，就连白米饭、大馒头都没的吃，好在当地百姓厚道，送来一些粗粮饽饽，皇子皇孙们哪吃过这个啊，但不吃饿得慌，也只能将就一下了。皇子皇孙们为了果腹放下尊严准备吃点粗粮饽饽，但新的问题又来了——没有餐具，好在这个问题能克服，大家直接用手抓，虽然不成体统，但"五脏庙"总算草草祭了一下。

就在李隆基抹着眼泪啃粗粮饽饽的时候，一位农民伯伯挤到跟前，诚心诚意地说道："英明的皇帝啊，安禄山要造反已经不是一天两天的事儿，这些年来凡是告发他的人不是被杀就是被抓，陛下身边的大臣除了溜须拍马之外再无任何技能，民间疾苦陛下也一概不知，想当年宋璟当宰相的时候，群臣直言进谏，朝廷内外一片清平，现如今截然相反，所以陛下才到了这个地步，草民才有机会当面跟陛下表达一下百姓心声。"

李隆基听得羞愧难当，也不顾颜面，当着群臣及百姓的面自责道："都怪朕昏庸无能，现在后悔已经来不及了！"

李隆基说完这句话后，下面已是哭成一片，大家边哭边逃命，同时还得到各个村子去要饭吃。

几天之后，李隆基一行到达马嵬驿（今陕西省兴平市附近），将士们又累又饿，各种负面情绪全部涌上心头，有情绪总要发泄嘛，如何发泄？向谁发泄？

首选之人必然是皇帝啊，皇帝圣明就不会落到这个地步，但把刀枪指向皇帝就是造反，长期受封建传统教育，不到万不得已的时候是不会想着去造反的。

既然不能向皇帝发泄，那就只能向跟这事关系最大的人发泄。

陈玄礼找到太子李亨，跟他反映大家的情况，希望太子做主诛杀杨国忠然后从长计议。李亨是个老实人，老爹还活着呢，自己可不敢做主。大家一看太子不给撑腰，便决定自己动手。

刚好赶上随行的二十几个吐蕃使者向杨国忠要粮食吃，杨国忠依然摆出那副高高在上不可一世的样子，周围士兵一边嘴里骂着，一边弯弓搭箭抬手就射，这时杨国忠才认识到事情的严重性，拨转马头就要跑，可他哪跑得过当兵的啊，这个万恶的杨国忠终于被彪悍的士兵拉下马来，乱刀砍死，砍死还不过瘾，干脆大卸八块，用长枪把七零八落的尸体挑起来挂在马嵬驿门外。

士兵们杀完杨国忠又把他的儿子以及韩国夫人等全部弄死，虢国夫人以及杨国忠的小儿子趁乱逃跑，没过多久也被活捉然后砍了脑袋。

士兵们这样一通折腾自然就惊动了李隆基，李隆基问外面啥情况，大家告诉他杨国忠造反，已经被就地正法了。

李隆基立刻就明白咋回事了，为不让局面进一步恶化，他硬着头

皮出去安慰将士。

七十多岁的李隆基拄着拐棍颤颤巍巍来到军中，表扬大家诛杀叛党的功绩，并请大家各回各部。但士兵们并没有要解散的意思，李隆基只好让高力士探听一下到底什么情况，陈玄礼在一旁说出原因："杨国忠谋反被诛，贵妃不应该继续身居高位，不然大家不踏实啊，万一哪天她要给哥哥报仇，这些士兵不都得掉脑袋。因此，请陛下忍痛割爱！"

李隆基心如刀绞，半天说不出一句话来，接二连三的打击让他那颗年迈而虚弱的心早就破碎不堪，现在竟然要舍弃最后的一点爱。

为了自身性命，为了李唐宗室，李隆基还能有什么选择？

最终执行这任务的是高力士，说来也巧，当初是高力士把杨贵妃接到宫中，并且多次为她化解危机，到头来，也是高力士来结束这一切。

李隆基叫来一干大臣，陈玄礼见到贵妃尸体磕头谢罪，然后传令军中。

将士们知道杨氏满门被诛，欢欣鼓舞，山呼万岁。

马嵬坡前，李隆基与杨贵妃的爱情故事得到升华，后世留下很多关于这段爱情故事的文艺作品，例如，著名的元曲《长生殿》，以及白居易写下的千古绝唱——《长恨歌》：

汉皇重色思倾国，御宇多年求不得。

杨家有女初长成，养在深闺人未识。

天生丽质难自弃，一朝选在君王侧。

回眸一笑百媚生，六宫粉黛无颜色。

春寒赐浴华清池，温泉水滑洗凝脂。

侍儿扶起娇无力，始是新承恩泽时。

云鬓花颜金步摇，芙蓉帐暖度春宵。

春宵苦短日高起，从此君王不早朝。

承欢侍宴无闲暇，春从春游夜专夜。

后宫佳丽三千人，三千宠爱在一身。

金屋妆成娇侍夜，玉楼宴罢醉和春。

姊妹弟兄皆列土，可怜光彩生门户。

遂令天下父母心，不重生男重生女。

骊宫高处入青云，仙乐风飘处处闻。

缓歌慢舞凝丝竹，尽日君王看不足。

渔阳鼙鼓动地来，惊破霓裳羽衣曲。

九重城阙烟尘生，千乘万骑西南行。

翠华摇摇行复止，西出都门百余里。

六军不发无奈何，宛转蛾眉马前死。

花钿委地无人收，翠翘金雀玉搔头。

君王掩面救不得，回看血泪相和流。

黄埃散漫风萧索，云栈萦纡登剑阁。

峨眉山下少人行，旌旗无光日色薄。

蜀江水碧蜀山青，圣主朝朝暮暮情。

行宫见月伤心色，夜雨闻铃肠断声。

天旋地转回龙驭，到此踌躇不能去。

马嵬坡下泥土中，不见玉颜空死处。

君臣相顾尽沾衣，东望都门信马归。

归来池苑皆依旧，太液芙蓉未央柳。

芙蓉如面柳如眉，对此如何不泪垂。

春风桃李花开日，秋雨梧桐叶落时。

西宫南内多秋草，落叶满阶红不扫。

梨园弟子白发新，椒房阿监青娥老。

夕殿萤飞思悄然，孤灯挑尽未成眠。

迟迟钟鼓初长夜，耿耿星河欲曙天。

鸳鸯瓦冷霜华重，翡翠衾寒谁与共。

悠悠生死别经年，魂魄不曾来入梦。

临邛道士鸿都客，能以精诚致魂魄。
为感君王辗转思，遂教方士殷勤觅。
排空驭气奔如电，升天入地求之遍。
上穷碧落下黄泉，两处茫茫皆不见。
忽闻海上有仙山，山在虚无缥缈间。
楼阁玲珑五云起，其中绰约多仙子。
中有一人字太真，雪肤花貌参差是。
金阙西厢叩玉扃，转教小玉报双成。
闻道汉家天子使，九华帐里梦魂惊。
揽衣推枕起徘徊，珠箔银屏迤逦开。
云鬓半偏新睡觉，花冠不整下堂来。
风吹仙袂飘飘举，犹似霓裳羽衣舞。
玉容寂寞泪阑干，梨花一枝春带雨。
含情凝睇谢君王，一别音容两渺茫。
昭阳殿里恩爱绝，蓬莱宫中日月长。
回头下望人寰处，不见长安见尘雾。
惟将旧物表深情，钿合金钗寄将去。
钗留一股合一扇，钗擘黄金合分钿。
但教心似金钿坚，天上人间会相见。
临别殷勤重寄词，词中有誓两心知。
七月七日长生殿，夜半无人私语时。
在天愿作比翼鸟，在地愿为连理枝。
天长地久有时尽，此恨绵绵无绝期。

肃宗即位

第二天，李隆基收拾了一下悲痛的心情，准备继续逃亡，大家一致认为不应该入蜀，蜀地原来是杨国忠管辖的地盘，万一有忠心耿耿的小弟想要为主子报仇怎么办。这时大家又乱成一锅粥，有说去灵武的，有说去太原的，还有说应该回京城的，就这样七嘴八舌地吵吵了半天，最终，李隆基依然坚持入蜀，因为蜀地的地理条件适合防守，物产丰富，能够支撑一个流亡朝廷的开销。

李隆基准备动身的时候，又被很多请命的老百姓拦住去路，百姓代表跟李隆基恳求道："皇宫是陛下的家，陵寝是陛下的坟墓，今天陛下怎么能把这些都抛下呢！"

这话不用老百姓说李隆基也知道，但他不是也没办法嘛，好言安慰百姓之后，派太子留下处理好相关事宜，自己带领大部队继续流亡。

皇帝刚走，父老乡亲就把太子给围住了，开始做太子的工作："既然圣上不肯留下带领我们抵抗反贼，那我们愿意跟随殿下收复东京，如果殿下也跟圣上一起入蜀，谁给中原百姓做主啊？"

前来请命的百姓越来越多，一会儿工夫便有数千之众，李亨明白大家的心思，他自己又何尝不想收复万里河山呢，但父皇的命令不能违抗啊，只得愧疚地对百姓说："在下对不起各位父老乡亲啊，父皇年事已高，如今冒险入蜀，我怎忍心不陪伴左右，并且就算我要留守中原，也应该跟父皇当面请示。"

老百姓们觉得太子的话合情合理，便准备让他追上大部队跟皇帝请求留下抗敌。

李亨的儿子建宁王李倓（tán）拦住父亲去路，对父亲说："如今四海分崩，天下危在旦夕，如果父亲跟随圣上入蜀，然后烧毁栈道，中原地区定会被叛军占领，要想再定中原可就难了！在此危急存亡之时，父亲应该联络西北守军，召唤郭子仪、李光弼等将军，大家合力讨贼，收复东、西二京，使天下重归太平，宗庙得以保存，到时父亲再打扫宫廷迎圣上回京，这才是大孝！"

李亨的另外一个儿子广平王李俶（chù）也极力劝父亲留下抗敌。

李亨左思右想，终于决定听两个儿子的建议，派李俶追上李隆基

汇报情况。

李隆基仰天长叹："那就让太子留下吧！"然后从自己为数不多的队伍中分出两千人及部分马匹送给太子，并对手下说："太子忠孝仁义，诸位留守大臣当全力辅佐。"李隆基又传下圣旨让太子现在就接班当皇帝。

李隆基入蜀过程可以说是一波三折，此刻我们并没有笔墨来描写那些波折，因为李亨这边正在商量如何才能绝地反击，对于大唐来说这才是重中之重。

要想绝地反击消灭叛军绝不是一朝一夕就能完成的，这事得分多步走，第一步就是自己先找个安全的地方安顿下来，大家商量半天也没定论，现在这种形势对他们来说确实很困难，既要不被叛军抓到，又要能够组织起反击来。

最终，李俶给出了不错的建议："父亲曾经做过朔方节度大使，后来每年他们的重要官员都会送来问安书，我也能基本记得他们的名字，我们去那里征集人马应该不会出什么意外，河西司马裴冕世代忠良，他对朝廷忠心耿耿。另外，叛军如果进入长安的话，他们一定会在那分赃，一时半会儿顾不上出来攻城略地，这也正给了我们重整旗鼓的机会。"

李亨跟诸位大臣一商量，觉得李俶的建议靠谱，于是，立刻快马加鞭赶往朔方。

这一路也是困难重重，甚至还跟潼关败退下来的唐军打了一架，打了半天才搞明白是自己人，自己人打完自己人之后，还得继续急行，最高纪录是一晚上赶三百里的路，当然掉队的也不在少数，沿途经过的郡县中大多太守都已弃城逃命，李亨抓住几个全部就地正法。

数日之后，李亨一行到达平凉（今甘肃省平凉市），他们终于可以在这好好喘一口气。

李亨在平凉休整的时候，朔方的杜鸿渐、魏少游、崔漪、李涵等几位重要官员聚到一起商量如何辅佐太子扫除叛乱重振大唐声威，很快大家达成共识——将灵武（今宁夏灵武市）作为基地。

平凉地势平坦，万一叛军来袭，不好防守，灵武兵精粮足，历来是驻兵宝地，太子若是在灵武站稳脚跟振臂一呼，各路勤王之兵很快便能汇合，到时联合河西、陇右的精兵南下，定能一举收复两京，进而收复中原。

杜鸿渐、李涵等人商量好之后便让魏少游在灵武修葺房屋，为太子准备居住之地。

李涵到平凉见到太子，大家总算都找到些依靠，心情顿时好了不少，与此同时，河西司马裴冕刚好要进京路过此地，得知眼下情况后也劝太子到灵武整顿人马。

公元756年7月，李亨到达灵武，魏少游也尽量模仿皇宫的标准为太子安排好住处，太子虽没说啥责备的话，但把所有奢侈品全部搬出去扔了。

没有奢侈品作为修饰，这宫殿也还算凑合，总算有点儿样子，大家再也不用担心吃住问题，可以开始讨论下一步怎么办。

下一步的问题必然是如何积累反击的力量。

为了能够更好地积累力量，裴冕、杜鸿渐等有声望的大臣联合上表，请求太子遵照皇帝在马嵬驿颁布的旨意——即皇帝位，但李亨坚决不同意，老爹还活着呢，自己可不敢当这皇帝。

裴冕等人只得苦口婆心劝太子："殿下率领的将士多是关中人，虽然思念家乡但仍然历经千难万险跟随殿下，他们就是希望能够重振大唐，自己也能建功立业，如果这些人的心散了，恐怕大业难成啊！此刻殿下应该即位，名正言顺地率领大家振兴大唐。"

这个道理李亨也明白，作为皇帝和作为太子统领兵马那效果当然差别极大，无论从人事任命到命令下达都有着本质差别，他不愿当皇帝主要是受那道传统枷锁的束缚，老爹是下过圣旨让他即位，但毕竟现在不在身边，自己这就登基还是不踏实。

经过诸位大臣多次请愿，以及李亨多天的思想斗争，他终于冲破心理防线，决定登基。

公元756年7月12日，太子李亨在灵武城的南门城楼搞了一个简单的登基仪式，登基称帝，庙号唐肃宗，年号由天宝改为至德，这一年也由天宝十五年改为至德元年，玄宗李隆基被尊为太上皇，并且立刻派出使者前往蜀地向李隆基汇报这一情况。

（其实，还真不应该怪李亨扭扭捏捏不肯当皇帝，后世还真有迂腐的专家将李亨灵武称帝的行为定义为"太子叛父，不孝！"这人便是

宋朝著名史学家范祖禹。）

　　这场登基仪式搞得很简单，还一点儿喜庆气氛都没有，但不管怎样，李亨成了名正言顺的皇帝，可以分封百官，不过严谨一点儿说不应该用"百官"这个词，因为此刻的官员加起来还不到三十个，至于规章制度更是差得一塌糊涂，大将管崇嗣上朝期间竟然毫无顾忌地跟旁边人大声唠家常，监察御史李逸弹劾他并把他关押起来，李亨考虑到特殊时期、特殊情况，赦免了管崇嗣，同时也表扬李逸维护朝廷尊严的行为。

　　太子变成肃宗的效果很快便发挥出来，杜鸿渐、崔漪被封为中书舍人，裴冕被封为中书侍郎、同平章事，其他大臣也根据原有职位以及个人能力进行封赏。同时，主动前来表忠心愿意为大唐振兴添砖加瓦的人越来越多地聚到灵武。

　　看着日渐壮大的队伍，李亨信心越来越足，但他也知道要想打败安禄山还是远远不够的，他需要更多的高精尖人才。

　　千军易得，一将难求！上哪儿弄高精尖人才去呢？

　　李泌！

　　这个名字都不需要想就会出现在李亨的脑海中，只不过一直没有合适机会将其招至麾下。

　　根据一些野史记载，李泌不是人，而是白日飞升的神仙，由于世俗中尚有牵挂，暂时游戏人间。既然是神仙，总会有些俗人不会的手段，但那些手段肯定不能轻易显摆，大家能看到的仅仅是能测凶吉，能通古今！

　　正史也提到李泌修道有成，抛除这些超自然的东西之外，李泌在才学方面也是突出的不能再突出，在他还是孩子的时候就能当面批评宰相张九龄，并且批评得张九龄心服口服，老宰相放下架子笑呵呵地称呼李泌为小友。李隆基亲自召见宰相的这位小友，发现这孩子才华横溢，又不失善良质朴，便让他陪李亨一起读书游玩。

　　等到李泌长大成人之后，各方面的才华更是展露无遗，李隆基多次想要授予其重要职位都被拒绝，而仅仅是位待诏翰林，然而，杨国忠当宰相后，即便是待诏翰林这样的职位也容不下，李泌只得退隐山林。

　　李亨当上皇帝后立刻召见李泌，李泌知道此刻李亨、大唐、百姓都需要他，于是走出深山前来辅政。

出山之后的李泌依然看淡名利，坚辞不受宰相之职，但该做的工作一点儿不懈怠，李亨虽是皇帝，在李泌面前也一点儿架子都没有，像当太子那会儿一样，两人骑马并行，同桌吃饭，这样便于沟通国家大事，有的时候谈工作谈得比较晚就睡在一个屋子里，李亨的卧房还专门为李泌准备了一张床。

有了李泌以及一干大臣的辅佐，李亨的工作渐渐进入轨道，大唐终于看到黎明的曙光。

长安大侠

李亨这边搞得热火朝天，安禄山在干什么呢？

原来，安禄山拿下潼关之后并未想到李隆基会这样急急忙忙地逃命，他还在洛阳思考怎样打长安呢。虽说没了潼关这道屏障，长安就赤裸裸地暴露出来，但毕竟是盛唐的都城，不管从哪个角度来分析，要想攻克长安都不会是件容易的事，安禄山做梦都没想到自己能捡这么大个便宜，不用一兵一卒便可得到长安。

安禄山狠狠扇了自己两个耳光证明不是在做梦后，开始部署工作，安排崔乾佑继续驻守潼关，任命张通儒为西京留守，崔光远为京兆尹，又派出心腹大将孙孝哲率兵进入长安。

孙孝哲脾气暴躁，手段残忍，其他叛军将领都怕他，他到长安之后大开杀戒，凡是跟李隆基逃难的大臣全部被灭门，很多大臣自己跟皇帝走了，剩下的一家老小都被孙孝哲残忍杀害，哪怕是还没断奶的婴儿都不放过。那些没有跟李隆基逃难的大臣、太监和宫女等也都被押往洛阳。

很多没有节操的大臣用各种方式向叛军投降，安禄山也没让那些人失望，各种官职毫不吝惜地赏给他们，像陈希烈、张垍（jì）这样的人竟然都能当上燕国宰相，跟这群道貌岸然的伪君子比起来，那些梨园子弟表现出来的忠贞让世人叹服。安禄山让梨园子弟为他表演节目，乐工雷海青摔碎琵琶仰天痛哭，被暴怒的安禄山五马分尸，这位乐工的气节千百年来仍为后世传颂。

吸纳大量降将后，叛军的队伍再次壮大，但他们并没有要冲出长安追赶李隆基或者李亨的意思，纸醉金迷的长安城让这些叛军将领不知如何享受是好，天天换着样地玩儿，因此，李隆基才有机会安全到达蜀地，李亨也才有机会重整旗鼓。

那些没来得及逃走的皇族可就惨了，各种皇亲国戚全部被杀，杨国忠、高力士的亲信和党羽也都一个不漏地成为叛军的刀下之鬼。

皇亲国戚惨遭杀戮，平民百姓也都跟着遭殃，叛军进入长安后在全城大肆搜刮，民间财物被抢夺一空，老百姓更加思念大唐王朝。

等到李亨从马嵬驿脱离大部队北上组织平叛后，民间传言四起，都说太子已经集结大部队马上来收复长安，长安城的大马路上经常有人大吼一声："太子大军到啦！"吼完就跑，叛军也抓不到造谣者。

虽然太子大军迟迟未到，却一直刺激着叛军的神经，只要北方有任何风吹草动，叛军就像受惊的兔子一样准备逃跑。

时间一天天地过去，太子的大军一直不见踪迹，可叛军从军官到士兵各种非正常死亡不断，原来，侠客四起，他们使用大刀、长矛、闷棍等各种武器在角落里偷袭叛军。叛军全力搜捕，抓到一些典型，但没有吓倒民间侠士，反倒有更多人加入侠士行列，最终叛军只得龟缩防守，晚上基本不敢出门。

终于，有人经受不了这样的煎熬开始谋出路，一开始是小股突厥和同罗兵往老家逃，想要回去过牧牛放马的快乐日子，到后来竟然有整支的部队开始撤离，同罗酋长阿史那从礼带领五千骑兵出走，顺便还牵走皇宫马厩里的两千匹良马，他是想趁着大家都在中原抢地盘的时候自己到北方边塞去捞些好处，毕竟在这里安家并不容易。

李亨听说阿史那从礼从叛军队伍中分离出来，立刻派人前去安抚，虽然没有达到招降的效果，但起到很好的牵制作用。

另外，阿史那从礼的出走给长安造成极大影响，很多人不知道啥情况，还以为他去投靠了李亨，这样一来关于"叛军大势已去，唐军马上就到"的传言几乎被传成真事儿，此刻的崔光远肠子都悔青了，刚投降叛军没几天看来又得再次叛变，心动不如行动，抓紧叛变吧，不然哪天唐军杀回来，他这燕国的京兆尹肯定要遭殃。于是，崔光远派人去抓叛军主将孙孝哲，想带份大礼给皇帝，结果走漏风声让孙孝哲给跑了。

崔光远只好空着手带领长安县令苏震等十多个大小官员到灵武投靠李亨，李亨正是用人之时，虽然崔光远这样的人没什么可用的，但也不能杀，杀他的话那些曾经投降叛军的人可能就再也不肯投降回来，无形中会给自己多树一大群敌人，这样的蠢事当然不能干。

猛将张巡

长安城成了叛军最揪心的地方，但毕竟还在他们掌握之中，这对整个局势的影响还是很大的，郭子仪李光弼率兵撤回井陉关，只留下小部分人驻守常山，等待朝廷下一步的命令，李光弼这位河北节度使撤走之后，颜真卿开始重新指挥河北地区平叛行动，全面转为防守。

李隆基入蜀安顿好之后颁下命令，任命李亨为天下兵马元帅，统领全国人马平叛，又重新任命多个重要岗位，虽然这个命令几乎无法执行，但他能起到另外一个作用，那就是让天下人知道李隆基还活着，并且活得很好，这使得上下官民信心大增。

李隆基刚刚下完命令，灵武的使者就到了，李隆基听完汇报，得知那边情况比预期理想，并且太子已按他旨意登基称帝，于是再次下令："从今以后我下发的文件叫诰令，给我上表要称太上皇，军政大事由皇帝处置，告知我即可，等平定叛乱回到京城后，所有工作的事情我都不参与了。"

下完命令之后，李隆基又让人把传国玉玺、玉册，以及相应皇帝使用的工具一并传给肃宗李亨。

李隆基的英明决定使得李亨工作更加好开展，可以放开手脚调兵遣将，李亨命令河西节度副使李嗣业率兵五千前来灵武，李嗣业跟节度使梁宰商量之后觉得先看看形势然后再考虑发兵的事情。他的下属段秀实知道后毫不客气地责问道："难道君父告急臣子应该观望吗？您常以大丈夫自称，现在看来不过是个妇人罢了。"

李嗣业听完之后无地自容，当即报告梁宰如数发兵，并且让段秀实做自己的副手。

随后，李亨又从安西征来七千精兵。

这些不断集结而来的兵马让大唐反击的力量不断壮大，直到郭子仪、李光弼带领五万大军到达灵武的时候，人们终于看到胜利的希望。

李亨任命郭子仪为兵部尚书、灵武长史，任命李光弼为户部尚书、北都留守，并且任命二人为同平章事，原有职务一概保留。

这段时间好消息接连不断，颜真卿的使者也到了灵武，李亨任命颜真卿为工部尚书、御史大夫，原来担任的职务保持不变。

颜真卿把皇帝的敕书在河北各个郡县传阅，大家得知李亨在灵武即皇帝位并且兵马日益强壮后，对抗叛军的决心更加坚定。

然而唐军将士的处境也不都那么乐观。雍丘的张巡一直就没机会喘口气，以令狐潮为首的叛军一次又一次地向他发起进攻。当令狐潮得知李隆基逃出长安之后，便给张巡写了封极其暧昧的劝降信。张巡以及手下一干大将看完信后就有人开始动摇，其中有六员大将劝张巡："皇帝都没有了，这是在替谁打仗啊？而且我们兵微将寡，要不投降吧？"

张巡想了想，并未作出答复。第二天，张巡把手下将领叫到一起，把皇帝画像摆在中间，带领大将一起朝拜，朝拜完之后把那六员大将捆绑起来，痛斥他们不忠不义，然后砍头示众，从此之后再无人考虑投降的问题。

守城将士的决心毋庸置疑，打仗光靠决心可不行，最起码要有武器吧，雍丘城被围太久，守城最好用的武器之一弓箭只剩下弓，箭都射光了，为解决箭的问题，张巡派出一支特殊的部队，一千多身着黑衣的士兵趁着夜色顺着城墙爬了下去，刚刚落地就被叛军发现了，叛军万箭齐发，士兵们眨眼之间变成刺猬。

唐军伤亡如此惨重，张巡不但不伤心，反而放声大笑，原来他导演了一出"草人借箭"，那一千多士兵都是稻草人。

这样的"草人借箭"持续数天，叛军终于发现被耍了，气得哇哇大叫。唐军也不厚道，还站在城墙上感谢敌人赠箭。

当天晚上，唐军照例放下稻草人前去借箭，这会儿轮到叛军笑话他们了：当我们傻啊，都知道是稻草人，难道还送箭给你们！

结果叛军还没笑完呢就开始哭了：为啥这些稻草人会跑，而且还冲上来砍人！

等叛军明白今天从城上下来的不是稻草人，而是活生生的士兵的时候，已经来不及了。毫无准备的叛军被打得狼狈逃窜，张巡带兵追出十多里地才撤回城中。

（《资治通鉴》记载：巡缚藁为人千余，被以黑衣，夜缒城下，潮兵争射之，久乃知其藁人；得矢数十万。其后复夜缒人，贼笑不设备，乃以死士五百斫潮营；潮军大乱，焚垒而遁，追奔十余里。）

不甘心的令狐潮整顿人马再次围住雍丘城。张巡让郎将雷万春站在城头与令狐潮对话，叛军趁机用弩箭射他，雷万春脸上中箭，但纹丝不动，令狐潮开始怀疑自己又被骗了，城头上站的是木头人吧，便派人走近点看个究竟，经过核实，确实是血肉铸造的雷万春。虽然令狐潮恨透了张巡，但仍禁不住要夸一夸他："刚才见到雷将军的样子，才知道您治军竟然如此高明，天道已然如此，您就不要螳臂当车了。"

张巡轻蔑地答道："你个丧尽人伦的畜生也配跟我谈天道？"

没过几天，张巡再次出城袭击叛军，生擒将领十四人，令狐潮终于怕了张巡，撤兵回到陈留，不敢应战。

没了令狐潮的围困，张巡开始主动出击，多次重创叛军，杀死和俘虏叛军不计其数，很多在叛军控制区的百姓也都前来投靠张巡。

在这期间，张巡打了很多以少胜多的硬仗，叛军将领李庭望带领两万多人去打宁陵（今河南省宁陵县）和襄邑（今河南省睢县），夜里在雍丘城外三十里处安营扎寨。

这下可惹到了张巡："你李庭望也太不把我放在眼里了，竟然敢在我旁边呼呼睡大觉，今晚要不给你点颜色瞧瞧，以后我张巡还哪有脸见人！"

当天夜里，张巡带领三千士兵突袭敌营，叛军死伤大半，李庭望也顾不上去打宁陵，收拾残兵败将落荒而逃。

没过多久，不长记性的令狐潮又来了。这次他是有备而来，与叛军将领王福德带领步兵、骑兵一万多人围攻雍丘，结果依然是丢下数千尸体后败了回去。

叛军经过无数次的失败终于认识到一个问题，那就是这个张巡太难对付，必须纠集多支队伍，从各方面实施全面打击。

说到这里不得不解释一句，张巡为何死守雍丘？叛军为何又非要拿下雍丘？因为，叛军要想南下入侵江、淮地区那就必须把雍丘、睢阳

（今河南省商丘市部分地区）等几座城池攻克，不然他们南下之后就会腹背受敌。

张巡正是知道自己的作用，才会不惜一切代价拖住敌人。在接下来的日子里，张巡经常是以千抵万，令叛军闻风丧胆。但最终由于寡不敌众，只得带兵撤出雍丘，与睢阳太守许远会合。

当李亨知道张巡的情况后，立即封他为河南节度副使。

张巡的条件很艰苦，但基本还能保住性命，其他地方的一些将领更悲惨，颜真卿手下几员大将被叛军杀死，更有一些忠义之士死得很惨烈，虽然已经过去一千多年了，但他们的名字以及死亡的情景值得被后人记住。

饶阳的张兴在极其艰苦的情况下坚守城池一年有余，最终城破被擒，临死之前他还不忘挑拨离间，对史思明说道："安禄山父子不值得信赖，皇帝对他们那么好，还造反呢，我劝您别跟他们混了，背后捅一刀然后回到大唐怀抱多好啊。"

史思明怕安禄山怀疑自己的忠诚，把张兴绑到柱子上用锯子一点点锯死，直到张兴咽下最后一口气之前，张兴的骂声都没有停止过。

颍川的薛愿和庞坚同样也是誓死抵抗，守城一年有余，最终因内无粮草外无救兵，城破被擒，安禄山把他们两个绑在洛水岸边，活活冻死！

正是有这些可歌可泣令人敬仰的英雄的存在，大唐才有翻身的机会，也正是古往今来都有这样铁骨铮铮的硬汉子，中华民族才得以延续，并不断前进。

天赐高人

各路英雄豪杰用鲜血和生命为李亨赢得了时间，李亨这边也在抓紧时间安排各项工作。当各路兵马集结到灵武的时候，李亨开始考虑天下兵马大元帅的事情，前段时间他当太子的时候，李隆基封他做兵马大元帅，现在他当皇帝就不能再兼任了，需要重新任命一位兵马大元帅。当然这是个虚职，没有特殊情况的话不会让一般将领担任。眼下有两个人选最合适，一个是建宁王李倓，另外一个是广平王李俶。李亨比较看好李倓，李倓英明果断，有雄才大略，也很得军心。李泌认为应该选择李俶，这倒不是李倓不够格，而是因为李泌考虑得更长远些，他对李亨说："李俶是兄长，李倓是弟弟，如果弟弟在平叛过程中功成名就，那将来谁接陛下的班呢？"

关于这个问题，李亨也想过，但想过并不代表就能想对，他认为李俶是嫡长子，将来继承皇位是没有争议的，何必在意是否是大元帅呢！

通过这事能看出来，李亨的能力确实有限，看问题不够准确：在太平盛世，嫡长子继承皇位顺理成章，在乱世可就不同了，谁的功劳大、谁更得民心，大家就会更支持谁当皇帝，之前太宗李世民和玄宗李隆基不都是典型代表嘛。

经过李泌的讲解，李亨终于明白这个道理，便任命李俶为天下兵马大元帅。

李俶知道这件事后不但没埋怨李泌，反倒十分感激，因为他的想法跟李泌一样，不愿因为政治斗争搞得人性全无。

李泌在方方面面都对李亨有很大帮助，二人也是形影不离，将士们看到二人在一起的时候都会说："那个穿黄色衣服的是皇帝，穿白色衣服的是世外高人。"

李亨知道这个情况后就跟李泌商量："现在是特殊时期，为了大唐考虑，先生还是应该披上紫袍吧，这样大家才知道你是我的大臣啊。"（唐朝不同品级的官服颜色不同，最高级的是紫颜色。）

李泌想想也是，便接受了紫袍，结果刚穿上紫袍李亨就带着坏笑地说："既然先生披了紫袍，怎么能没有相应职务呢？"然后，拿出早就准备好的敕书，任命李泌为元帅府行军长史等官职。

李泌实在不想蹚世俗这摊浑水，想要拒绝这些官职，李亨很诚恳地对他说："先生就给我个面子吧，您看我都没非要用宰相的职位难为您，现在大唐正是用人之际，您就委屈一下吧。"

李泌没办法，只得接受。

李亨高高兴兴地设立了元帅府。元帅府里面两个人说了算，一个是元帅李俶，另外一个就是长史李泌。如果李俶进宫，李泌就留在元帅府处理政务；如果李泌进宫，李俶就留在元帅府处理政务。

元帅府的工作相当繁忙，只要跟军事有关的都会先在这里处理一下，简单事务直接决断，复杂事务才会报送皇帝，李亨对李俶和李泌的信任程度也是无以复加，连宫门的钥匙以及一些重要印玺都交给这二人保管。

元帅府的工作井然有序，唐军队伍也不断壮大，这时，李亨又把眼睛盯到外部，他想借助番兵增加实力，便派人联系回纥以及西域，承诺给他们重赏，让他们帮助平叛。

李泌建议李亨可以到扶风去迎接那些前来勤王的将士，刚好丝织品和布帛也都征调到了，可以第一时间赏赐下去，于是李亨带领大部队开始转移。

公元 756 年 9 月，李亨一行到达顺化郡，刚好从成都来的韦见素、房琯等人也到了，他们还带着李隆基送过来的传国玉玺，但李亨不敢用，把这些宝贝放到另外一座大殿中，每天早晚前去朝拜，就像拜父皇一样。

传国玉玺没被使用，送宝物过来的几个人都用上了，这几个人虽然不敢说有什么大才，毕竟都是为官多年，像房琯还曾担任宰相之职，在此特殊时期，他们对李亨还是有一定帮助的。

大臣越来越多，朝廷也越来越正规，李亨的工作越来越有条不紊，甚至开始有闲暇时间思考很久以后的事情，这一天，他对李泌说道："李林甫这个奸贼实在可恶，如果不是他当宰相这十多年间把朝廷搞得一团糟，我们也不会有今天，等我收复长安之后，一定掘他的坟，鞭他的尸，将他挫骨扬灰。"

李泌对李亨幼稚的想法表示反对："陛下平定天下之后为何要与死者为仇呢？折腾一个死人除了表示陛下德行不足、不够宽宏大度之外，没有任何意义，再说了，现在投降安禄山的那些人都是陛下的仇人，陛下这狭隘的报复举动只会让他们放弃改过自新的机会，从而死心塌地跟着安禄山。"

李亨一看李泌竟然替李林甫说话，心里有些不舒服，便对他说："那个奸贼过去曾千方百计要废了朕，朕能有今天完全是上天的庇佑，再说了，他也十分憎恨你啊，还千方百计排挤你，你为何还要替他说话呢？"

李泌微微一笑，答道："我怎么可能不知道李林甫想要加害于我！但有很多事情比个人恩怨更重要，现在陛下非要表现出对李林甫极大的报复欲望，上皇一定会更加惭愧内疚，那是上皇提拔和信任的宰相啊，如果因此而忧愤成疾，陛下怎能对得起君父？"

听到这里，李亨泪流满面，走下龙椅，对天跪拜，说道："朕没有想到的事情先生都会告诉朕，先生乃天赐高人，一定是上天派来帮助我的！"说完之后也不顾自己是皇帝，搂着李泌的脖子放声痛哭。

李亨想通之后便不再琢磨着对死去的李林甫进行报复，但李林甫活着时留下的恶习还是要革除的。渐渐地那些对国家不利的政策、习惯等都得到了修正，很多方面都恢复到开元时期的状况。

朝廷渐入正轨之后，问题也接踵而来——钱不够花。

第五琦的出现让这问题迎刃而解，此人十分擅长理财，《旧唐书》对他的评价是"少孤，事兄华，敬顺过人。及长，有吏才，以富国强兵之术自任。"第五琦会赚钱，但跟天宝年间那几个靠横征暴敛给皇帝赚钱的不一样，他讲究的是"君子爱财取之以道"，并且制定出一系列科学合理的制度，很快，第五琦便将大把金银、布帛转交到李亨手中，唐朝士兵终于不再为吃喝发愁。

纸上谈兵

当唐军士兵吃饱喝足之后，有人便想出去耍耍威风。

房琯向李亨请命要亲自带队收复两京，李亨觉得房琯比安禄山厉害，于是加封一堆官衔之后，派他带兵杀向长安。

要说文化水平，那房琯比安禄山和史思明是高得太多了，因此并未把叛军放在眼里，李亨想要给他安排些助手，都被拒绝了，房琯决定自己来。

李揖和刘秩两位书生有幸成为房琯手下，全权负责军务大事，这二人文化水平都相当高，但都是文弱书生，以前没打过仗，而且也没学过打仗。

这样一群书生带领的数万大军很快便与叛军邂逅。房琯以前也没打过仗，不过他一直仰慕能征善战的古人，学了不少战法，此刻终于有机会将这些战法用于实战。

当叛军看见房琯的两千辆战车和愤怒的公牛呼啸而来时确实慌了手脚。战车在春秋战国，甚至秦汉时期地位极高，相当于现在的坦克，用来冲击、碾压步兵，打乱敌人阵型等方面都会收到奇效。至于牛在战场上的应用，最经典的莫过于齐国大将田单的火牛阵，田单用火牛阵大破燕军之后一鼓作气收复七十多座城池，被后世传为神话。今天，房琯将战车和牛结合到一起，能不让敌人震惊吗。

当叛军回过神来的时候立刻想到房琯的牛没有火啊，给他加把火会如何？

叛军当即擂鼓呐喊，趁着牛被吓一跳的时候火烧战车，那场面实在太壮观了，疯牛带着火车四处乱撞，在这样混乱的战场上，文弱书生的指挥力瞬间下降到零，唐军没了指挥就变成了无头苍蝇，被叛军残忍地屠杀着，最终被牛踩死和被叛军杀死的唐军将士足足有四万多，只有几千跑得快的得以幸存。

辛辛苦苦拉起来的队伍轻轻松松被房琯祸害掉好几万，李亨得到消息后暴怒，要狠狠收拾一下房琯，但李泌从中营救，房书生死里逃生。（翻阅一些史料并未有关于李泌为何要帮助房琯的记载，但《资治通鉴》上确实说在李泌的帮助下房琯才能逃过此劫，按理说这属于严重破坏军规，李泌不应该带这个头的。）

房琯损兵折将，让刚刚恢复的士气很受打击，还好郭子仪大破叛军，杀三万，擒一万，平定河曲地区，与此同时，于阗王尉迟胜让弟弟代理政务，亲自率领五千大军前来勤王。这样一来大唐才再次看到希望，但李亨心里仍然没底，向李泌问道："叛军如此强大，咱能打赢吗？得打到什么时候啊？"

对于这种国家大事李泌必然早就想过，因此，张嘴便答："两年！"

"两年？不会吧？"这个答案让李亨很震惊。

李泌接着说道："最近叛军把抢来的女人和金银珠宝陆陆续续运回范阳，这说明他们根本没有雄踞中原的想法，并且安禄山的手下跟他一心的并不多，根据目前情况来看，他们能坚持两年就很不错了。另外再对比将领，安禄山手下只有史思明、安守忠、田乾真、张忠志、阿史那承庆等几个，如果我们派李光弼出井陉关、郭子仪从冯翊进入河东，那么史思明和张忠志便不敢离开范阳和常山，安守忠和田乾真则不敢出长安半步，这样一来，安禄山可用的大将只剩下阿史那承庆。陛下率领大军与郭子仪、李光弼交替攻打两京，让他们互相救援，他救一头咱就打另外一头，让他们在千里战线上不停奔波，等精疲力尽之时，我们发动总攻，叛乱定可平定。"

听完这分析，李亨心情大好。那李泌是否也是像房琯一样纸上谈兵呢？安禄山的情况真如他所说的一样吗？

瞎眼皇帝

看看安禄山这边的情形，我们就会知道李泌并非纸上谈兵之辈，机智的他早已看穿一切，安禄山的情况跟他估计的极其相似，只不过还要更糟糕一些。

安禄山这皇帝当的并不舒心，战局虽然有对他有利的时候，但总体来说对他有利的时候太少了，即便攻克潼关拿下长安，四面八方的进攻和骚扰也从未停止过，这情况跟他开始预想的完全不同。起兵之初，高尚、严庄等谋士给他的可是一幅美好蓝图，大概的意思就是迅速占领东、西二京，杀光李家皇族，然后派出多路大军平定四方叛乱，这期间，他只需要踏踏实实当皇帝就行，可结果却是现在这个样子，纵观天下，东、西二京是在自己手里了，但没有一处消停地方，尤其是西京长安，手下们都不敢走夜路，至于江淮地区根本还没摸着呢，河南地区这几根硬骨头死死卡住了他。

安禄山的脾气本来就不好，再加上整天没有顺心事，因此愈发暴躁，久而久之气坏了身体，他一直以来眼睛就有病，现在这样天天着急上火，病得越来越严重，到公元757年的时候，几乎接近失明。

这个瞎眼皇帝的日子不好过，他的手下更可怜，只要皇帝不开心就拿他们出气，运气好的被抽一顿鞭子，运气差的直接被送去见阎王。

不过安禄山有一点儿是值得表扬的，那就是他不看人下菜碟，不分高低贵贱，想抽谁就抽谁，不会因为谁官大、谁受宠而不抽他，严庄这样得宠的重臣没少挨抽，就连从小跟在安禄山身边长大的宦官李猪儿也经常是皮开肉绽，而且近水楼台先得月，李猪儿挨的鞭子格外多。恰

好严庄和李猪儿都不是受虐狂，从被抽中找不到快感，更痛苦的是还要时刻提心吊胆，怕哪天鞭子换成刀子，小命可就交代了。

同样怕丢性命的还有太子安庆绪，虽然安禄山是他唯一的爹，但他不是安禄山唯一的儿子，最近，安禄山爱妾的儿子安庆恩有争夺太子之势，安庆绪吃不香、睡不甜、经常被噩梦惊醒。

这样一来，三个大人物为了活命都必须思考如何处理安禄山的问题，这个问题很简单，不需要太认真思考，因为答案是唯一的——不是你死就是我亡！

三人找个机会喝了顿酒，就把大事给定了。

第二天，严庄和安庆绪守在安禄山帐外，李猪儿手持尖刀进入帐中，安禄山目前的视力状况就是只能看见个人影，根本看不见人影手里拿着什么。李猪儿也不废话，上前就是一刀，白刀子进去红刀子出来。安禄山那肥胖的肚子顿时像泄了气的皮球一样瘪了，肥肠从刀口喷涌而出，流了一地，这个瞎眼皇帝象征性地挣扎两下之后停止了呼吸。

这一切来得太突然，安禄山身边的小太监吓得全都躲到旮旯里，紧接着安庆绪和严庄进入大帐处理后事。

可怜这位红极一时的大唐宠臣和大燕皇帝被就地挖坑掩埋，根本没有棺椁，只有一张毡席裹身。

第二天，严庄跟大家说安禄山病重，一切事务由太子安庆绪处理。

数日之后，安庆绪即皇帝位，尊称安禄山为太上皇。

又过了一段时间，安庆绪对外宣布了安禄山的死讯。

安庆绪当上皇帝之后发现这份工作并不是那么有意思，而且压力很大，这个压力不是来自政务，而是当他端坐龙椅之上看着满朝文武的时候心里就发慌，不但害羞，而且还不知道应该说啥。严庄很快便发现这个问题，他怕大家不服这位懦弱的皇帝，便让安庆绪在后宫吃喝玩乐，自己总揽军政。

其实，严庄担心安庆绪不能服众完全是多余的，洛阳城中的大小官员几乎没有一个像点儿样子的，有能力有水平的都在外面打仗呢，前不久，史思明、蔡希德、高秀岩、牛廷介多路发兵齐集太原，想要拿下太原，然后长驱直入攻取朔方、河西、陇右，这样大唐新朝廷就危险了。

等到大军集结之后，史思明清点人数，足足有十万之众，这让他信心满满，虽然此刻驻守太原的是大将李光弼，但他手下的精锐都在朔方，守城的不足万人，并且大多是团练兵，在史思明看来，这座太原城跟不设防的差别并不太大。但是，很快他就发现自己错了，这不到一万的团练兵在李光弼的指挥下简直就是天兵天将啊。

攻城屡屡受挫之后，史思明派人到别的地方去运大型攻城工具，但运气太差，运送工具的队伍被唐军袭击，三千叛军全军覆没。

史思明也是久经沙场的老将，没有大型攻城工具也可以采用各种战术进行弥补，此时他正在声东击西，佯攻城东，一批精锐正在城西寻找机会。李光弼更是老将中的老将，丝毫不给史思明机会，城中四处巡逻的士兵没有一刻松懈，不管哪里被攻击，防御队伍都会第一时间到达。

李光弼除了被动防守之外，也在不停地寻找战机，通过地道战摧毁敌人攻城器具，通过诈降突袭敌人，几个月下来，数万叛军倒在太原城下，刚好这个时候洛阳传来安禄山的死讯，史思明立刻动身赶回洛阳，太原这边就留下蔡希德等人继续围攻。

蔡希德哪是李光弼的对手啊，几战下来叛军又死伤数万，蔡希德落荒而逃。

史思明回到洛阳后被安庆绪任命为范阳节度使、妫川王，安庆绪对叔叔辈的人很尊重，遗憾的是叔叔辈的人并不买账，史思明手握重兵，还有大量钱粮物资，渐渐地就不再听大燕皇帝的指挥，开始打起自己的小算盘。

全面反击

叛军内部的问题越来越突出，李亨的军事压力也越来越小，开始有富余精力思考将来的问题。

这一日，李亨跟李泌商量道："李俶当了一年多元帅，人气、声望、功劳也都积累了不少，要不立他为太子，让李俶负责平叛，如何？"

关于是否在这个时期立太子的问题早就讨论过，李泌一直觉得这个时期立太子并不合适，现在他还是这个观点，因此对李亨说："我早就说过，现在战事紧迫不应册立太子，这倒是其次的，主要原因还在太

上皇，这样的大事要请太上皇定夺，如果陛下现在急急忙忙册立太子，那当初在灵武即位的举动岂不是要遭当世和后世之人质疑，现在有人怂恿陛下册立太子，这是挑拨我跟李俶的关系啊，因为那些人知道我一定不会赞成的，别说我不赞成，就是李俶也会觉得这事不合适。"

李亨想想确实是，老爹还活着呢，自己也曾经说过等平定天下之后让老爹重新当皇帝，自己继续本本分分当太子，现在再立太子确实有争议。

李泌出宫之后见到李俶，把刚刚的对话原原本本对他复述了一遍，李俶听完之后深施一礼，恭恭敬敬地说道："还是先生知道我的心意啊！"然后，李俶立刻进宫见驾，言辞恳切地表达出自己不敢窥视太子之位的想法，李亨觉得儿子很懂事，倍感欣慰。

这样一来，太子的问题就先暂且放在一边，除了太子的问题之外还有大臣的问题，现如今郭子仪、李光弼都已经贵为宰相，等他们平定天下收复两京之后还能用什么作为奖赏呢？

对于这个问题，李泌这样回答："汉魏以来，朝廷设立州县，安排地方长官进行管理，也会把部分土地赏给功勋极其卓著者，并且有些土地是可以传给子孙后代的，我朝成立之初，太宗皇帝也有过这种想法，但由于种种原因没有实施，我觉得这种做法很好，被封赏了土地的大臣为了能让子孙继续享受这样的待遇就不会被眼前一时的利益所迷惑，会踏踏实实当好臣子，当初要是能封个百里之地给安禄山，说不定他也不会造反。等天下太平后把土地封赏给有功之臣，就算最大的封地不过也就二三百里，跟小郡差不多，完全能在皇帝掌控之中，臣子也能安分守己，这不是双赢嘛！"

皇帝为大臣着想，大臣也没有辜负皇帝的厚望，郭子仪一直以平定天下为己任，分析当下形势，他觉得已经进入收复两京的实施阶段，河东地区位于两京之间，平定河东将是收复两京的第一步，为此他派人秘密潜入河东，联络叛军中的唐朝官员。其实，很多官员都是"身在曹营心在汉"，当时为了活命投降叛军，但他们也不想当叛军，当郭子仪派人前来联络的时候，无数官员积极踊跃地当内应。

十几天后，郭子仪率兵向河东进发，沿途顺便还收复了几座城池，镇守河东的叛军大将崔乾祐弃城而逃，郭子仪带兵一路狂追，边追边收复城池，眨眼之间河东重归大唐所有。

与此同时，李亨也带领文武群臣和三军将士向长安方向靠拢，公元757年2月，大唐朝廷到达凤翔。

在接下来的十天里，陇右、河西、安西甚至西域的援兵纷纷赶来，江淮地区的丝绸、布匹也都运到。在那个时代丝绸和布匹就是硬通货，跟金银相当，可以用来赏赐有功之人，也能用来当军饷，李亨可以说是人财两旺，同时他还给远在成都的老爹送去表书汇报情况，成都那边也经常派人跟李亨联系，两地之间信使络绎不绝，大唐再次呈现出一派生机勃勃的景象。

凤翔距离长安不到三百里，长安百姓听说皇帝要来拯救他们，纷纷脱离叛军统治地区赶往凤翔。

这一切都跟李泌预料的一般无二，现在时机已然成熟，可以进行下一阶段的工作，那就是派出一队人马北上收复范阳，最后瓮中捉鳖彻底剿灭叛军。

看着眼前的长安城，李亨有点失去理智，他想兵发长安。

其实这也不能叫失去理智，对于绝大多数的人来说，繁华的家乡就在眼前，那里有属于自己的一切，现在又有能力将其拿回来，为什么不去拿呢？

李泌的解释是这样的："现在大军直取两京定能收复，只是叛军逃回范阳还能东山再起。"李亨很少质疑李泌，但这次表示并不是很赞同这个观点，李泌继续说道："我们现在的主力部队是西北各镇的兵马和西域胡兵，他们不怕累，但是怕热，现在刚好是春天，叛军被打跑之后差不多也就是盛夏了，我们的将士受不了燥热就会想着西归，逃回老巢的叛军若是卷土重来，咱又得继续征集人马进行抵抗。"

经过李泌这样一说，李亨虽明白了攻打范阳然后围歼叛军是一劳永逸的方法，但不这样做也不见得不能一劳永逸，或者敌人没机会逃回范阳在两京就被消灭了呢，再或者说他们逃回范阳之后没想着卷土重来，到时再派人马前去剿灭也行，当然，最主要的是李亨太想尽快收复两京。

最终，这事李亨拍板儿——直捣两京！

咬碎钢牙

叛军形势可以说是岌岌可危，虽然都能感觉到，但并没有人考虑该怎么办，主要还是因为没有高人，不能审时度势调整战略。按理说他们此刻就应该召回各路人马有计划有步骤地向范阳撤退，修好防御工事裂土为国，就算不撤退也应该把各地主力部队撤回两京寻找与唐军决战的机会，把存亡赌在一战之间。但他们并没有这样做，河北、河南的军队依然在攻打大唐的城池。

前文中曾提到睢阳告急，猛将张巡带兵进入睢阳与太守许远合兵一处，叛军将领尹子奇重兵围城。

尹子奇早就知道张巡生猛，看似被动防守之时总会寻找战机主动出击，因此他还要时时刻刻防备睢阳城中杀出奇兵。果然，这天夜里城中战鼓齐鸣，人喊马嘶，唐军队伍呼之欲出，尹子奇连忙整顿人马排开阵势准备迎敌，结果迎了一晚上也没看城中出来一人一马，等到天亮的时候城里消停了，尹子奇派人侦查之后发现城墙之上已无一兵一卒，于是号令三军脱衣服补觉。被这样折腾了一晚上确实人困马乏，叛军很快进入梦乡，就在他们做梦娶媳妇的时候，突然喊杀震天，张巡真的杀了过来。

叛军顿时乱作一团，数千人一觉睡到再也没机会醒，张巡迅速评估了战局，这种形势下有机会击杀敌人主将尹子奇，可是大家都不认识他啊。张巡让大家就地找些蒿草当箭头漫天乱射，叛军以为唐军弓箭已经射完，立刻向尹子奇汇报这一喜讯，这样一来尹子奇便暴露了，唐军将领南霁云一箭射中尹子奇左眼，但由于叛军人数众多，最终还是让瞎了一只眼的尹子奇成功逃脱。

等尹子奇养好伤后，安庆绪任命他为河南节度使、汴州刺史，带领同罗、奚以及其他几个郡县部队共十三万大军再攻睢阳。

张巡与许远合兵后只有六千八百人，还没有叛军的零头多，但叛军依旧是吃尽苦头，在十六天中，六十多个叛军将领被生擒，两万多士兵被杀，唐军士气大振，叛军士气一落千丈。

许远是个明白事理又大度的人，他毫不犹豫地交出睢阳城的大权，对张巡说："我性格懦弱，又不懂如何打仗，将军文武双全，睢阳的军政事务就交给您了。"交出大权之后，许远只做些管理粮草武器的后勤保障工作。

尹子奇带领十几万大军本想拿下睢阳之后继续南下侵略江淮，但在睢阳被打成这个德行只好暂时退兵休整。

数日之后，这个不长记性的尹子奇再次率领大军包围睢阳。

张巡依旧是进行了一番令将士们血脉偾张的战前演讲，然后杀牛宰羊犒赏全军，再然后寻找战机化被动为主动大败叛军，杀敌数千，追敌数十里。

这个尹子奇跟当年那个令狐潮一样有一种锲而不舍的精神，屡败屡战，总会补充新军再来攻城。

公元757年7月，尹子奇又带领数万大军出现在睢阳城下，此时的睢阳城由于长期艰苦战斗已经仅剩一千多名士兵，对唐军更不利的是，尹子奇虽被打败无数次，但依然兵强马壮、粮草充足，并且还不断进步，这次他带来的攻城云梯简直跟天上的彩虹一样夸张。即便这样，张巡仍然能想出破敌良策，火烧云梯，杀敌无数。

接下来尹子奇花样不断，结果都能被张巡一一化解，最终，尹子奇终于服了，攻不下来我就不攻，团团围住睢阳城，想要饿死唐军。

这时，距离睢阳较近的有许叔冀、贺兰进明等人，他们手里虽然不能说是有重兵，但数量也都算可观，粮草也都充足，张巡准备向他们去搬些救兵。

在一个月黑风高的夜晚，张巡派南霁云带领三十名骑兵冲出睢阳，想要突破重围去搬救兵。

面对一望无际的叛军联营，南霁云毫不胆怯，一马当先冲杀过去，叛军被这气势吓得人仰马翻，南霁云仅牺牲两名骑兵便突出数万大军的重围。

南霁云冲出重围见到贺兰进明把睢阳情况如实讲述出来。可是，懦弱的贺兰进明不想也不敢去面对数万叛军，找出无数理由拒绝增援。但他又很喜欢威风八面的南霁云，想把他留下来，为此准备丰盛宴席，歌女舞女也都就位。南霁云看着大鱼大肉痛哭流涕："我突围之时，睢阳城中将士已经一个多月没粮食吃了，只能靠老鼠、乌鸦、草根、树皮来充饥。我已经很久没见过这么丰盛的宴席，此刻实在难以下咽，请将

军早日出兵救睢阳于危难之中！"

南霁云慷慨陈词，贺兰进明仍然没有出兵的意思，南霁云咬断手指扔给贺兰进明，对他说道："我南霁云不能完成主将交代的任务，只好留下一根手指表示我确实来过这里。"说完之后转身离去，在场之人无不泪流满面。（《资治通鉴》记载：因啮落一指以示进明。）

（小说《隋唐演义》中有一个章回："安禄山屠肠殒命 南霁云啮指乞师"，就是根据这段历史改编而来，这样的英雄壮举必然会被后人称道。）

几经辗转，南霁云终于在宁陵搬回三千救兵，这三千救兵突破叛军铁桶阵进入睢阳时仅仅剩下一千多人。

正如南霁云跟贺兰进明所说的那样，睢阳城中早就断粮了，现在连老鼠都抓不到一只，张巡不能眼看着将士饿死啊，无奈之下，只得做出一件极具争议的事情——吃人！

张巡首先献出自己的爱妾，许远紧跟着杀掉自己的家奴，最终城中的女人跟老弱病残全部被吃掉，当叛军攻破睢阳时，城中仅仅剩下四百人。（我在这里并不准备评论吃人这件事情，因为这确实极具争议，吃人是为了救更多的人，但吃人又违背人性，这件事情的是与非恐怕只有与之相关的人才有资格发表意见吧。）

看着日思夜想的张巡，尹子奇没有丝毫得意的感觉，张巡这样的英雄会让任何对手钦佩不已，尹子奇没有任何侮辱的举动，只是提出了憋在心中很久的疑问："传言将军作战之时目眦尽裂、钢牙咬碎，是真的吗？"

张巡当然不会回答这个问题，尹子奇用刀撬开他的嘴，果然，年仅四十九岁的张巡满口之中只剩三四颗牙齿。

尹子奇佩服张巡忠义英勇，不想杀他，但手下都说像张巡这样的人不可能为我军所用，如果不杀后患无穷。

最终，张巡、南霁云、雷万春等人慷慨就义，临刑前神色自若，看不出丝毫恐惧。南霁云甚至还谈笑自若："宁掉头颅垂青史，不留骂名在人间。"

许远被送至洛阳，不屈而死。

张巡坚守睢阳的过程中大大小小打了四百多仗，每仗都是身先士卒，他待人诚恳、胸怀坦荡、赏罚分明，跟士卒同甘共苦，手下将士没有不心服口服的，张巡带领这班兄弟杀敌十二万，同时牵制住叛军的行动，破坏叛军南下江淮的战略部署，保得一方百姓平安。

睢阳百姓为纪念这群伟大的将士多次修庙宇、建祠堂，时至今日，商丘古城内还有为他们建造的忠烈祠。除了忠烈祠之外，还有专门为张巡、许远修建的双忠庙，王安石、文天祥等人均在庙中题词，另外，庙中的那副名联也传诵于世——"国士无双双国士，忠臣不二二忠臣"！

后世之人毫不吝惜言辞来称赞这些英雄，韩愈对许远的评价是："守一城，捍天下，以千百就尽之卒，战百万日滋之师，蔽遮江淮，阻遏其势，天下之不亡，其谁之功也？"

不但各位名人给予英雄们高度评价，民间也是极其推崇，许远在闽南等多地被奉为乡土保护神之一。

在岷县民间的十八位湫神中，雷万春排在第九位，由此可见他在百姓心目中的形象是多么高大。（湫神是民间信仰的掌管雨水的神仙。）

同样被"封神"的还有南霁云，宋太宗封他为秦州慧音山昭佑嘉泽二龙神君，清嘉庆皇帝敕封他为秦州慧音山昭佑绥沣嘉泽二龙大王。

当然，人们对这几位"神"的大哥——张巡——更加厚爱，不仅有好多以他为主角的戏曲、小说、民间故事，而且祠堂庙宇就好几座。商丘古城的南门外有一座专门为张巡建造的张巡祠，另外，江西省鄱阳县的张王庙也是为张巡而修，此庙在元朝和明朝都进行过大修，清朝时期还进行过重建，历经千百年的风风雨雨，庙宇会坍塌，但只要那股精神还在，坍塌的庙宇就会重新屹立在人们面前。

收复长安

公元757年8月底，肃宗李亨命令天下兵马副元帅郭子仪进攻长安，郭子仪领命之后许下诺言——拿不下长安，提头来见！

为了激励将士，李亨想在出兵之前重重奖励一番，但这段时间各种奖励使得库府空虚，只能用官职爵位作为奖励，一般军队出征前，都会给予大量空头委任状，上至大将军，下至郎将都可以这样任命，时间

047

【第一章】安史之乱

一久官职便烂大街了，一个大将军的委任状只够换几坛子浊酒的，军营里面到处都是穿金紫色衣服的人，以往只有三品大员才能穿这样的服饰，现在穿这样衣服的人虽然号称自己是大官，实际上可能只是个马夫。（我在这里并无歧视某些职业的意思，但凡事都得讲规矩，您想啊，如果军营里到处都是挂着二品、三品大员，那还不乱了套。）

此番郭子仪带队收复长安，李亨能够赏赐的也只能是这些空头支票。还好郭子仪对赏赐并不关心，他关心的是军队的战斗力，为提高战斗力，郭子仪建议李亨多多征调回纥士兵，目前来看回纥兵的战斗力最强。

回纥可汗听说大唐皇帝认可自己的士兵倍感荣幸，当即派儿子叶护（回纥官名，仅次于可汗）和将军带领四千精兵来到凤翔。

李俶跟叶护一见如故，结为兄弟，叶护高高兴兴地认了大唐皇子为大哥，数日之后，李俶带领唐、回纥、西域士兵共十五万从凤翔出发到达扶风，郭子仪摆好酒宴为将士接风，叶护等人受宠若惊，纷纷表示在大唐危难之际我们不是来大吃大喝的，而是来抛头颅洒热血的。宴会结束后，各路大军向长安进发。

两天之后，唐军集结于长安城西，列阵与叛军约战。

李嗣业为前军，郭子仪为中军，王思礼为后军，对面十万叛军也已排好阵势，大战一触即发。

叛军猛将李归仁单枪匹马出来挑衅，唐军一看有便宜可占，立刻蜂拥而上，想要抢个头功，结果在接近叛军阵地时，叛军前锋部队齐出，唐军措手不及，节节败退。

战场上很容易产生连锁反应，如果溃败发展到难以遏制的程度，那这十几万大军可就危险了。在这关键时刻，陌刀将李嗣业脱掉铠甲，光着膀子，双手举刀立于阵前，大吼一声冲入敌群，陌刀所至人仰马翻，眨眼之间数十叛军身首异处，唐军士气大振，阵脚终于稳住。李嗣业立即组织陌刀兵反攻，手持陌刀的士兵排成一排如同刀墙一般向前推进，这堵刀墙撞翻了眼前的一切，即便骑兵也不在话下，为躲避这面刀墙，只得后退，战场形势逆转，唐军开始尽情冲杀。

毕竟是一场重要的大决战，任何一方要想取胜都没那么容易，唐军这边杀得正起劲，殊不知危险就在眼前。此刻叛军精锐军队正埋伏在唐军侧翼，他们在寻找机会给唐军致命一击。

就在叛军伏兵蓄势待发之时，唐军侦察兵发现了这股部队，朔方左厢兵马使仆固怀恩率领回纥精兵偷袭叛军伏兵，本来这伙伏兵的注意力都在主战场上呢，哪想到后方杀出一支凶神恶煞般的胡兵，顿时阵脚大乱，根本来不及调整布阵，转眼之间被一网打尽。

叛军没了撒手锏，原本不高的士气跌入谷底，此役终于形成一边倒的屠杀局面，经过数个时辰的激战，六万多叛军被杀，当然唐军也有很大伤亡，战场被尸体堆满，惨烈的情形完全可以用"伏尸百万、流血漂橹"来形容。

败下阵来的叛军逃回长安城中，他们都知道待在这里只能是等死，所以很多人准备弃城而逃。

仆固怀恩推测出叛军要弃城而逃，便向李俶建议派兵追击，定能生擒李归仁、安守忠等一干主将，李俶觉得打了一天仗实在辛苦，先好好休息一晚，明天再策划下一步行动吧。

仆固怀恩实在不想浪费这样的好机会，三番五次劝说李俶出兵，李俶没有认识到这是消灭叛军大将的好机会，只是考虑到将士都很辛苦，没必要非得今晚出兵。

第二天，天刚蒙蒙亮，侦察兵前来汇报：叛军大将李归仁、安守忠、张通儒、田乾真等都已连夜逃跑。

虽然跑了几个大人物，但唐军总算可以不用攻打长安城，叛军主将都跑了，那些散兵游勇得多缺心眼还在那负隅顽抗啊？

公元 757 年 9 月 28 日，唐军进入长安，平叛终于取得阶段性重大胜利。

第二天，捷报送至凤翔，肃宗李亨激动不已，泪流满面，当即派人将这天大喜讯送往成都。

其实，皇帝和太上皇还不知道，长安收复后有一个大问题要解决，当初李亨为激励回纥士兵英勇作战曾经许下诺言："收复京城之日，城池和男人归唐朝所有，金银珠宝和女人归回纥所有。"

现如今西京收复了，叶护要求唐朝履行诺言。

李俶不顾自己身为皇子的身份立刻跪倒在叶护马前，诚恳地请求道："刚刚收复西京，如果我们大肆掠夺百姓，那么等攻打东京洛阳的

049

【第一章】安史之乱

时候，当地百姓肯定会协助叛军拼死防守，能否等东京收复之后再履行约定？"

叶护一看李俶跪在马前，当即就慌了，就算是一般皇子跪在他面前他也受不了啊，何况大家都知道这个皇子不出意外一定是太子，叶护立刻跳下战马跪倒在地扶起李俶，表示不提金银珠宝和女人的问题，这就整顿人马奔赴东京。

长安百姓知道这事后，都打心眼里感激李俶，李亨知道后，对这个儿子的看法立刻提高一个档次，表示李俶把这问题处理得太好了，比自己水平高。

当唐朝大军进入长安城时，城中百姓夹道欢迎，欢呼声此起彼伏，更多人喜极而泣，欢呼声和嚎哭声混合在一起，成为最优美的赞歌。

三天之后，李俶安顿好长安事宜，率领大军杀向洛阳。

李泌归山

李俶率领大军离开长安的同时，李亨用快马将李泌招至身边，李泌到后，李亨先跟他说了一件重要的事情："我刚刚上表请求太上皇回京，将皇帝位让给他老人家，我重新回东宫当太子。"

李泌听完立刻就急了："那个表书还能追回来吗？"

"应该追不回来了，发出去好几天了。"李亨答道。

"唉，这样太上皇是不会回来的。"李泌摇头叹息。

李亨很纳闷儿："这是为什么呢？"

"你在表书中说到'让位'这么敏感的话题，太上皇肯定不知如何是好啊。"李泌解释完之后继续说道，"你再写一份群臣的表书，就说自从马嵬驿分道扬镳，在灵武被劝即位，直至今天，每时每刻都思念着父皇，现在已经收复京城，请父皇早日回京，给我一个尽孝道的机会。"

李亨很听话，当即让李泌起草表书，送往成都。

过了一段时间，先派出去的使者回来了，还带回李隆基的话："只要给我剑南这一道养老就行，至于长安我就不想回去了。"使者还说太上皇看到表书后吃不香、睡不甜。

过了几天，后去的使者回来了，说太上皇看到表书十分高兴，准备择个良辰吉日动身回长安。

李亨拉着李泌的手感激得说不出话来，因为李亨确实是想让老爹从成都回来，不然的话不但自己无法尽孝，而且也会留下千古骂名，平定叛乱之后怎能让老爹继续在西南受苦呢，虽说不会苦到哪儿去，但肯定跟长安没法比啊。

李亨很激动，李泌却很淡定，并且还说道："我已经报答了陛下知遇之恩，现在平定天下只是时间问题，我也该继续返回深山做我的隐士。"

李亨当时就惊呆了："咱俩多年来同甘苦共患难，现在眼看就有好日子过了，你为何却要离开我？"

"有五个原因让我不得不离开，不然迟早都要死在这里的。"李泌答道。

"这是为何？谁敢杀你？你把这五个原因说来听听。"李亨追问道。

李泌继续答道："第一，咱俩结交太早；第二，你对我太信任；第三，你对我太好；第四，我立下的功劳太高；第五，我的事迹太奇特。有这五个原因，你要是不让我走，那就等于杀了我。"

李亨有些不高兴地说道："你这话说得我不爱听，太看不起我了，我既不是忘恩负义之徒，又没精神病，为什么要杀你。"

李泌笑了笑，说道："你误会了，我不是说你会杀我，是刚才的五点原因会杀我。有这五点原因，很多人会不择手段地要除掉我，你也不能时时刻刻保护我，而且这样我活在担惊受怕中，日子过得多辛苦啊。再说了，你对我如此之好，有些事情我还不敢直说，等到天下太平了，我不是有更多话不敢说了吗！"

李亨听完这话立刻追问道："你是指我没听你关于北伐范阳的事吗？"

李泌答道："不是这事，我不敢直言进谏的是关于李俶的事情。"

说到李俶，李亨心头顿时一紧，亲儿子啊！竟然死在自己手里。

原来，前段时间李亨亲自下令赐死建宁王李俶，原因是李辅国和张良娣两人说李俶因为没当上元帅而耿耿于怀，甚至还想谋害李俶。

为何李辅国和张良娣说李俶不好李亨就信呢？

因为张良娣是李亨最喜欢的女人，这个女人十分善于讨李亨欢心，当初在艰苦的战争时期，张良娣生完孩子仅仅休息三天就为将士缝补衣裳，两人是患难夫妻，感情跟普通夫妻肯定不一样。

偏偏走上这个张良娣不善良，阴险狡诈。自古正邪不两立，她跟李泌、李俶、李倓不是一路人，一直处心积虑地想要除掉这三人。

李辅国本来是个小宦官，李亨眼拙，看不出他是阴险狡诈之徒，在他还是太子的时候两人关系就不错。李辅国看张良娣受宠，便依附于她。

血气方刚的李倓跟李泌商量想要先动手除掉张良娣和李辅国，但李泌不同意这样的做法，结果被张良娣抢先告黑状，含冤而死。

此时，李亨仍然不知李倓是被冤枉的，他还对李泌说呢："李倓是我的爱子，并且在危难之际立了大功，但他受小人教唆想要谋害他哥哥啊，我是顾全大局才狠心杀掉他的。"

李泌叹口气，说道："那都是一群小人为谋害李倓编造的谎言，李倓一直没想当太子，更没想过要杀他哥哥，我提议李俶当元帅的时候，李倓十分赞同我的做法，跟我关系更加亲近。"说完这些之后，李泌又举了一些琐碎的小例子。

听完这些之后，李亨哭得跟个泪人一般，他确实一直很喜欢李倓，李倓英明果敢，典型的少年英雄，哪有父亲不喜欢这样的儿子？他确实为了大唐安定才忍痛弃子，今天才明白，原来儿子是冤死的。

看到李亨如此伤心，李泌这样说道："我不是追究以前的责任，也不是想让你自责和伤心，我说这事是为了让你警戒将来。当年武则天皇后有四个儿子，杀太子李弘，立次子李贤为太子，李贤内心忧惧，作《黄台瓜辞》，想使武则天感动，但武则天不予理睬，李贤被废后，也死了。《黄台瓜辞》这样说：'种瓜黄台下，瓜熟子离离。一摘使瓜好，再摘使瓜稀，三摘尤为可，四摘抱蔓归。'你已经摘了一个瓜，千万别再摘了啊。"

李亨当即表下决心："我一定小心谨慎，以后绝对不会再误杀儿子，我现在就把这首诗写在腰带上，时时警惕意外情况出现，"

李泌表示不用写在腰带上那么夸张，记在心里就好。

李泌说这些话是因为张良娣等人已经有想废掉李俶的想法，因此，他才提前给李亨打预防针。

这次谈话后，李泌归隐衡山，过起令人羡慕的隐居生活。由于他的话受到李亨重视，虽然张良娣、李辅国等人数次加害李俶，但李俶最终都没有受到伤害。

收复洛阳

李泌完成自己的任务退隐山林，收复河山的任务还得有人继续完成，这个任务毫无争议地落在郭子仪和李光弼身上。

郭子仪率领大军来到潼关，敌人象征性地抵抗一下，顺便丢下五千多具尸体然后落荒而逃。唐军顺利收复华阴、弘农二郡，还抓了一百多个俘虏，这些俘虏原本都是大唐官民，叛军来的时候投降了叛军，现在又投降回来，李亨想要杀掉这些反复无常的人，监察御史李勉表示不应该杀，对于大多数人来说随波逐流只是为了活命，应该给他们一个洗心革面的机会。李亨想想也对，于是全部赦免。

叛军大将张通儒收拾完残兵败将退守陕郡，这下洛阳的皇帝可坐不住了，安庆绪把洛阳的战斗力整合完毕让严庄全部带到陕郡跟张通儒汇合，准备再搞一次大决战，看能否扳回一局。

公元757年10月15日，叛军步兵、骑兵共计十五万在陕郡西侧依山布阵，郭子仪率军应战。

叛军小股部队前来挑衅，唐军迅速出击，叛军不战而退，唐军紧随其后。

叛军队伍中并非没有能人，这次依山布阵就是要诱敌深入，然后大部队从山坡俯冲下来乘势冲杀，一股部队从上往下杀，另外一股部队从下往上冲，利弊可想而知，唐军自然抵挡不住这样的压力。

被迎头压制的唐军开始后撤，这样的后撤很难保持住作战阵型，如果阵型一乱就很容易演变成崩溃的局面，那么前几天长安城外的一幕就会重演，只不过角色发生对调而已。

关键时刻，郭子仪还是能够稳住阵脚，同时等待着时机。

什么时机？

当然是歼敌的时机！

就在叛军自以为可以尽情践踏眼前的唐军之时，斜后方大地咆哮，尘土飞扬，滚滚黄沙之中羽箭齐飞，紧接着回纥精锐骑兵从更高的山坡呼啸而下，在这样的冲击之下叛军局部阵脚大乱，郭子仪抓住时机提振士气，率领大部队冲杀过来。

在前后夹击之下，叛军由局部混乱演变成全局混乱，最后只能被无情地屠杀。

看看战场上留下的十余万叛军尸体就知道陕郡之役以唐军大胜而告终。

严庄和张通儒等人自保的功夫还不错，全部成功逃脱。

第二天，严庄便将惨败的消息带到东京洛阳，安庆绪当即作出英明的决定——逃！并且立刻实施，当天晚上收拾好行囊离开洛阳向东北逃窜。

逃离洛阳之前，安庆绪看看监狱之中还有哥舒翰、程千里等三十多位唐朝重量级的人物，带着吧，麻烦！放了吧，那不可能！于是全部杀掉。

也不知安庆绪哪根神经出了问题，逃出洛阳之后胆子又大了起来，竟然没一口气逃回范阳，而是逃到邺郡（今河南省安阳市），将邺郡改名为安成府，把年号改为天成，然后把安成府当成基地开始收集散兵游勇和之前派出去四处攻城略地的队伍，数日之后队伍竟然由一千多壮大到六万。

李俶并未来得及处理安庆绪把家安在邺郡的事情，因为他进入洛阳城后要处理的事情也很多，虽说洛阳并未用攻打，但两京收复之后跟回纥许下的诺言也得兑现，心地善良的李俶不忍心看着子民被欺凌，又不能失信于人，怎么办？

其实，这事不难解决，回纥人要的不过是利，给足钱什么问题都解决了，凡是用钱能解决的问题都不是问题，最终，一万匹丝绸换得百姓平安，回纥人也个个心满意足。

就在李俶处理回纥问题的时候，李亨从凤翔出发赶往长安，同时派韦见素入蜀迎接李隆基，这个漂泊的朝廷终于要稳定下来了，这个晚年孤苦的老皇帝也终于要回到那日思夜想的家园。

还没等李亨到长安，这边陕郡大捷以及收复东京的消息就送到了他那儿，李亨怀着用文字无法形容的愉悦心情进入长安。

长安百姓再次拿出迎接李俶的热情迎接李亨，长长的队伍足足有二十里，李亨走到哪里，哪里就是响彻天地的"万岁"声。通过这个也能看出即便天宝时期李隆基昏庸但并未失去人心，也能看出安禄山这两年在中原地区一点儿好事没干，一点儿人心都没收买着。

叛军虽然没收买着百姓的心，但收买了不少唐朝官员，很多官员为了活命投降叛军，接受叛军官职俸禄。李亨等人一商量，除了极个别为叛军卖命的人之外，其他人等一律赦免。

需要赦免的不仅是西京的官员，东京那边更多，当然也有很多骨头硬一直没向安禄山和安庆绪低头的，例如像甄济、苏源明等人，他们被当成楷模得到各种嘉奖。那些骨头不够硬的也分很多情况，最终具体问题具体分析，该怎么处理都怎么处理了，处理过程中的基本原则是尽量宽大，能赦免的都赦免。

几天之后，回纥叶护从洛阳回到长安，李亨命令百官前去迎接，并亲自设宴款待，叶护感激涕零，表示叛军余党未除寝食难安，现在军中缺少战马，自己这就回回纥牵来战马将叛军斩草除根。李亨封叶护为司空、忠义王爵，承诺每年送给他们两万匹丝绸，令他回去牵马。

一个月后，李俶把洛阳基本安顿好后带着郭子仪等人来到长安，李亨拉着郭子仪的手说："我李家的江山是你给打回来的啊！"

君臣终于可以齐聚一堂毫无压力地开怀畅饮，收复两京之后中原地区的叛军跟摆设差不了多少，李嗣业等人率军一路狂奔，各个郡县基本就收复了。

父子重逢

公元 757 年 11 月 22 日，李隆基一行到达凤翔，六百多随行士兵的武器全部交到凤翔武器库中。（通过这个小举动我们完全能够感到生在帝王家的悲哀，李隆基主动上交武器就是为了让人不要猜疑，父子之间竟然还需要有这样的担心，如果把这事件上升一个高度，那就是世间俗物可以掩盖住人性之善。）

　　李亨听说老爹已经到达凤翔，自己便在咸阳敬候圣驾，同时派出三千精锐骑兵前去迎接。李亨考虑的确实周到，老爹回家的场面不能太寒酸，区区几百人的排场实在对不起一个曾经盛世的帝王，这三千盔明甲亮、目光如炬的骑兵跟在后面那就完全不同了，李隆基顿时由一个流亡皇帝变成凯旋的英雄。

　　几天后，李隆基到达咸阳，李亨备好皇帝所用车驾前去迎接，自己脱去黄袍，身着紫袍。

　　李隆基在望贤宫的南楼上翘首以待，"那个曾经以忠孝著称的太子当上皇帝之后是否还像当初一样呢？"恐怕李隆基的心里不会不思考这个问题。

　　当见到李亨的时候，李隆基的疑虑一扫而光，身着紫袍的李亨远远看到老爹之后翻身下马，一路小跑来到楼下，双膝跪倒，伏地而拜。

　　李隆基走下南楼拍着儿子的肩膀泪流满面，这一刻父子亲情超越世俗中的一切。

　　哭个痛快之后，还得从真情回到世俗——皇帝只能有一个，到底谁来当？

　　李隆基拿过黄袍披在李亨身上，李亨坚决不肯接受，李隆基无奈只好说道："天命和人心都已归你，你为何还要推辞呢？我能够安度晚年便是你的忠孝了！"

　　最终，李亨拗不过父亲，披上黄袍。

　　围观百姓欢天喜地高呼着"二圣"，将现场气氛推上一个又一个高潮。

　　进入行宫之后，小问题又来了，刚才是穿衣服的问题，现在是住屋子的问题，这次是李隆基先表态的："正殿我不能住，那是皇帝的地方。"

　　李亨当然不能自己住正殿让老爹住厢房啊，于是亲自搀扶老爹进入正殿，然后宫娥太监端来食物，李亨都先亲自品尝确定食物无毒无害、烫不到嘴、冰不到牙之后再给老爹吃。

　　第二天，李隆基和李亨要从咸阳行宫出发回长安，李亨亲自为老爹挑选马匹，等老爹上马之后，他又担任牵马的马童，没走几步李隆基就制止了儿子的行为，李亨只好也骑上御马，但仍然恭恭敬敬在前面为老爹开道。

李隆基感慨万千，对身边人说道："我当了五十年天子，都没感到过如此尊贵，今天当了天子的父亲，这才是真的尊贵！"

回到长安之后，李亨多次表示要将帝位还给老爹，自己仍回东宫踏踏实实当太子，不过通过之前李隆基的表现来看，他早就看透这些事情，已经不是鬼迷心窍的昏庸皇帝，以他的智慧当然知道自己该当皇帝还是太上皇。

数日之后，李隆基来到宣政殿，亲自将传国玉玺等宝物交给李亨，李亨流泪接过传国玉玺。

从此之后父子再无隔阂，朝廷内外也无半点杂音，举国同庆的日子终于到来。李亨大赦天下，只有与安禄山造反的人以及李林甫、杨国忠、王𫘝的子孙不在赦免行列，比赦免有罪之人更重要的是奖励有功之人，李俶被封为楚王，郭子仪被封为司徒，李光弼被封为司空，其余文武官员根据功劳全部加官晋爵。平叛过程中壮烈牺牲的将士也都被追加官爵职位，并且给予他们的家人一定奖励。

另外由于前段时间流亡朝廷定居过几个地方而对京都重新定义，成都称为南京，凤翔称为西京，长安称为中京，洛阳仍称为东京。

除了这些之外，地位明确的肃宗李亨将张良娣封为淑妃，宠爱程度无以复加。

反复无常

老李家的日子越过越红火，老安家是越过越糟心，安庆绪虽然在邺城召集六万多将士，但再傻的人也能看出大势已去，因此，最终他们还是选择向北方逃亡。

李归仁带领包括曳落河、同罗在内的数万人逃往范阳，沿途烧杀抢掠，百姓再遭涂炭。

驻守范阳的史思明对这群凶神恶煞也十分小心谨慎，毕竟他们有着不俗的战斗力，抱着试试看的态度，史思明向这几万人伸出橄榄枝，除了同罗兵之外，曳落河与其他叛军全部选择无条件投降，这个结果既

在预料之外，也算在预料之中，说在预料之外是因为曳落河可都是安禄山的干儿子，咋能这么没节操说跟姓史的就跟了姓史的，说在预料之中是因为这群人本来就没什么节操。

同罗兵不投降并不是因为有节操，而是因为不服史思明，但一仗下来，同罗兵发现史思明还真比他们厉害，惨败的同罗兵丢掉沿途打劫来的好东西逃回同罗，史思明手握重兵据守范阳，这让安庆绪头疼不已，因为自从安禄山死后，史思明便成为脱缰野马，名义上服从安庆绪，实际上已经自立为王。

安庆绪不想跟史思明硬碰硬，但不碰也不行啊，自己总得找个安家落户的地方，中原待不下去只能回范阳，于是，他派阿史那承庆和安守忠去范阳，明面上的理由是征调人马对抗大唐，暗中的目的是除掉史思明。

史思明早有彻底跟安庆绪撕破脸皮的想法，即便是名义上也不想再当安庆绪的臣子，再加上他的手下告诉他跟着安庆绪是不会有前途的，裂土为王也不是什么英明决定，按照现在这形势唐朝大军一到，啥王都得见阎王，不如投降大唐，用安庆绪作为自己升官发财的垫脚石。

史思明想了想，这个建议非常不错，毕竟他还没有要当皇帝的想法，给谁打工不是打工呢，要消灭现在的安庆绪比碾死一只蚂蚁难不了多少，于是，史思明决定投降大唐。

就在史思明决定投降的时候，阿史那承庆和安守忠率领五千精锐骑兵来到范阳，这绝对是极好的"投名状"，必须将其拿下。

为了不跟这五千精锐硬碰硬，史思明跟阿史那承庆说："诸位大人大驾光临，范阳将士欢欣鼓舞，可惜我们这小地方的土包子素来胆小，见了如此威风的军队就发抖，不敢前来迎接，能否让诸位英雄收起家伙，范阳的士兵好出来迎接。"

阿史那承庆没想到史思明会造反，再加上马屁拍得很舒服，便放松警惕收起兵器，史思明点头哈腰地带着阿史那承庆等人进入大帐大吃大喝，大帐之内花天酒地、载歌载舞，岂不知外面范阳士兵正在收缴那五千精锐的武器，愿意改投新主的可以留下，不愿意的全部遣散。

阿史那承庆和安守忠喝完酒就成了阶下囚，任凭他们如何叫骂都为时已晚。史思明也没空搭理他们，他正在给李亨写表书，表示自己率领管辖的十三个郡和八万将士全部归降大唐。

　　数日之后史思明的手下窦子昂带着这份表书来到长安，李亨一看可以不劳而获那是相当高兴，也不考虑史思明是反复无常的小人，当即封其为归义王、范阳节度使，又派出宦官和几位官员去范阳安抚史思明，鼓励他带领部队讨伐安庆绪。

　　史思明原来可是安禄山手下最大的将领，他脱离叛军投降大唐这对安庆绪来说打击太大了，因为他手下那群人一看人家史思明都能投降，我们在这挺着还有什么意思啊，早投降早过好日子，于是纷纷弃暗投明，转眼之间河北地区绝大多数郡县再次成为大唐领土。

　　领土被收复的同时自然有大批官民被收复，关于老百姓的问题还好说，毕竟老百姓在这种情况下无关紧要，只要不支持叛军就行，但那些曾经投降叛军现在再次跳槽回来的官员该怎么处理？

　　很多这样的官员确实遭人恨，毫无节操可言嘛！李亨整体上采用宽大政策处理这些人，但还是砍了一批，砍完之后问题就出来了——那些原本想要再投降过来的不敢投降了，只能硬着头皮跟安庆绪一路走下去，这样一来李亨又开始后悔不应该冲动。

　　通过这事能看出来，忠孝仁义的李亨能力确实有限，作为一位帝王连这点儿事情都想不清楚，做完还会后悔，那如何处理国家大事？

　　不仅是我对李亨有非议，史学家司马光早有这样的看法，他认为：作为臣子拿着国家俸禄，理所应当为君王排忧解难，做事情更要忠心无二，像陈希烈等人甚至都是王侯将相、皇亲国戚，天下太平的时候没人肯于直言进谏规劝皇帝的过失，只知道顺着皇帝心意做事，宠着皇帝骄奢淫逸，自己也能从中牟利。等到天下大乱的时候，他们贪生怕死，不但不能为国家作出任何贡献，反倒成为汉奸投降叛乱的胡人，这些王公大臣的行径甚至连贩夫走卒都替他们脸红，他们根本没有必要活在世上，杀掉这些再次投降回来的反复无常的小人又有何值得后悔的呢？真正为国为民有益的大臣是像颜杲卿、张巡一样的英雄，天下太平之时不肯跟权势同流合污被排挤于朝廷之外，连皇帝的面都见不到，至于荣华富贵就更沾不上边。天下大乱之时，国家和百姓需要有人能站出来重整山河，他们坚守孤城，内无粮草外无救兵，面对强敌毫不胆怯，最终惨死于虎豹豺狼之口，这才是真正的忠义之士，社稷之臣。跟这样的社稷之臣相

比，杀掉陈希烈等人有什么好后悔的呢？

果然反复无常

不仅司马光看不上那些反复无常的人，很多人都看不上，刚直不阿的张镐听说史思明投降后立刻给李亨提建议："史思明绝非善类，阴险狡诈、心狠手辣，看谁厉害就跟谁混，根本不知'忠义'为何物，多大的仁德都感化不了他这样人面兽心的败类，希望陛下不要被其蒙蔽。"

李亨本就不是什么英明皇帝，现在又因史思明投降给他平叛工作带来极大益处，因此对史思明格外宠信，刚好之前派去范阳的太监回来汇报说史思明忠心耿耿，绝对忠于大唐，当然太监肯定是被史思明收买了的。当初安禄山的特长之一就是收买朝廷派来的各种使者，史思明跟安禄山学了不少手段，此刻刚好有用。

这样一来李亨对张镐的意见就大了，训斥其不识时务，将其贬官。

张镐被贬了官，但他的建议还是给李亨敲响了警钟，再加上很多人都认为史思明不可靠，尤其是李光弼这样的重要人物也持这个态度。跟张镐比起来李光弼的权力和影响力大得太多了，他甚至可以私下联系史思明的手下乌承恩，让乌承恩找机会除掉史思明。

随后，李光弼又建议李亨提拔乌承恩为范阳节度副使，同时赏赐给阿史那承庆铁券承诺将来给他荣华富贵，让他们一起消灭史思明。李亨权衡利弊，最终同意李光弼的建议。

乌承恩得到皇帝支持后积极开展工作，用私房钱招兵买马，多次化装成老太婆到其他将领的军营之中游说将士造反，没想到有些胡人将领对史思明还很忠心，竟然把乌承恩的情况汇报给他，史思明没有确凿证据，也不知道是否属实，便派人躲到乌承恩床下窃听，刚好听到乌氏父子谈论奉旨杀史的问题，两名窃听者立刻去向史思明汇报。

史思明将乌承恩五花大绑，并搜查他的东西，发现了他跟李光弼之间的文书信件以及要给阿史那承庆的铁券，另外还搜到一本名册，里面记录的都是先前跟史思明一起谋反的将士的姓名。

还没等史思明用刑，乌承恩主动就招了："这些都是李光弼让我干的。"

史思明并未因为乌承恩主动招供而放他一条生路，还是将其乱棍打死，然后给朝廷上表说乌承恩与李光弼联合起来害他。

这事当然是李亨理亏啊，史思明不是善良之辈，你可以不接受他的投降，派大军前去征讨，但你接纳了他并且封他为王，就不应该在背后捅刀，现在被当场拆穿多尴尬啊。李亨只得厚着脸皮说："这事儿是乌承恩自己搞的，朕和李光弼都不知情，他被乱棍打死是罪有应得。"

乌承恩死得很憋屈，丢了性命也没当成英雄，更重要的是死后还被皇帝给卖了！

史思明认真衡量了一下目前的局势，发现要想当大唐臣子并不会很轻松，那还不如干脆再次扯起大旗造反，反正自己兵强马壮也不怕谁，说不定上天眷顾自己，还真能当个皇帝什么的呢。

史思明把手下将士叫到一起，对他们说："陈希烈等人原本都是唐朝臣子，太上皇抛弃了他们自己跑去蜀地避难，现在唐朝收复两京之后还把陈希烈等人给杀了，我们都是原本就跟随安禄山造反的人，朝廷肯定不会放过我们的，只不过现在时机未到罢了。"

大家也不傻，马上就明白史思明想干啥，于是纷纷出谋划策，决定以李光弼为借口再次反唐。

有了将士们的支持，史思明派人给李亨写了一封表书，内容大致就是说李光弼欺负他，如果皇帝不替他杀掉李光弼，那他就亲自动刀。

史思明的一个部下叫耿仁智，他不想让史思明再度造反，暗中把表书里面的话都给删了，史思明知道后将这个跟随自己近三十年的老部下乱棍打死。

史 乱

就在史思明准备造反的时候，大唐也在调兵遣将准备彻底扫除安庆绪余党。公元758年9月，李亨命令朔方节度使郭子仪、河东节度使李光弼、镇西及北庭节度使李嗣业、淮西节度使鲁炅以及另外几路节度使率领大军共同讨伐安庆绪，这个平叛大军论数量和质量都相当可观，

但李亨也有难题不知道该怎么处理，那就是各路大军总要有个总负责人，郭子仪和李光弼二人地位相当，李亨认为谁当总负责人都不好办。

李亨不眠不休地思考这个问题，终于在脑袋还没想破之前想到了前人没有想到的办法——不安排总负责人，也就是说不设置元帅一职。

那谁来统军呢？

设置一个新的岗位——观军容宣慰处置使，简称观军容使。

这个观军容使跟以往的监军相似，只不过职权范围更大、更广，毕竟这是为了替代元帅而设置的岗位嘛。跟监军一样，担任这个岗位的人几乎都是皇帝身边宠信的太监，鱼朝恩十分荣幸地成为中国历史上第一位观军容使。

《孙子兵法》中说道："不知三军之事而同三军之政，则军士惑矣；不知三军之权而同三军之任，则军士疑矣。"这段话的意思是不知道军队的战守之事、内部事务而负责三军之政，将士们就会无所适从；不知道军队战略战术的权宜变化，却干预军队的指挥，将士就会疑虑。军队既无所适从，又疑虑重重，那还怎么打仗啊？

鱼朝恩是员猛将，但远没有率领几十万大军的能力，另外他心胸狭隘，如此气度根本胜任不了类似于元帅这样的职务。

大唐这边还未出师，矛盾便已暴露出来，不过还好安庆绪那边的情况更糟糕，对于大唐来说前景还是十分乐观的。

前文提到安庆绪在邺城重新扎根，同时还占据着大大小小六十多座城池，兵马粮草还算充足，这样的实力完全能跟大唐抗衡一阵，为何说他情况更糟糕呢？

原来，安庆绪被郭子仪从洛阳赶走之后，依然以一个皇帝的标准要求自己——当然，这个标准肯定不是明君的标准，大兴土木，修建高端大气上档次的皇宫以及各种娱乐设施。再看看他手下的大臣，完全是跟昏君配套来的，高尚跟张通儒为了争权互相往死里整，蔡希德也加入这场游戏中，他带兵打仗还凑合，说到政治斗争几乎就是个外行，轻而易举便被张通儒给玩死了，他的手下集体当了逃兵；崔乾祐刚愎自用，脾气暴躁爱杀人，手下将士离心离德。

郭子仪对付这样的部队胜算还是蛮大的，他带兵渡过黄河之后很快便遇到大股叛军，轻轻松松便击杀四千叛军，抓了五百俘虏，包围卫州（今河南省卫辉市）。数日之后，鲁炅、崔光远、李嗣业等人来到卫州与郭子仪会合。

卫州距离邺城太近了，如果卫州失守的话，安庆绪就只能死守邺城，为了不让战火烧到自己的皇宫，安庆绪御驾亲征倾巢而出，七万士兵分为三军，崔乾祐率领上军，田承嗣率领下军，安庆绪亲自率领中军。

为照顾御驾亲征的安庆绪的情绪，郭子仪决定送他个胜仗，两军交战，郭子仪大军边战边退，安庆绪摇旗呐喊放马狂追，心里还想呢："是郭子仪没有传说的那么厉害呢？还是我太厉害呢？还没怎么施展拳脚他就不行了。"就在安庆绪自鸣得意的时候，漫天羽箭倾泻而下。原来，郭子仪早就埋伏好三千弓弩手，然后诈败引叛军上钩。

在冷兵器时代弓箭在战场上的杀伤力实在太大，尤其是对那些铠甲不够厚的骑兵来说绝对是致命的打击，转眼之间叛军被射得晕头转向，郭子仪拨转马头杀将回来，叛军大败，丢掉了卫州和安庆绪的弟弟安庆和。

安庆绪吃了败仗还死了弟弟，但他的心并未死，继续率领部队跟唐军作战，结果再次大败。看着自己带出来的七万小弟被砍死一半之后，安庆绪的心终于也死了，带着残兵败将逃回邺城。

郭子仪等人合兵一处，包围邺城。

这下安庆绪彻底乱了方寸，举目四望，唯一能帮他的可能只有他的敌人——史思明。俗话说"有病乱投医"，安庆绪也顾不上那么多，立刻派人向史思明求救，许诺把皇帝让给他当。

史思明并不需要安庆绪给他让位（他们这皇帝都是自封的，史思明也可以给自己封个皇帝），但他明白唇亡齿寒的道理，这个时候安庆绪被消灭的话，唐朝大军必然北上范阳，史思明并没有可以退敌的信心，只好派出十三万大军援救安庆绪，保护好自己的挡箭牌。当然，如果能找机会吃掉安庆绪的话也是个不错的选择，

在史思明的大军尚未到来之前，安庆绪丝毫没有还手之力，就连崔光远这样不会打仗的人都能攻城拔寨，公元758年11月，崔光远攻克魏州（今河北省大名县附近），十几天后李亨封他为魏州刺史。

崔光远刚刚当上魏州刺史，史思明的大部队就到了，并且还盯上了魏州，盯上魏州的原因一是位置重要，二是史思明觉得崔光远刚到魏

州各方面准备还都不充分，说不定能打他个措手不及。

果然，仓促应战的崔光远连连失利，部将李处被叛军打得晕头转向，只好退守城中。

史思明可是战场上的老油条，凡是能智取的绝不强攻，他派人四处散布消息责备李处说："是你通知我们来魏州的，为何我们来了你不接应呢？"

缺心眼儿的崔光远也不动动脑子，手起刀落就把李处给腰斩了。李处虽然刚刚败给史思明，但他确实是员猛将，并且百姓基础非常好，他被腰斩之后唐军军心涣散，根本组织不起来有效防守，崔光远发现自己中了离间计为时已晚，这种情况下魏州刺史也就没法继续当下去了，只得弃城而逃。数日之后叛军攻克魏州，屠杀三万军民。

禽兽不如

公元 759 年 1 月，史思明在魏州修建祭坛，祭天称王，自封为大圣燕王，分封百官，摆出一副要在魏州称帝享乐的架势。

史思明的演技并不高明，根本瞒不住老将李光弼，他看出来史思明是在给大唐灌迷魂汤，史思明若是真想称帝也不会在魏州，必然是回范阳裂土为王，因此，李光弼想采取军事行动，但他不是首将，只好向观军容使鱼朝恩请示："史思明按兵不动定是想等我们松懈的时候偷袭我们，请让我联合朔方部队去魏州找史思明决战，按照目前形势来看他肯定不敢应战，当然我们也并不是真的这么着急跟他拼个你死我活，这样做主要是为牵制住他，其他部队主攻邺城，拿下安庆绪之后，叛军必然阵脚大乱，到时我们便可一举歼敌。"

李光弼看出史思明在耍花招，但鱼朝恩看不出来，他认为史思明就是想在魏州称王，既然人家想过安稳日子，不蹚大唐跟安庆绪这摊浑水，那咱也别招惹人家了，等收拾完安庆绪再考虑史思明的问题吧。因此，鱼朝恩否定掉李光弼的战术思想，只把注意力放在邺城上。

攻打邺城的战斗并不顺利，毕竟此时守城的都是安家死党，攻城战异常惨烈，陌刀猛将镇西节度使李嗣业被冷箭射中，壮烈牺牲！

唐朝大军前仆后继，郭子仪以及另外八位节度使率领大军团团围住邺城，在城外修了两道大坝，挖了三道壕沟，引来河水灌城，城中水井全部变成喷泉，低洼地区成为澡堂子。

转眼之间几个月的时间过去了，城中粮草已然吃光，一只老鼠成交价达到数千钱，即便到了这种程度，唐军仍然没有攻破城门，这里面的因素很多，例如，没有一个统帅指挥各路人马；城中部分人想要投降但被大水所困无法出城；唐军士气低落，并且也不着急攻城，这样围下去安庆绪肯定会被饿死，反正也没人来增援他，唯一能增援他的史思明正在魏州享受生活呢。

（《旧唐书》记载：庆绪自十月被围至二月，城中人相食，米斗钱七万余，鼠一头直数千，马食隤墙麦鞯及马粪濯而饲之。）

很多人跟鱼朝恩的想法一样，认为不用考虑史思明的存在，但史思明偏偏就出现了，并且还带着大批的精锐部队。

史思明的大军驻扎在邺城之外的五十里处，弄了三百面巨鼓每天敲几次让城中叛军知道强援已至，你们一定要坚持住。

史思明稳定安庆绪军心的同时也在给唐军制造麻烦，他每天派出五百精锐骑兵到唐军军营周围去捣乱，看见落单的士兵就杀几个，看见牛车马车就抢几辆，如果唐军出来追击，他们掉头就跑，那速度比兔子还快。唐军没办法只好加强戒备，这样一来，白天的时候史思明没有什么好机会骚扰，他又改成了夜间活动，搞得唐军吃不香、睡不甜。这还不说，史思明让人穿上唐军军服频繁偷袭运粮队，这样一来唐军的后勤补给出现了大麻烦，人吃马喂的问题日益突出。

就在唐军身心俱疲的时候，史思明带领大部队抵达邺城，并且约定好决战日期。

同年3月，六十万唐军在安阳河北岸排开阵势，史思明亲自带队迎战，唐军并未想到这第一股部队会是史思明带领的精锐，他们还以为这是来试探虚实的呢，结果被打了个措手不及，还好李光弼、王思礼、许叔冀、鲁炅等人反应迅速，立刻组织部队反击。

战斗很快进入白热化阶段，但本次战斗的重点并非两军如何英勇或者场面如何惨烈，而是天气的变化实在神鬼莫测。当郭子仪率领大军准备投入战斗的时候，突然狂风大作、吹石拔树，在这天昏地暗的环境

里别说打仗了，想保持个站立的姿势都困难，将军们的命令就更加无法传达，数十万大军的战场顿时乱作一团，唐军向南溃退，叛军向北溃退，武器铠甲以及各种物资丢得到处都是。

在接下来的十几天中，各路节度使纷纷带领各自部队回归本镇，因为没人统一指挥，大家只好各自为政，如果还留在邺城可能被史思明偷袭，于是都不约而同地选择了撤退。

唐军将士把物资都丢到了战场上，为弥补损失沿途开始劫掠百姓，这样的败军最难管理，各级将领根本无法有效控制散乱的士兵，只有平时治军严谨的李光弼和王思礼严格地约束着部队回到本镇。

各路唐军损失惨重，郭子仪也不例外，他到达河阳城（今河南省孟州市附近）后清点人马发现只剩下数万盔歪甲斜的将士，这样的新败之师恐怕难以抵挡史思明下一轮的进攻，大家便决定放弃东京洛阳，退守蒲州、陕州，但张用济认为跟其他地方比起来，河阳更适合防守，最终唐军选择退守河阳。

李亨了解了唐军惨败的前因后果，也并未过多责备，只是贬了其中几位的官，大多人都没受影响，鲁炅觉得部下对百姓祸害得有些过头，自己又制止不了，羞愧难当，服毒自尽。

史思明得知唐军状况后，知道一时半会儿不会受到威胁，便把目光转向安庆绪。

在史思明打安庆绪主意的时候，后者也没闲着，他从邺城外捡回唐军大量粮食和军用物资，信心顿时大增，崔乾祐、孙孝哲等人开始研究如何对抗史思明。

虽然大家都明白史思明来援助邺城是黄鼠狼给鸡拜年——没安好心，但仍然有一大群人装糊涂，对安庆绪说："史王大老远地来救我们，我们怎么能背信弃义呢？"这群人装糊涂的原因其实很简单，他们不想再打仗，刚刚被唐军围困几个月靠吃老鼠活命的日子不好过啊，现在要是再跟史思明闹翻的话又会再次被围困，吃光刚捡回来的粮食后还得吃老鼠。

最不想吃老鼠的就是张通儒和高尚，这两棵墙头草迅速倒向史思明，他们跟安庆绪象征性地请示一下之后便跑到史思明军中献媚，史思明并不在乎前来献媚的人是否有节操，只要对自己有用就行，重重封赏之后把他们送了回去。

送走张、高二人，史思明就开始等安庆绪前来臣服，可是三天时间过去了，一点儿动静都没有，史思明一看还得使些手段啊，于是派人把卫州的安太清骗至军中。

安庆绪一看儿子都被人挟持了，自己也确实没有跟人家对抗的资本，干脆认怂吧，虽然舍不得，但还是把皇帝印玺和表书送给史思明，表示愿意认他当老大。

史思明拿到表书后强忍内心喜悦，假装十分无奈地把表书给诸位将士传阅，将士们当然欢欣鼓舞，史思明当上皇帝，他们可都是开国元勋啊！

史思明如愿以偿，那他是否会放安庆绪一条活路呢？毕竟是老将领的儿子，人家又主动认了怂。

其实，大家大可不必纠结，史思明毕竟不是禽兽嘛。他给安庆绪的回信中写道："咱就别提称臣的事了，以后以兄弟相称，谁有困难互相帮一把。"

安庆绪收到回信后异常高兴，请求与史思明歃血为盟，史思明想都没想就答应了。

择了个良辰吉日，安庆绪带领主要大臣以及三百骑兵来到史思明营中，见到史思明后，安庆绪倒身就拜，口中说道："在下治军无方丢了东西二京，并且还深陷重围，多亏您看在我父亲的面子上前来搭救，此恩此德终生难报！"

"丢了东西二京不算什么。"安庆绪听完这话刚松了一口气，就听史思明接着说道，"但你身为人子，弑父篡位，实乃天地不容，今天我就要为太上皇诛杀你这乱臣贼子！"

安庆绪还没回过神来呢就被砍了脑袋，一起陪葬的还有他的几个弟弟以及高尚、孙孝哲、崔乾祐等人，虽然高尚主动献媚示好，但仍难逃一死，因为史思明一直很讨厌他，张通儒和李庭望等献过媚又不遭史思明讨厌的人都得到相应封赏。

临刑之前，安庆绪等人破口大骂："史思明你个禽兽不如的狗贼将来一定不得好死！"（史思明会不会像安庆绪诅咒的那样不得好死呢？答案还得等下才能揭晓。）

史思明不会在乎不痛不痒的叫骂，杀完人之后布置好河北地区的防务，然后带兵返回范阳。

斗　智

这段时间唐军将士日子很不好过，郭子仪被拿掉军权召回长安，朔方节度使由李光弼担任，这样的调整导致暗流涌动，朔方将士甚至有闹兵变的趋势，还好仆固怀恩等几员主将识大体，再加上刚刚上任的天下兵马副元帅李光弼处理事情也还周到，唐军最终总算没闹出乱子。

史思明用了几个月的时间把范阳事情全部安顿妥当，使其能够作为一个稳固的后方基地，然后让儿子史朝清守卫范阳，自己带兵南下。

公元 759 年 9 月，史思明分兵四路攻掠河南。正在黄河岸边视察工作的李光弼得知史思明的大军正气势汹汹地杀过来的时候，立刻调兵遣将组织防守，但这些地方部队很难抵抗虎狼之师，大唐城池连连失守。

史思明乘胜进攻，丝毫不给大唐喘息之机，面对这样的局面，李光弼必须要作出艰难的选择——是寸土不让？还是战术撤退？

经过一番商讨，洛阳留守韦陟与李光弼达成一致意见，那就是放弃洛阳，撤退！

但是，退到哪里？

韦陟认为退得彻底一些，直接据守潼关，在这一夫当关万夫莫开的地方以逸待劳，消耗敌人锐气。

李光弼认为这退的步子有点儿大，还没大规模交锋就弃地五百里，叛军必然更加不可一世，我军必然斗志全无，因此，我们不应该退那么多，退到河阳便足够，在那与其他部队遥相呼应，有战机就进攻，没战机就固守。

有些人认为不应该放弃洛阳，但很快都被李光弼说服，要守洛阳不能只守一座孤城，必须得在其他几个地点协防，这样一来战线拉得太长容易被史思明抓住破绽。

李光弼以治军严谨而著称，唐军部队很快有计划有步骤地撤出洛阳城，同时，各种物资也都被运出城中，当叛军到达洛阳之后，看着眼前毫无价值的空城跳着脚地骂娘，骂完之后还不敢进城，因为唐军的有生力量并未受到消耗，万一李光弼率领大军杀回来上演一出关门打狗的戏可就不好办了。

数日之后，史思明率兵来到河阳。

面对固若金汤的河阳城，史思明知道强攻不是个好办法，要是能把唐军勾引出来那就太理想了。

事情真的会很理想吗？

史思明手下一名大嗓门的猛将刘龙仙端坐马背，扯着嗓子问候李光弼祖宗十八代，被人侮辱肯定不爽啊，更不爽的是这样会严重打击守城士兵的士气，对守城十分不利。李光弼阴沉着脸问道："哪位将军能替我取回那颗低素质的狗头？"

在李光弼问之前大家已是摩拳擦掌，就等着将军下令呢。有个成语叫"君辱臣死"，意思就是当君主的受到侮辱，那么当臣子的要以死相抗，李光弼受到谩骂，那手下的脸往哪儿放啊！

仆固怀恩出列请战，李光弼表示这样跟人单挑的事情不应该让统帅部队的将军去干，于是这个机会就可以留给那些本来名不见经传的猛将。

白孝德十分荣幸地赢得这个可以把名字写在史册上的机会，当李光弼问他需要多少人马的时候，他中气十足地答道："一人！一马！足矣！"

考虑到本战意义重大，为了保险起见，李光弼还是给他派了五十名精骑。

白孝德翻身上马，手握双矛，拍马渡过护城河。

看着扎实稳健的白孝德，仆固怀恩对李光弼说："必然万无一失！"

仆固怀恩能看出白孝德的实力，但刘龙仙眼拙，根本没把这一人一马放在眼里，嘴里仍然脏话连篇。

当二人相距十步之遥的时候，白孝德高声喝道："大胆逆贼，你可认识本大爷是谁？"

刘龙仙当场就被这气势震慑住了，诺诺答道："不认识。"

"那你记住，本大爷姓白名孝德，一会儿到了阎王那里好知道死在谁手里，别当个糊涂鬼！"白孝德边说话边挥舞长矛跃马而来。

【第一章】安史之乱

此时，河阳城上战鼓擂得山响，那五十名精骑携风雷之势随后赶到。

被吓破胆的刘龙仙拨马就跑，白孝德催马上前，一矛把他扎了个透心凉，然后砍下脑袋。

这个过程是"说时迟、那时快"，叛军将士还没回过神来呢，白孝德已然提着脑袋回到城中。

接下来的日子里，叛军素质异常的高，再也没有人出来骂街。

史思明一计不成再生一计，他想通过炫富的方法打击唐军士气，弄了一千多匹好马天天在黄河岸边溜达，这马个个膘肥体壮，看着就让人流口水，李光弼也流，于是他便开始琢磨怎么把这一千多匹宝马良驹弄到自己的马厩里。

这一日，史思明还像往常一样出来遛马，忽然听到唐军那边马群嘶鸣不已，紧接着不可思议的一幕出现了：史思明这一千多匹战马听到嘶鸣声之后立刻如同打了兴奋剂一般放开四蹄拼了命地往唐军那边跑，转眼之间一千多匹原本姓史的战马就姓了李。

这是为何？

原来，史思明那些战马都是公马，李光弼挑选出五百多匹身材火辣、声音甜美的母马，这边母马一叫，那边公马就控制不住情绪了。

（《资治通鉴》记载：思明有良马千余匹，每日出于河南渚浴之，循环不休以示多。光弼命索军中牝马，得五百匹，絷其驹于城内。俟思明马至水际，尽出之，马嘶不已，思明马悉浮渡河，一时驱之入城。）

这出"美马计"演完之后，本就暴躁的史思明差点气吐血，但失去的良驹不可能再找回来，只能化悲愤为力量，强行攻城。不过李光弼带领着一群士气高昂的将士坚守的城池绝对是块超硬的骨头，不管多锋利的牙齿都休想啃下一点儿渣儿。

智取不成、强攻又败，但史思明并不气馁，他又想切断李光弼的粮道，饿死唐军，李光弼也不会坐以待毙，他亲自率兵出城抵抗叛军，当天晚上又返回河阳城，回城之前，让雍希颢带领一千士兵留守野外营地，并且还嘱咐了一句："叛军的高庭晖、李日越、喻文景都是猛将，说不定会来偷袭营寨，等他们来的时候不要动手，如果他们投降的话带着一起回河阳就行。"

李光弼信誓旦旦地说着不靠谱的话，手下将士更是一头雾水，但将领的命令必须严格执行。

第二天早上，天刚蒙蒙亮，李日越带着五百精骑来到唐军营寨，结果一看雍希颢早有防备，李日越偷袭不成便大声问道："李光弼在吗？"

"不在，昨天就回河阳了。"雍希颢如实答道。

听完这个消息，李日越陷入沉思。大家都很纳闷儿：偷袭不成撤退就行了，何必如此纠结呢？

就在雍希颢百思不得其解的时候，李日越喊道："我无条件投降！"

多亏李光弼提前跟他交代过，不然李日越这一嗓子非得把他惊个跟头。满脑子问号的雍希颢带着李日越回到河阳，迫不及待地想要解开其中奥妙。

李光弼也没卖关子，直接告诉他们真相："我坚守城池的时候，史思明毫无办法，他认为我出城之后定然可以抓住我，因此派出猛将，并且还会下死命令，来抓我的人若是不能完成任务回去肯定没有好果子吃，他们为了自保只好投降。"

站在一旁的李日越立即证实此种推断："史思明给我下命令的时候说我要不能生擒李光弼或者带着他的脑袋回来，那么我也就不用回来了。"

所有人都知道史思明为人残暴，治军严谨，他说的话可不是儿戏，蝼蚁尚且贪生，李日越不想死只能投降。

几天之后高庭晖也前来投降，因为他自认智谋、勇武都在李日越之上，李日越能在李光弼帐下混那么好，他肯定会更好吧，总比在史思明这天天担惊受怕强得多。

斗　勇

史思明跟李光弼的斗争不断升级，斗来斗去，史思明发现斗智占不到任何便宜，要想消灭唐军有生力量只能靠蛮力攻城，也就是得斗勇。

李光弼为能坚守城池，在城外设置了很多栅栏，挖了很多壕沟，自己站在城中高处通过红旗指挥四方防守。

公元 759 年 10 月 12 日，叛军携带大量重型攻城器具全力进攻河

阳城中门，为把这些东西运到城下，他们开始把唐军挖的那些壕沟一一填平。李光弼立即把负责迎战的荔非元礼叫了过来，责问道："为何眼睁睁看着他们填壕沟却一点儿动作都没有？"

荔非元礼并不慌张，反问道："将军是要坚守？还是要主动出击？"

"想主动出击！"

"那他们填壕沟不正是方便我们冲杀吗！"

李光弼精神顿时一振，高兴地说道："我确实没想到！就按你的想法去大干一场吧！"

叛军把壕沟填得差不多了，栅栏也搬开了，正准备攻城呢，忽然间，荔非元礼带领骁勇的将士冲杀而出，叛军万万没想到唐军会出击，被打了个措手不及，节节败退。

荔非元礼杀了一阵之后退回城中，他知道叛军后方阵地异常牢固，自己仅凭一股猛劲蛮干是不会有好果子吃的，于是退回城中休整一下。

李光弼一看荔非元礼退回城中顿时大怒，派人前去责问，并想杀掉他让全军知道临阵退却是死路一条。但荔非元礼仅是暂作休整，然后又擂响战鼓杀入敌阵。

与此同时，叛军另一股大部队在周挚的指挥下逼近北城，李光弼赶到北城一看叛军队伍散乱不齐，斗志也不高昂，便跟手下说："午饭之前定能大破敌军！"

结果，到了午饭时间，战事依然胶着，李光弼重新审视战局，制订新的战术。他把几员将领叫到身边，问道："敌人的阵势一贯哪个方向最强？"

众人回答说是西北方向最强，李光弼当即命令郝廷玉坚守西北，郝廷玉要求拨给自己五百骑兵，李光弼只给了他三百。

然后李光弼又问："第二强的方向在哪儿？"

众人又答是东南，李光弼又命令论惟贞坚守东南，论惟贞要三百骑兵，李光弼只给他二百。

布置完对抗叛军的两路强兵之后，李光弼对众人说："你们看着我的旗子指 挥作战，如果旗子缓慢挥舞，那么你们就根据自己情况迎敌，如果旗子急速挥舞三下，你们就全军突击，只能进、不能退，后退一步者斩立决！"

下完死命令后，李光弼拿出一把短刀放在身边，说道："我身为三公，不能被敌人生擒，也不能被敌人杀死，万一战败我会自尽，绝不会让诸位独死。"

话说到这个份上，大家除了拼死杀敌之外不可能再有其他想法。

战斗越来越惨烈，面对强敌，郝廷玉、仆固怀恩等人都有过短暂的后退，他们实在是顶不住了！

李光弼说到做到，看到有人后退立刻派人去砍脑袋，郝廷玉、仆固怀恩还没等刽子手到来又都重新杀了出去。

经过几个时辰的鏖战，周挚大败，仅仅带着几个贴身保镖落荒而逃，其余叛军要么被擒，要么被杀。

当史思明得知周挚大败之后，知道再打下去只能是让更多小弟送死，不可能拿下河阳城，无奈之下只得鸣金收兵。

若隐若现

李光弼在前线打得如火如荼，郭子仪却只能眼巴巴看着，并不是他不想打，而是有人不让他打。

郭子仪为人宽厚善良，几乎没什么敌人，但仍然有人看他不顺眼，心狠手辣的大太监鱼朝恩嫉妒郭子仪这样德才兼备而又谦逊平和之人，便使用见不得人的手段从中作梗，使得郭子仪一直没有出头之日。

就在史思明叛乱的时候，党项也来凑热闹，一撮撮彪悍的骑兵骚扰大唐边境。李亨无人可用，只好起用郭子仪，当党项听说郭子仪要来收拾自己的时候，立刻闻风而逃。

大家再次见识到郭子仪的威力后决定还是应该让他发挥作用，李亨颁下制书，命令郭子仪统帅兵马直捣范阳，连部队都准备好了，但鱼朝恩就如同当初的杨国忠等奸臣一样，根本不顾及朝廷利益，不让郭子仪立功是他的唯一目的，又搞了好多小动作，导致直捣范阳的计划落空了。

误国误民的鱼朝恩令人发指，但跟另外一个大太监比起来，鱼朝恩绝对是个好得不能再好的太监了。

这些年来，大太监李辅国跟张皇后（原来的张良娣）勾搭在一起，

权倾朝野，干着各种为非作歹的事情，小到欺男霸女，大到扰乱朝纲。

公元758年10月，成王李俶被立为太子，改名为李豫。他这个太子当的可不容易，张皇后也有个儿子叫李侣（zhāo），才只有几岁大，他妈就开始谋划着让他继承皇位，最终还是在诸位老臣的支持下，李豫才险险当上太子。他当上太子之后一直小心谨慎，几乎一点儿错误都不犯，李辅国和张皇后也就没有下手的机会。

对于李辅国和张皇后扰乱朝纲的事情肃宗李亨也并非不知，但他能力有限，性格又有些懦弱，再加上怕媳妇，这样一来就只能眼睁睁看着他们胡作非为。

李辅国看皇帝好欺负就更加胆大妄为，即便宰相在他面前都抬不起头，宫内宫外大事小情全都一手把持。

李岘当上宰相之后积极跟李辅国做斗争，这个大太监的嚣张气焰终于有所减弱，减弱归减弱，依然是一人之下万人之上，李辅国自知地位虽高但品行和出身是软肋，大家见他的时候点头哈腰好话说尽，心里却都在暗骂，为此，他想立一件奇功震慑四方，冥思苦想之后，李辅国把目标锁定在太上皇李隆基身上。

找了个合适的机会，李辅国对李亨说："太上皇居住的兴庆宫每天都是人来人往，高力士、陈玄礼等人正在策划些事情，恐怕对陛下不利啊。另外，禁军之中对此事也都议论纷纷，事关重大，臣不敢不报！"

这事纯属瞎扯，七十多岁的李隆基还能有啥想法？偏偏这个糊涂的李亨就信以为真，听完李辅国的汇报眼泪当时就下来了。

李亨糊涂，但李辅国不糊涂，他知道李亨孝顺，不能直接拿李隆基开刀，要打击他身边的人从而达到打击李隆基的目的，所以他对李亨说："太上皇应该不会想做对陛下不利的事情，主要是他身边的那些小人为非作歹，陛下应该为天下着想，将祸乱消除在萌芽之中……"

李辅国无中生有离间李隆基父子，口若悬河说得天花乱坠，最终结论是：应该把太上皇接到陛下身边，在皇宫里享清福。

李亨再傻也明白不能这样干，说是接到身边享清福，其实就是便于监督和管理，再说难听点儿，这就是软禁啊！

李辅国的言语相当于在李亨心头压上一块大石头，"近几十年来宫廷政变可以说是接二连三，这倒霉事儿可千万别让自己赶上啊！"这就是李亨内心最真实的想法。

李辅国没能一击致命，又改用小动作慢慢折磨，他假传圣旨调走兴庆宫的三百匹马，给太上皇和身边的人一个下马威，李隆基痛心疾首，对高力士说："唉！我儿子听信李辅国谗言，看来不能尽孝了。"

没过几天，高力士、陈玄礼等人被贬官的贬官、被流放的流放，李隆基心情越来越糟糕，终于抑郁成疾。

李亨知道老爹病倒跟自己有直接关系，强烈的自责使得他也跟着病倒了，渐渐地，李亨终于醒悟过来："这一切都是李辅国搞的鬼！"但懦弱的李亨又忌惮李辅国的兵权，一直没想好要不要跟他翻脸。

李亨闲极无聊只能待在宫里逗孩子，这一天，他正抱着小女儿玩呢，一位大臣求见，并趁机说："恐怕太上皇对陛下的感情比陛下对小公主的感情更深吧！"

听完这话，李亨潸然泪下，但又不敢去看老爹，这个窝囊皇帝越来越怕老婆，张皇后不让他去看他就不敢去。

随着皇帝越来越窝囊，李辅国就越来越嚣张，这个太监竟然惦记起宰相的宝座，并且几经周折还真就坐上去了。

唐朝的朝廷越来越不像样，宫内宫外乌烟瘴气，一场内乱若隐若现。

柳暗花明

朝廷内部乌烟瘴气，自然就会影响到对外战争。

公元 761 年 2 月，有人对观军容使鱼朝恩说："叛军上下已然离心离德，此刻正是我们发动总攻的时候。"这话正好说到鱼朝恩的心坎里，史思明的叛乱已经持续两年多，平复叛乱可是奇功一件啊！为能早日立此奇功，鱼朝恩开始不断从各个角度督促李光弼进攻洛阳，进行最后的大决战。

李光弼知道战机尚未到来，此刻决战胜负难料，就算取胜己方损失也将极其惨重，但李光弼实在无法抵抗各方压力，李亨的皇命像雪片一样纷纷地落到他的办公桌上，每个都是督战的，再不出战恐怕就会被军法处置。

　　李光弼硬着头皮进行战略部署，然后仆固怀恩、鱼朝恩等人带领人马来到洛阳。

　　几天之后，两军对垒，由于李光弼跟仆固怀恩在战场上思想没有保持协调一致，被史思明抓住机会一举击溃，唐军放弃河阳、怀州等重镇退守陕州。朝廷内外极为震动，立即增兵陕州全力防守，毕竟谁都不想看到当年李隆基逃亡事情的再次发生。

　　就在唐朝要"山重水复疑无路"的时候，"柳暗花明又一村"的时刻竟然到来。

　　史思明在跟唐朝的战争中取得越来越大的优势，但他自身的问题却令他陷入险境。

　　史思明生性残忍，杀人如同碾蚂蚁般随意，手下人只要干点什么令他不满意的事儿，基本就是死路一条，情节稍微严重点儿的就是全家遭殃，再严重点儿的就是株连九族，并且，这样的铁腕不只用在手下大臣身上，亲儿子也不例外，完全将法律的平等演绎得淋漓尽致。

　　长子史朝义性格跟他老爹差别很大，不受老爹喜欢，要是一般家庭的话，即便没有父爱也能正常生活，但现在史思明已经称帝，这就完全不同了，史思明想让小儿子史朝清当太子继承家业，那史朝义就成为绊脚石，因此，当爹的竟然惦记着找机会除掉儿子。

　　在刚刚跟唐军打完的大仗中，史朝义在局部战场战败，史思明在公开场合说："史朝义这孬种成不了大事，继承不了家业。"说完之后还真的准备把史朝义和他手下将领就地正法，毕竟史思明还有一丝人性，稍微犹豫了一下，史朝义等人在鬼门关前转悠一圈又回来了。

　　史朝义侥幸逃过一劫，接下来的工作又让老爹不满意，老爹再次放出话来要等拿下陕州的时候砍他脑袋。

　　史朝义是个孝子，但他的手下不想跟着送命，以骆悦、蔡文景为代表的几员大将聚到一起劝他在生死关头不能婆婆妈妈，自古废立君王的事情都是合情合理的，此刻应该把曹将军叫来，跟他一起商量大事。（曹将军是史思明的心腹，但伴君如伴虎，尤其是伴这种恶虎更是提着脑袋工作，曹将军最近也一直惦记着怎么能摆脱恶虎的威胁。）

　　史朝义并不想跟大家一起对付老爹，但这群将领说如果他不干，大家就投降大唐，这样他也必死无疑。史朝义无奈，只好哭哭啼啼地答应跟大家一起废掉老爹。

当天晚上，骆悦、曹将军等人带领三百精兵来到史思明营中，负责执勤的士兵不知道曹将军等人来干啥，也不敢阻拦。

骆悦长驱直入带人冲进史思明卧室，结果床上空空如也，史思明不在屋里。骆悦转身抓到个侍从问史思明去哪儿了，侍从也想早点摆脱恶虎魔爪，毫不犹豫地答道："去厕所了！"

骆悦带着人直奔厕所而去，史思明听到卧室方向闹哄哄就知道出事了，连忙翻墙逃跑，骆悦手下周子俊箭术高超，弯弓搭箭将史思明射落马下。

当这个残暴的"土皇帝"成为阶下囚后，立刻认怂，只是此刻认怂为时已晚，留给他的只能是一根麻绳。

史思明被勒死后，史朝义即位，懦弱的他控制不了各方势力，一些势力根本不承认这个新皇帝，另外有些还好，还能承认史朝义的合法地位，但也完全不服从管理，大家为争夺利益大打出手，仅仅范阳城中就打了数个月内战才算消停。

二帝陨落

史思明死于内斗之后，唐朝军事压力顿减，不过唐朝内部的问题日渐突出，绛州各路军马经常寻衅滋事，虽然到不了叛乱的程度，但这样发展下去说不定什么时候就成为一支造反武装，一般将领根本镇不住这群老兵痞，为顾全大局，朝廷只好重新启用大将郭子仪。

公元762年2月，李亨封郭子仪为汾阳王，担任朔方、河中、北庭等节度行营，兼任唐军副元帅，让他带着数万匹绢、布和粮食前去安抚绛州部队。

临行之前，郭子仪见到正在生病的李亨，君臣二人依依惜别，互道珍重。然而，令郭子仪万万想不到的是——此一别，竟是最后一别！

世事难料，很多时候就是这样，说过再见，却再也见不到了。

在说这么悲伤的事情之前先说件喜人的事儿，4月3日，楚州刺史崔侁上表称贺："有个叫真如的尼姑神游天外，遇到玉皇大帝，大帝赐

给她十三颗宝玉，还对她说，'中原有灾难的话，可以用这神器镇压！'"群臣上表称贺。

近年来李亨跟他老爹晚年一样，喜欢各种不靠谱的东西，这些东西对国家和百姓没有丝毫益处，那十三颗宝玉救不了中原百姓也救不了皇宫权贵，两天之后，太上皇唐玄宗李隆基在神龙殿驾崩，享年七十八岁。

李亨听说老爹驾鹤西游悲痛欲绝，但也没办法见最后一面，因为他自己已经卧床不起数十天，现在噩耗传来，病情加重，国家政事只好全部交给太子李豫处理。

眼瞅着李亨也快随他老爹而去，这必然会使部分人骚动起来，按照一般规律来说越接近金字塔顶端的人越会骚动，因为金字塔塔尖的变化对越靠上的人影响越大。

目前来看，权势最大最接近塔尖的不过二人，一个是后宫的张皇后，一个是宫外的李辅国，本来他们是牢牢绑在一起的战略同盟，但小人之间不会有真正的友谊，只会有不断变化的利益，近年来张、李二人都登上权力巅峰，独断专行惯了，也就难免有摩擦，小摩擦多了就会产生大矛盾，到后来竟然演变成剧烈冲突，甚至有不死不休的趋势。李亨病重，张皇后把李豫叫到后宫，对他说："李辅国长期手握重兵，还统领禁军，皇上的大多数命令都是他发出去的，如此危险的人物一直看咱俩不顺眼，现在皇上快不行了，李辅国正在暗中与程元振勾结，咱若不先动手必死无疑。"

李豫的性格跟他爹很像——老实厚道、懦弱！听皇后这样一说当时就吓哭了，皇后要背着皇上动用人马铲除重臣，这就相当于政变啊。李豫可不敢干这样的事，哭着说："父皇病重，我们若是背着他诛杀老臣，恐怕会吓到他老人家吧。"

张皇后一看李豫这样，就知道不能跟自己联手干大事，便将其轰出后宫，再作打算。

张皇后很生李豫的气，但也并不是特别在意，自古以来大多数皇帝都不缺儿子，李亨就属于那大多数皇帝，张皇后立即招来李亨的另外一个儿子越王李系，二人也没客气，开门见山直入主题："太子软弱不能诛杀乱臣贼子，你能挑起这担子吗？"

李系坚定地答道："能！"

张、李二人谋划完细节，便分头行动。李系挑选二百精壮太监全副武装，埋伏在长生殿，然后，张皇后再次召见李豫，准备除掉他，让李系当太子。

如此重要的事情竟然走漏了风声，程元振得知此事后便跟李辅国商量对策，李辅国可是横惯了的主儿，听说皇后武装起来二百个太监先对付太子再对付他，立刻就怒了，调集人马埋伏在太子进宫的必经之路上，太子这会儿还不知道大祸将至，见到李辅国以及大队人马后吓了一跳，李辅国把张皇后要谋害他的事情告诉他后，他竟然还不相信，执意进宫见驾。

程元振无奈，只好把太子强行护送到安全地方，然后带领人马来到长生殿抓住李系及其同党，并且当着李亨的面带走张皇后，皇宫内外乱作一团。

本就病重的李亨哪受得了这刺激，两天之后一命呜呼，在位仅仅六年。

李亨刚刚驾崩，李辅国立刻杀掉李系、张皇后等人。又过了几天，太子李豫登基，庙号唐代宗。

短短几天之内唐朝驾崩两位皇帝，一位相对平庸，另外一位则是千古传奇。

玄宗李隆基的一生可以大致划分成三个阶段，这三个阶段可以用《易经》中的三个词语来形容——见龙在田，飞龙在天，亢龙有悔！

在李隆基还是个小王爷的时候，便知道积蓄力量，并且知道在合适的时机崭露头角，一场马球赛让人们看到一条真龙若隐若现，随后他和太平公主联手发动"唐隆政变"使得大唐重回正轨，真命天子登基正所谓见龙在田。

李隆基杀掉太平公主之后终于飞龙在天，开元期间选拔贤才，姚崇、宋璟、张说、张九龄等名相辅佐李隆基拨乱反正，从内政到外交取得举世瞩目的成就，大唐社会达到空前繁盛，李隆基这条巨龙也终于在开元末期飞至巅峰。

物极必反，亢龙有悔，骄人的成绩让李隆基迷失自我，晚年沉迷于声色犬马，任用奸相荒废政务，最终导致"安史之乱"爆发，在平定"安史之乱"的过程中又屡屡出错，导致东、西二京全部落入叛军之手，

【第一章】安史之乱

唐朝社会也进入下坡路阶段。

肃宗李亨总体来说就是个平庸的皇帝，他最大的优点是善良，最大的缺点是懦弱，但他的成绩不容否认，马嵬驿事件之后，李亨挑起平叛重担，与将士同甘共苦，最终收复两京。性格懦弱的他长期受制于皇后和李辅国，甚至还因谗言冤杀儿子。在政务方面对天宝末期的很多不合理制度进行改革，唐朝整体情况有所好转，但因才能不足，也带来不少新的问题。唐朝社会已经处于下滑阶段，如果不是能力超群之辈绝无可能挽狂澜于既倒、扶大厦之将倾，从这个角度来看，李亨算是完成了他的历史使命。

权力过渡

大唐两位皇帝先后驾崩，宫中格局再次朝着更加恶劣的方向发展，原本不可一世的李辅国完全变成一匹脱缰野马，不受任何人驾驭，这个"任何人"还包括皇帝，李辅国竟然敢于嚣张地对李豫说："陛下只需安心在宫中做皇帝，外面的事情交给老奴即可。"这也太嚣张了，根本没把皇帝放在眼里，这是赤裸裸地夺权，李豫敢怒不敢言，他认为李辅国根基极深，又掌握禁军，怕惹怒他而引起兵变，只好任由其横行。

不过李豫很快便发现李辅国的根基并没有那么牢固，这个给李辅国拆台的人就是他之前的战略伙伴——程元振。

程元振并不是什么善良之辈，恶人之间更容易闹矛盾，因为恶人大多更加自私、心胸狭隘，只要他们之间分赃出现问题，几乎立刻就会翻脸不认人。程元振看李辅国权力极度集中后不像以前那么重视自己，便谋划着抢点权力过来，虽然这如同虎口拔牙一般，但自古以来不都是富贵险中求嘛！

找了个四下无人的机会，程元振悄悄对李豫说："李辅国权力忒大，如果不加节制恐怕对陛下不利啊！"

李豫老实巴交、性格懦弱，智商也不是很高，但还是能够明白程元振这话背后的意义——李辅国是可以被扳倒的。

公元762年6月，李豫解除李辅国元帅府行军司马和兵部尚书职务，

其他职务不变，把他从皇宫之中撵了出去，让他住在宫外。（李辅国是太监，原本住在宫中）

这两项举措意义重大，第一项削去李辅国兵权，第二项把这颗定时炸弹从身边拿走。

当宫内宫外知道此事后，大家拍手称快。这下李辅国更加心虚，他发现皇帝没有那么好欺负，更可怕的是自己百姓基础竟然如此之差，根本没有跟皇帝翻脸的资本，为保住老命，李辅国上表请求辞职。李豫看着辞官信，高高兴兴地借坡下驴，两天之后拿掉李辅国中书令之职，但加封了他的爵位，封其为博陆王。

李辅国知道这个博陆王的名头不过就是个肥皂泡，看似炫目多彩实际上没有任何用途，时刻都可能破灭。

李豫的这几步棋走的极高，先是投石问路试试李辅国的底，同时也看看他振臂一呼是否真能叫来一群文武官员推翻自己王位，然后根据当下局面拔掉他的毒牙和利爪。

李辅国是有功之臣，并且是大功，如果直接杀掉，或者只免官不封赏，人们又会说他卸磨杀驴，有鸟尽弓藏、兔死狗烹之嫌。

程元振接接替李辅国的元帅府行军司马之职起到很好的制衡作用，程刚刚得势，一时间还不可能掀起什么风浪，宫廷内外总算形成安定团结的政治局面。

虽然安定团结，但李豫心中依然有隐忧，李辅国当权那么多年，如同根须错综复杂的老树一般，不连根拔起总是让人不踏实，可是又不能公开拔，怎么办？

就在李豫愁眉不展之时，一个"小偷"帮他除掉了这块心病。

公元762年10月17日，月黑风高，几个穷疯了的小偷跑到李辅国家偷东西，顺便拿走了他的脑袋和一条胳膊。（《资治通鉴》记载：壬戌夜，盗入其第，窃辅国之首及一臂而去。）

《资治通鉴》是这样记载的，但只要稍微动一点儿脑子就会发现这是典型的雇凶杀人，主要原因如下：

第一，李辅国虽然失势，但仍然是个王爷，哪个小偷敢去王爷家偷东西？

第二，李辅国知道想要他脑袋的人不少，王府戒备森严，一般小

偷根本进不去王府，就算进去了也是肉包子打狗——有去无回。

第三，就算小偷是绝世神偷，有能耐潜入王府，并且还能全身而退，但他是为财而去，杀人这样费力不讨好的事情当然不愿意去做，就算恨李辅国把他顺手杀了也就算了，还要拎着脑袋和胳膊走多费劲啊，有那时间多搬两箱金银珠宝不好嘛，拿走脑袋显然是作为交差的信物。

时至今日，我们已经无法知道雇凶的是李豫还是程元振，再或者是其他大臣或者哪位江湖侠士，总之，这案子就按入室抢劫处理了。

李豫像模像样地责令有关部门搜捕小偷，又派人安抚李辅国家属，让能工巧匠用木头雕了个栩栩如生的人头陪李辅国一起安葬。

李豫的皇位终于坐稳，权力也都平稳过渡，他也可以安心平定史朝义的反叛势力。

在跟李辅国斗争期间，李豫派出使臣刘清潭出使回纥，建立友好关系，并想征调些人马对付史朝义。

前段时间回纥可汗刚刚受到史朝义蛊惑，想要跟他们一起分大唐些好处，回纥可汗被利益蒙住双眼竟然想跟大唐作对，于是，扣下刘清潭，同时号称出兵十万侵略中原。还好仆固怀恩在关键时刻站出来，斗智斗勇，让回纥可汗同意再次与大唐结盟。

李豫任命长子雍王李适（kuò）为天下兵马大元帅，任命御史中丞药子昂和魏琚为左右厢兵马使、中书舍人韦少华为判官、给事中李进为行军司马汇合各路节度使以及回纥部队讨伐史朝义。

李豫想让郭子仪担任李适的副手，但程元振、鱼朝恩从中作梗，最终只好让朔方节度使仆固怀恩挑起这副担子。

有些人可能很难理解为何程元振和鱼朝恩一定要跟郭子仪过不去，其实细想一下，道理并不复杂。这些年来郭子仪屡立奇功，并且为人宽厚仁德，不管是在朝中还是在民间都有坚实的基础，如果他再不断立功，程元振、鱼朝恩这样的小人岂有容身之地。

叛乱终息

天下兵马大元帅李适到达陕州后，回纥可汗也带领部队到达此地，李适在数十人陪同下前来看望回纥可汗，没想到这个可汗实在嚣张，竟然因为李适没给他行拜舞大礼而大发雷霆。

药子昂昂首挺胸站出来答话："按照规矩，大元帅不需要给可汗行拜舞大礼。"回纥的一位将军不甘示弱："唐朝天子与可汗是异姓兄弟，这样算来李适应该叫可汗为叔叔，怎能不行大礼！"药子昂并未被一身杀气的回纥将军吓住，仍然据理力争："雍王是皇帝长子，现在又是天下兵马大元帅，哪有大唐储君向可汗行大礼的规矩？"

回纥人一看讲道理讲不过便耍起狠来，把药子昂、魏琚、韦少华、李进绑起来狠狠抽了一百鞭子，李适看着手下受辱丝毫没有办法，只能忍气吞声把手下抬回大营，第二天，魏琚、韦少华含恨而死。

悲哀啊！泱泱大唐竟然要受此等屈辱，通过这事不难看出，即便是大国、强国，也不能骄傲自满放松警惕，必须时刻保持积极进取之心，夜郎自大、故步自封迟早会尝到苦头。大唐虽然蒙羞，但总算靠牺牲尊严维持了与回纥之间那脆弱的军事同盟，数日之后，仆固怀恩、鱼朝恩、李光弼、李抱玉等人分别带领人马从四面八方逼近洛阳。

史朝义听说唐军将至，立刻召开紧急军事会议商量对策，阿史那承庆认为唐军联合回纥铁骑兵锋太盛，锐不可当，不能力敌，只能退守。但史朝义不赞同这个战略思想，之前大败唐军留下的美好回忆使其认为不存在不能力敌的情况，一意孤行进行战略部署。

从公元 762 年 10 月 27 日开始，唐军与叛军第一次大规模交火，一连数日在洛阳周边惨烈的战事不断，双方都付出极大代价之后，叛军终于开始溃败，史朝义仅仅带领数百骑兵狼狈逃窜，唐军收复洛阳以及周边重要城池。

洛阳百姓光复了！但是，他们很快发现，还不如不以前呢，回纥军进入洛阳后烧杀抢掠，简直就是一场灭顶之灾，抢够之后，回纥军才撤出洛阳。此刻唐军根本没有精力和能力对付回纥，他们正在铆足劲追杀史朝义，这次必须斩草除根，绝不能让叛军再有休养生息、卷土重来的机会。史朝义一边向东北逃窜，一边组织反击，但反击的规模和力度基本上对唐军没有什么实质上的影响。

公元 763 年 1 月，史朝义逃回范阳，他本以为可以进城喘一口气了，可是没想到留守的李抱忠竟然不给他开门，史朝义软硬兼施，但李抱忠

铁了心地投靠大唐。无奈之下，史朝义只好继续逃亡，几天之后，他终于厌倦这样的日子，找棵歪脖树上吊而死。

原本为安禄山裨将的李怀仙眼疾手快，割下史朝义的脑袋向唐朝邀得大功一件。至此，"安史之乱"终告平息！

"安史之乱"的影响

"安史之乱"平息了，我觉得有必要赘述几句，把事件的来龙去脉做个总结，顺便再将其影响简略分析一下。

凡事有果必有因，之所以发生"安史之乱"这样的大事件，是因为唐朝社会出现了大问题，这些问题主要体现在以下几方面：

第一，节度使制度使得皇帝对军队控制力大大减弱。李隆基登基之后设置十大节度使，这些节度使掌握着辖区的军政、行政、财政以及人事等方面的大权，说简单点就是"土皇帝"。《新唐书》对节度使有这样一段描述："既有其土地，又有其百姓，又有其甲兵，又有其财赋。"更严重的是，到后期有人身兼多镇节度使之职，安禄山一人兼任平卢、范阳、河东三镇节度使，手握二十万重兵，这样的实力足以跟朝廷抗衡。

第二，因李隆基怠政产生大量社会矛盾。李隆基晚年时期贪图享乐，挥金如土，这样带来严重的经济问题，统治阶级花掉的每一分钱都沾满百姓的血汗，这样的社会迟早出问题。

第三，李隆基用人失误导致官员内斗严重。"口有蜜、腹有剑"的李林甫足足当了十九年宰相，紧随其后的杨国忠不过是个赌徒兼小混混，由这样的人当宰相后果可想而知，结党营私、互相倾轧，高级官员不计成本不计后果地内斗导致大量矛盾产生。

第四，民族问题处理不当滋生仇恨。河北北部的奚、契丹等民族与汉族人之间互相歧视，朝廷并未采用有效措施进行缓解，安禄山也正是利用这一矛盾培养起大量反唐力量。

除了上述几点之外，还有其他一些因素，例如河北地区"胡化"严重、将相失和等，这么多问题积压起来肯定会爆发出大问题，因此，看似的太平盛世发生"安史之乱"也就不足为怪。

关于战争的过程前文中已经做过大量描述，这里不再浪费笔墨，让我们一起来看看这场叛乱所造成的影响吧。

影响极其巨大——这结论毋庸置疑！"安史之乱"是唐朝由盛转衰的转折点，对后世的政治、经济、文化等方面均产生巨大影响，史学家司马光是这样评价的："由是祸乱继起，兵革不息，民坠涂炭，无所控诉，凡二百余年。"具体来说，影响主要体现在下面几方面：

第一，这是一场空前的浩劫，全社会因此而混乱起来，百姓的生产生活受到极大影响，杜甫在《无家别》中这样写道：

寂寞天宝后，园庐但蒿藜。

我里百余家，世乱各东西。

存者无消息，死者为尘泥。

贱子因阵败，归来寻旧蹊。

久行见空巷，日瘦气惨凄。

但对狐与狸，竖毛怒我啼。

四邻何所有，一二老寡妻。

宿鸟恋本枝，安辞且穷栖。

方春独荷锄，日暮还灌畦。

县吏知我至，召令习鼓鞞。

虽从本州役，内顾无所携。

近行止一身，远去终转迷。

家乡既荡尽，远近理亦齐。

永痛长病母，五年委沟溪。

生我不得力，终身两酸嘶。

人生无家别，何以为蒸黎。

第二，唐王朝衰败，从此之后一蹶不振，朝廷对全国的掌控力下降，皇帝对大臣的掌控力下降，换句话说就是越来越没规矩，没有规矩不成

方圆，这样的国家要想维持稳定尚且困难，何谈发展！

第三，由于社会混乱无序，统治阶级腐化堕落等因素，老百姓不得不承担更加繁重的赋税，统治阶级与被统治阶级之间的矛盾日益突出，吃不饱、穿不暖的农民只得采取武装暴动的方式为自己争取活路。

第四，外交乏力。由于自身不够强大，内部的事情还忙活不过来，哪有精力摆平周边各个民族。其中，最具代表性的便是以吐蕃为代表的西域政权与唐朝分庭抗礼，不但影响丝绸之路的正常运转，而且边疆几乎得不到丝毫安宁。

有人可能会说大唐气数将尽，所以才会有"安史之乱"的发生，但本人认为这样的说法是在逃避责任，更负责任的说法应该是由于统治阶级犯下的一系列错误才导致恶果的产生，后世之人应该对此深入学习，引以为戒。

【第二章】内忧外患

主角：李豫

配角：郭子仪、李泌、仆固怀恩、马燧、浑瑊、李抱玉、鱼朝恩、元载、田承嗣、吐蕃、回纥等

事件："安史之乱"后，唐朝社会发生重大变化，由盛转衰，并且又出现新的两大难题——藩镇割据、外敌入侵。由于种种原因，原本立有大功的仆固怀恩竟然跟朝廷产生矛盾，最终演化成武力冲突。另外，田承嗣等人将藩镇据为己有，跟朝廷以及其他藩镇厮杀不断。与此同时，吐蕃隔三岔五地找碴儿打架，这倒并不是因为有多大的仇，也不是他们想要吞并中原，过来打砸抢的次要原因可以归结为两点：第一，抢东西；第二，人性中卑劣一面的体现，以杀人和破坏为乐。主要原因只有一点：唐朝变弱了！

唐朝变弱的重要原因就是皇帝有问题，代宗李豫资质平庸、性格懦弱，用人频频失误，鱼朝恩飞扬跋扈，好不容易将其除掉，又培养起一个元载。这个元载更是夸张，打击异己、卖官鬻爵，身为宰相却是很腐败，家中存储的胡椒足足有八百石之多，其他物品可想而知。这样的宰相对唐朝的影响必然极其恶劣，这么看来唐朝社会一定烂得一塌糊涂。其实不然，除了边疆之外，唐朝社会基本还能维持不错的状态，这跟李豫性格善良密不可分，他能重用李泌、郭子仪等人，跟郭子仪结为亲家后，君臣关系更加融洽，但那小两口却打得不可开交，据说，传统戏剧《打金枝》就是根据那段历史演绎而来的。

隐 患

"安史之乱"平息之后，代宗李豫终于可以长出一口气，放松一下那根绷了快十年的紧张神经，然而，现实的残酷远超乎他的想象。

史朝义被击败后，他的部分将领投靠大唐，对于这样的降将很难百分之百的信任，李抱玉等人便派人接替那些降将原来担任的职务，没过多久仆固怀恩又让那些降将官复原职，李抱玉结合仆固怀恩近期的表现，感觉他应该有小算盘，这是在收买人心，壮大自己实力，因此，朝廷和仆固怀恩之间便有了猜疑。

此时的仆固怀恩确实有小算盘，不过还到不了造反的程度，他只是担心叛乱平息之后无仗可打，会失宠，所以培养些自己的势力。

用好听的词来形容代宗李豫是宽厚仁德、老实巴交，用难听的词来形容就是懦弱！他为避免冲突竟然对仆固怀恩的行为睁一只眼闭一只眼，河北各镇的统帅多为史朝义降将，现在都听命于仆固怀恩，这自然会埋下祸根。

对于没有显现出来的问题李豫实在无暇顾及，因为有人正在给他制造麻烦，并且还是不小的麻烦。

在刚刚平息的叛乱中回纥出了不少力，便宜占得也更多，收复洛阳之时他们已经抢走无数金银珠宝，赚得钵满盆满，但仍不知足，当然，这不知足的背后是此刻的唐朝太好欺负，回纥可汗在带领大部队回去的路上摇身一变成为强盗，所过之处被搜刮一空，唐朝官员只能忍气吞声地伺候着，人家想要什么就得供应什么，只要没完全满足要求就被一顿暴打，甚至丢掉性命。

泱泱大唐就没人能管得了回纥吗？

在这关键时刻，挽救百姓生命和财产安全，挽救大唐颜面的救星终于挺身而出。

马燧！仅仅是个县尉，但智勇双全，主动请缨为大唐出头。

非常时期就得采用非常手段，马燧派出公关人员给回纥军将领送红包，虽然这种行贿手段不光彩，但确实没什么更好的办法，回纥将领收完红包留下一面令旗和一句话："见旗如见我，如有违令者，斩立决！"

马燧收下令旗，挑选出一批精壮的死刑犯组成临时执法队伍，回纥军只要干了违法乱纪的事儿立刻人头落地。软的怕硬的，硬的怕横的，横的怕不要命的！回纥人不傻，命也不贱，掉了几个脑袋之后，在马燧管辖境内又摇身一变成了遵纪守法的典范。

对于这样的转变，李抱玉十分吃惊，对马燧这个县尉产生浓厚兴趣，马燧趁机向李抱玉说出自己更大的忧虑："我跟回纥人打听到不少消息，其中最有价值的就是关于仆固怀恩的，仆固怀恩仗着有功日益嚣张，他的儿子仆固场轻浮、暴躁，四处惹是生非，这对父子应该也能感觉到迟早会出事，正在给自己铺后路，现在手握重兵的田承嗣、李宝臣、李怀仙、薛嵩全部听命于他，并且他还暗中勾结回纥，我们不得不防啊！"

在关于仆固怀恩的问题上，李抱玉和马燧观点一致。不光是他俩观点一致，另外两个人也是这个态度，一个是辛云京，另一个是骆奉仙。

为了跟仆固怀恩划清界限，辛云京干脆将其拒之门外，骆奉仙态度并没有那么坚决，还跟仆固怀恩一起大吃大喝，酒足饭饱之后发现仆固怀恩可能要对自己不利，便翻墙而逃，回到长安立刻把情况向李豫汇报。

就在辛云京和骆奉仙向李豫告状的时候，仆固怀恩的状子也递到了，他说那二人诬告他，李豫没办法只好当起和事佬，让大家都消消气。

最近，仆固怀恩的不臣之心越来越盛，他觉得自己为大唐付出的太多，得到的却太少，家里有近五十个亲属殉国，女儿也远嫁回纥，在平叛中更是屡立奇功，打完仗后反倒处处要防备着被朝廷卸磨杀驴，这心里实在难以平衡。于是给李豫写表章诉苦，当然，字里行间也隐隐透露着霸气，并且还要求李豫专门派特使来慰问他，到时再跟特使一同回朝。

李豫无奈，派裴遵庆前去慰问仆固怀恩，遗憾的是仆固怀恩并未跟裴遵庆一同回朝。

仆固怀恩闹腾得越来越出格，朝廷也只能眼睁睁看着，毕竟他还没爆发出来，这边为了送回纥这个瘟神都已经伤透脑筋，哪有精力管其他事情。

俗话说：福无双至，祸不单行！

越是没精力管其他事情，其他事情还就越要过来凑热闹。

近几年来，吐蕃大举进犯，到公元 763 年秋天，陇右地区几乎都被其占领。本来这些地区都有大唐守军，但"安史之乱"爆发后，这些地区的部队多被征调去平叛，边境空虚，给了吐蕃可乘之机。

逃难皇帝

整个陇右都快成了吐蕃囊中之物，并且大军仍在深入，不过李豫并不担心，不担心的理由并不是大唐有退敌良策，而是因为他根本不了解这个情况。

此刻，程元振把持朝政，关于吐蕃进犯的事情只字未向皇帝汇报。

公元 763 年 10 月，吐蕃大军攻入泾州，泾州刺史高晖举城投降，还给人家当向导，带领大军深入大唐腹地。这时，李豫才知道钢刀都快架到脖子上了，几天之后吐蕃军到达奉天（今陕西省乾县），距离长安仅仅几十公里，李豫任命雍王李适担任元帅，郭子仪为副元帅，抵御大敌吐蕃。

郭子仪长期待在京城，已经很久没带过队伍，早就找不到以前那些老部下了，他领命挂帅之后东拼西凑才弄了二十个人前往咸阳，到了咸阳之后发现漫山遍野都是敌军，吐蕃、吐谷浑、党项、氐、羌等联军足足有二十多万。郭子仪一边组织抵抗一边派王延昌把军情报告给皇帝，请求增兵，然而，事情到了这个时候仍然有位高权重的大臣置大唐安危于不顾：程元振拦住王延昌不让他见皇帝。

唐军小股部队在小范围内取得一点儿胜绩，但根本无法阻挡吐蕃军的步伐。几天之后，李豫正在京城操练人马，忽然发现远处尘烟四起、万马奔腾，吐蕃大军已经绕过咸阳杀到长安城下！

李豫连忙回到宫中收拾行囊，带领一干重要大臣逃出长安，前往陕州避难。

此时，咸阳的郭子仪刚刚得知皇帝逃离京城的消息，急急忙忙回来护驾。刚到长安城外便遇到两个不争气的家伙——王献忠和李琚（李隆基的儿子）。原来，李豫前脚刚走，王献忠后脚就带着几百骑兵回到长安并且胁迫丰王李琪去向吐蕃投降。

王献忠见到郭子仪后还想拉他入伙，说："皇帝已经逃命去了，您身为元帅，皇帝的废立全在您一句话！"

王献忠这样说的意思就是想让郭子仪支持李琪当皇帝，李琪也是正统的皇家血统，具备当皇帝的资格，他当上皇帝之后虽然立刻就得向吐蕃投降，但傀儡皇帝也是皇帝啊。对于王献忠来说，只要取得吐蕃信任，伺候一个傀儡皇帝更利于作威作福。

郭子仪大骂了他们一顿，然后带着他们追上李豫的流亡部队。第二天，鱼朝恩带着神策军从陕州前来迎驾，李豫终于暂时安顿下来。

李琪眼看就要到手的皇位飞了，心情极度郁闷，口无遮拦地说了很多难听的话，李豫觉得不管怎么说他毕竟是自己的叔叔，不想跟他计较，但群臣不答应，李豫权衡利弊后赐死李琪。

李豫这边刚安顿下来，吐蕃那边也进入了长安城。

吐蕃人知道他们不属于这片土地，也不会习惯这里的生活，跨越万水千山来到这里完全靠的是人性中好勇斗狠和贪婪的一面，他们一边烧杀抢掠，一边扶持大唐傀儡朝廷，找了个叫李承宏的李唐宗室当皇帝，更改年号，设置百官。

李豫的食宿问题得以解决之后，大家开始研究如何夺回长安，当然这个问题只能由郭子仪来解决。

郭子仪带领三十名骑兵开始四处收集士兵（李豫从长安逃跑的时候，大量禁军以及其他部队也都四散而去），收集士兵的时候还要顺便安抚各地官员和百姓。官员、百姓听说郭子仪正在组织部队退敌，心情顿时平复下来，士兵们听到这个消息更是欢欣鼓舞纷纷前来投靠。很快，郭子仪便有了一支四千人的队伍。

李豫听说郭子仪有队伍了，立刻下诏让他来陕州护驾，不过此刻并不是护驾之时，郭子仪立刻给李豫上表说："臣不收复长安绝没脸见陛下，现在臣带领部队逼近长安，吐蕃一定不敢挥兵东进，陛下只管安心等臣的好消息。"另外，郭子仪请求让太子宾客第五琦担任粮草官，负责粮草补给。

与此同时，鄜（fū）坊节度判官段秀实劝说节度使白孝德出兵听

从皇帝号令收复长安。白孝德一刻都没耽搁，当天就率领大部队杀向长安。

就在唐军四处集结之时，吐蕃人正在考虑班师回朝的事情，准备把长安的女人、工匠以及一些文化人带回吐蕃，他们在城中收拾东西，唐军的小股部队在城外摇旗呐喊，虽然只有几百人，但制造出来的声势可不小，白天旌旗招展，晚上灯火连天。

吐蕃军心中开始没底，他们也知道大唐毕竟是个庞然大物，就算近些年实力衰弱，也绝不容小视，再加上长安百姓都说大将军郭令公（人们对郭子仪的尊称）已经从商州集结了大部队浩浩荡荡杀将过来，这些吐蕃军彻底慌了，开始陆陆续续从长安城撤退，大叛徒高晖一看，吐蕃军都撤了自己也不敢待在长安城，带着几百个亲信仓皇逃跑，结果被潼关守将李日越砍了脑袋。这个叛徒可真够可怜的，没享受到荣华富华，还戴着叛徒的帽子到阴曹地府去报道了。

郭子仪还没用动手，长安城就已经向他敞开大门，他只是杀掉趁火打劫的混混头目便顺利进入城中。

郭子仪收复长安的同时，李豫也办了件大事，当然他办成这件大事跟群臣有很大关系，尤其是太常博士柳伉。

柳伉上疏说："吐蕃侵犯陇右，兵不血刃占领京城，在这过程中没有士兵拼死作战，这是朝中将帅背叛陛下的表现啊。另外，陛下从长安到陕州已经数十天，在此期间大多数地方节度使等官员都没有前来救驾，这表示地方将帅也都已经背叛陛下。我大唐简直已是病入膏肓，病根就是陛下亲小人、远贤臣，奸佞之臣把持朝纲，忠良之士难向陛下进言。为今之计当是斩首程元振，清除其余党，然后颁下诏书向天下谢罪，诏书就得这样写：'如果天下人给朕个改过自新的机会，那么就应该立刻派兵前来救驾，如果天下人认为朕恶习难改，那朕愿意退位让贤，请圣贤之人登基称帝！'陛下如果发出这样的诏书，天下人自然纷纷感动前来救驾。"

其实，最近李豫也进行了深刻反省，尤其是关于程元振的问题，是该解决了，但他又考虑到当初程元振有大功，不忍下死手，于是削去其全部官爵职位放回家中种地。

仆固怀恩之反

吐蕃军扛着金银珠宝班师回朝，当然以他们的性格必然不会放过沿途百姓，路过凤翔之时又想在那捞上一笔，没想到守城的孙志直是个硬汉子，吐蕃军围攻数天也没登上城墙。

镇西节度使马璘听说皇帝逃到陕州，便带领一千多名精锐骑兵从河西过来救援，此刻刚好转战到凤翔附近，好不容易见到敌人的马璘须发皆张、血灌瞳仁，一马当先杀入敌阵，冲透厚厚敌阵进入凤翔城。

吐蕃军看着马璘背影长出了口气："这杀人狂魔总算走了！"

然而，转眼之间，这狂魔又杀出城来。原来，马璘进城之后，人不卸甲、马不离鞍，只是跟城中守军打个招呼又杀了出来，直杀得吐蕃军哭爹喊娘、叫苦连天。

第二天，当凤翔城门大开，吐蕃军见到马背之上端坐的马璘之时，他们再次展示出识时务的一面，边跑边喊："快逃命啊，那个不怕死的将军又来啦！"

吐蕃将领们一商量，在大唐纠缠下去也没啥意义，还是抓紧带着金银珠宝回家哄老婆孩子高兴去吧，于是，唐朝终于暂时摆脱了吐蕃的祸乱。

公元 763 年 12 月，代宗李豫从陕州返回长安，途中还发生了点儿小插曲。颜真卿建议李豫先拜谒祖宗陵庙，再回宫，宰相元载知道皇帝着急回皇宫，便从中作梗，愤怒的颜真卿大骂道："多好的朝廷也经不住你们这群人的祸害！"

按理说经历这样的大灾大难是应该去跟列祖列宗做个汇报，但李豫确实迫不及待想要回家，当他在长安城外见到郭子仪的时候，激动得说不出话来，勉强平复一下情绪之后对郭子仪说："朕没有及早任用你，所以才落得今天这个地步！"

李豫终于安稳地坐在长安的龙椅之上，但他眼前的烂摊子并未有任何好转，尤其是仆固怀恩的问题，此次吐蕃进犯，仆固怀恩虽然没趁火打劫，但也没来救驾，看来问题还是比较严重的，也是无法回避的，于是他准备派颜真卿前去朔方劝仆固怀恩入朝。前不久颜真卿刚刚跟李

豫说过应该召仆固怀恩出兵抵御吐蕃，李豫担心阵前兵变，并未采纳该建议。但他不知道，这恰恰就错失了良机，颜真卿对李豫说："当初陛下在陕州避难，如果臣用忠义之理去说服他，让他借机重新回来，那他说不定就来了，此刻再去召他，他就不敢来了。"

就在李豫不知道如何是好的时候，李抱玉的堂弟李抱真从汾州回到京城，带来了关于仆固怀恩的信息："陛下不必发愁，仆固怀恩不会制造出太大麻烦，朔方将士都对郭子仪心服口服，仆固怀恩骗那些人说郭子仪被鱼朝恩给杀了，那群人才被利用，如果陛下让郭令公重新领导朔方军，谣言不攻自破，敌人也会不战而降。"听李抱真汇报完情况，李豫的心总算踏实许多。

仆固怀恩确实很痛苦，想要当个忠臣不被重用，辛云京、骆奉仙、李抱玉、鱼朝恩等人还天天说他要造反，可是真要造反的话他心里又没底，自己有实力跟大唐对抗吗？

仆固怀恩知道李豫回到长安之后必然把他的问题提上日程，现在已经没有纠结的时间，于是一咬牙、一跺脚，在公元 764 年 1 月派儿子仆固玚攻打太原。

太原守将辛云京早就看仆固父子不顺眼，连城都不守主动迎击，杀得仆固玚大败而归。仆固玚在太原吃了大亏便把目光转到榆次。

仆固怀恩公开跟朝廷对抗，李豫也就没什么好犹豫的，任命郭子仪为关内、河东副元帅，河中节度使。仆固怀恩的部下原本都是郭子仪的部下，他们听到这个消息后懊悔不已，纷纷表示现在跟着仆固怀恩上了贼船，实在没颜面见郭令公。

军心不稳使得仆固怀恩焦头烂额，更让他焦头烂额的是仆固玚，这小子已经围攻榆次十余天，丝毫没有破城迹象，只好从别的地方调兵增援。增援的队伍由焦晖和白玉带领，这哥儿俩并不想跟着仆固怀恩造反，他们不但不帮着攻城，反倒偷袭仆固玚，砍下他的脑袋。

仆固怀恩得知此事方寸大乱，跑去跟老妈说她孙子死了，这老太太是个明事理的人，拎把大刀追着仆固怀恩砍，边追边骂："你这小兔崽子，当初我说朝廷待你不薄，不应该造反，可你偏偏不听，今天我就杀了你给朝廷个交代。"

还算仆固怀恩跑得快，没被老妈砍到。

从老妈那里逃走之后，仆固怀恩衡量了一下眼前局势，决定还是先撤退吧，于是带领一群亲信渡过黄河向北逃去。

仆固怀恩整顿人马向灵州进发，提前给守将浑释之发去檄文，说自己要带领军队回归本部。浑释之不知道仆固怀恩刚刚跟大唐开战，但他猜出其中有诈，准备据城抵抗，但他外甥张韶不想跟仆固怀恩对抗，想要说服舅舅开城迎接仆固怀恩。

就在浑释之不知如何是好的时候（毕竟他也不确定仆固怀恩是否真的已经造反），仆固怀恩已经来到灵州城下，浑释之只好强颜欢笑迎接仆固怀恩进城，仆固怀恩刚刚进城，张韶便把他舅舅出卖了，浑释之含恨而死。过段时间之后仆固怀恩觉得张韶这人连自己的舅舅都能出卖，绝对靠不住，找个机会赏他一顿乱棍，然后扔到城外去喂了野狗。

仆固怀恩辜负了李豫，但李豫宽厚仁德，依然将其母亲接到长安，锦衣玉食养老送终，死后也按照相应级别的礼节进行厚葬。

名将之憾

跟仆固怀恩境况类似的还有李光弼，当初李豫到陕州避难的时候，李光弼对程元振、鱼朝恩等奸臣把持朝政的情况十分不满，没有立刻出兵，君臣之间因此而产生隔阂，此后李豫一直采取积极措施想要消除这隔阂，例如，任命李光弼为东都留守；多次派人慰问他的母亲；让他的弟弟李光进掌管禁军。不过李光弼一直很消极，虽然没有对皇帝不敬，但也没表现出想要弥补当初没去救驾的过失，并且手握重兵不回朝面见皇帝。这样的行为让他手下那些忠义之士感到不齿，因此也就没了往日的尊敬。

李光弼悔恨交加，自己的一世英名难道要在垂暮之年付之东流吗？最终李光弼忧郁成疾，于公元764年7月与世长辞，终年五十七岁。

晚年的李光弼虽然留下些许遗憾，但作为"安史之乱"主要平叛将领之一，他的功绩毋庸置疑。

李光弼是契丹人、猛将李楷固的外孙，他的成功并未依靠前辈，

而是靠自身的努力。

公元 746 年，李光弼是朔方节度使王忠嗣的部下，性格刚毅、治军严谨，表现出超乎常人的统帅才能，王忠嗣极其赏识这个三十多岁的帅才，曾经这样评价道："他日得我兵者，光弼也。"

"安史之乱"爆发后，郭子仪将李光弼推荐给肃宗李亨，李光弼迎来自己的黄金时期，平叛初期便取得多次重大胜利，尤其是在跟史思明的对抗中更是表现出名将风范，"美马计""智降二将"等手笔远非一般统帅所能比拟，后世之人多将其与孙武、吴起、白起、韩信等传奇名将划归到一个阵营。

这样一员名将也吃过大败仗，那就是公元 761 年的时候，李亨轻信大太监鱼朝恩，命令李光弼强攻洛阳，结果导致唐军大败，通过这事李光弼深刻地体会到在奸臣当道的情况下处境是多么的危险。高仙芝、封常清、哥舒翰都是被奸臣间接害死的，即便像郭子仪这样被李亨称赞"国家再造，卿力也"的德高望重的重臣也会被解除兵权、束之高阁，这些先例都使得李光弼憎恨奸臣，害怕奸臣，因此跟皇帝之间产生隔阂，并最终导致他郁郁而终。

这样的名将虽然死得不够光彩，但他的功绩不管是在大唐，还是在后世都被人津津乐道，传为佳话。

怒斩兵痞

李光弼会被后世之人津津乐道，但仆固怀恩不会，这其中最主要的原因不是仆固怀恩战功不够卓著，而是因为他已行邪道，李豫做了很多挽救工作，都未能阻止他渐行渐远。

公元 764 年 6 月，李豫颁下诏书："仆固怀恩曾经为大唐和百姓作出巨大贡献，他之所以心中有怨恨，是因为很多小人从中挑拨，朕经过调查研究发现他并无二心，仍然坚守君臣之道。现在形势跟之前发生很大变化，河北地区已然平定，河北副元帅和朔方节度使等职务应该取消，但中书令、大宁郡王等职务全部保留，仆固怀恩应立即回朝，不得迟疑。"

面对这份诏书，仆固怀恩毫不动心，依旧我行我素。

其实，现在的仆固怀恩已经有些钻牛角尖了，到灵武的时候是收罗了一些散兵游勇，可是他并不具备支持他野心膨胀的实力，虽然不具备这个实力，但偏偏不肯从李豫给他的台阶上走下来。

前段时间郭子仪到汾州的时候，仆固怀恩的很多旧部已经闻风而降，这样一来郭子仪心中便有了底，现在仆固怀恩撺掇吐蕃、回纥凑了十万人马直指京师，郭子仪仍然淡定地跟李豫说："陛下无须惊慌，敌人虽然数量众多，但人心背离，战斗力不会太高，并且好多将士的家在这里，他们回到家乡还哪有心思打仗啊！"

给李豫吃完定心丸，郭子仪自己可并未掉以轻心，当即整顿人马前往奉天迎敌。

郭子仪到达奉天后，仆固怀恩的军队也来了，诸位将领摩拳擦掌想要出去抢个头功，郭子仪把他们拉住说："敌人远道而来希望跟我们速战速决，我们应该坚守不战，他们以为我们怕了，必然会放松警惕，这时我们再寻找战机定可退敌。"

几天之后，叛军大举来袭，没想到郭子仪已经严阵以待，叛军措手不及，不战而退，郭子仪派人紧追不舍，轻而易举把敌人打得四下逃窜。

打退仆固怀恩后，郭子仪回了长安，他儿子郭晞（xī）留在军中，这小子并不像他老爹一样宽厚仁德，对手下的约束也是松之又松，士兵们鱼肉百姓、欺男霸女。节度使白孝德由于郭子仪的缘故敢怒不敢言，泾州刺史段秀实主动跟白孝德请求要去收拾郭晞。

段秀实还真是生猛，现场抓到十七个正在喝完酒耍酒疯的士兵，就地正法，把人头挂在大街之上。

这十七个士兵都是郭晞的手下，军营中得知此事后全副武装，蠢蠢欲动，这可吓坏了白孝德，急忙叫来段秀实，段秀实丝毫不觉得自己做错了什么，理直气壮地对白孝德说："这十七个士兵在闹市区喝酒，打砸酒馆，并且用大刀长矛攻击手无寸铁的卖酒翁，难道不应该就地正法吗？"说完之后，段继续说，"这事您不用管，我来处理。"

白孝德也没办法，只好让段秀实去处理此事，他能做的只是给段秀实派去几十个彪悍强壮的随从，然而，段秀实并未带这几十个彪形大

汉，他不是不领白的情，而是根本不需要。

段秀实找了个一瘸一拐的老头给他牵马，二人一马，来到郭晞营门。营中士兵如临大敌，他们不知道啥情况啊，各个顶盔掼甲、罩袍束带，蜂拥而出。

段秀实仰天长笑："对付我一个小兵何必如此兴师动众！"众人不知他葫芦里卖的什么药，都不知如何是好，段秀实接着说道，"郭常侍（郭晞）可曾做过什么对不起你们的事情？郭副元帅（郭子仪）可曾做过什么对不起你们的事情？"众人纷纷摇头，段秀实继续说道，"那你们为何要为非作歹破坏郭家名声，郭副元帅功劳堪比日月，应该善始善终，你们这样做很容易引发叛乱，最终导致郭副元帅受牵连，就算没那么严重，你们的行为也会给他老人家抹黑！"

此刻，郭晞早已走出营门，听完段秀实这番话当即跪倒在地连拜两拜，张嘴说道："多亏先生教导，不然在下可能就会闯下大祸！"

郭晞谢过段秀实，回头狠狠训斥了一通士兵。第二天，郭晞、段秀实二人一起来见白孝德，郭晞负荆请罪，请求白孝德原谅他带兵无方。

白孝德当然得原谅他了，毕竟是郭子仪的儿子嘛，郭晞也没让段秀实和白孝德失望，从此之后，他的部队再也没动过老百姓一针一线。

强敌再袭

公元 765 年春，吐蕃派来使者跟大唐请和，李豫这样讨厌打打杀杀的人当然得高高兴兴地安排相关人员办理结盟事宜，但他也不忘跟郭子仪深入探讨吐蕃的问题，郭子仪表示吐蕃之所以来请和，就是因为前段时间他们来进犯的时候我们有准备，他们也因此而吃了大亏，如果我们没有准备的话，吃大亏的就会是我们，所以应该加强边境地区的巡逻和防守。

内外战乱稍微得到一些缓解，李豫也终于可以过问些其他问题，刚好河东道租庸、盐铁使裴谞（xū）进京汇报工作，李豫问他："听说最近生意做得不错，每年能赚多少啊？"裴谞低头不语，李豫以为他耳朵不好使又问了一遍："朕问你话呢，一年能赚多少钱啊？"

皇帝问了两遍，裴谞终于答话了，但所答非所问："臣从河东而来，沿途看见很多地方没种庄稼，都荒着呢，农民生活贫困，怨声载道，臣本以为陛下见到臣会首先询问民间疾苦，没想到陛下问臣赚钱之事，臣不敢回答。"

李豫听完裴谞一席话，立刻把"愧疚"二字写在了脸上，开展完深入的自我批评后表扬了裴谞为国为民的精神。

其实，真的不怪裴谞不给皇帝面子，目前的大唐状况确实比较糟糕，这样的大唐禁不起皇帝挥霍。

多路手握重兵的节度使跟朝廷只是名义上的君臣关系，实际上完全不受朝廷控制，地方上的军事、经济、人事等大权都在节度使手中，他们不断壮大自身力量，互相勾结，形成足以跟朝廷对抗的实力，虽然没像仆固怀恩一样起兵，但连最基本的贡品都不给皇帝送来一筐。在这些节度使中最猖狂的就是成德节度使李宝臣、魏博节度使田承嗣、相卫节度使薛嵩和卢龙节度使李怀仙，另外山南东道节度使梁崇义和平卢淄青留后李正己还进行了政治联姻，勾结在一起跟外敌遥相呼应，成为朝廷的心腹大患。

正是因为这些大臣的不忠，才让仆固怀恩敢于产生钻空子的想法，上次大败之后不久，再次纠集回纥、吐蕃、吐谷浑、党项等数十万大军攻向长安。

面对杀气腾腾的敌军，郭子仪绝不敢大意，向李豫如实汇报情况，并且请李豫派凤翔节度使李抱玉、滑濮节度使李光庭、邠（bīn）宁节度使白孝德、镇西节度使马璘、河南节度使郝庭玉、淮西节度使李忠臣等人派兵抗敌。

这几位节度使都是忠君之士，就拿李忠臣来说，他接到诏书后立刻整顿人马准备吃饭，吃完好出发，手下都说出兵打仗应该选择良辰吉日，李忠臣大怒道："父母有危难，难道也要挑选良辰吉日吗？"训斥完手下之后，当天就率领人马奔赴前线。

大唐的军队虽然已经集结，但要对付这几十万联军必然会付出极大代价，可能是上天眷顾大唐吧，就在这危急关头，仆固怀恩病了，并且是重病，甚至还没等返回灵武就一命呜呼。

　　大将张韶接过帅印执掌军队，转眼就被徐璜玉给杀了，徐璜玉也没当几天将领就被范志诚给杀了，部队这样闹内讧，战斗力可想而知。仆固怀恩部队的战斗力大打折扣，但那群外敌依然凶悍，吐蕃人刚刚跟大唐请完和又派大部队来袭。

　　公元 765 年 9 月，吐蕃十万大军到达奉天，朔方兵马使浑瑊和讨击使白元光领命御敌。

　　浑瑊是铁勒族人，是刚刚为大唐捐躯的浑释之的儿子，此人勇猛无比，胆识过人，面对十万吐蕃军脸不变色心不跳，趁着敌人正在列阵之时，率领二百勇士杀入敌阵，生擒一员敌将，从容而归，这个过程中未丢一兵一马！

　　在接下来的数天中，浑瑊与敌人大大小小交战二百余次，杀敌数千，吐蕃的进攻势头被死死按住，这样一来，李豫便有了充分的时间进行部署。郭子仪、李忠臣、李光进、马璘、郝庭玉、李抱玉等人被安排到各地驻守，李豫自己也决定在长安坚守到底，决不能再次放弃京城去逃难。

　　李豫誓死抵抗，但有人爱惜生命，鱼朝恩竟然带着禁军威胁一干大臣，想要这些大臣劝皇帝外逃避难，一位手无缚鸡之力的文弱大臣指着鱼朝恩鼻子大骂道："你个宦官难道想造反不成？！"

　　鱼朝恩面对正气凛然的文弱大臣当场败下阵来，领着那群禁军灰溜溜地跑了。按理说李豫得知此事之后应该处置鱼朝恩，但当时情况确实比较混乱，鱼朝恩也因此暂时逃过一劫。

　　吐蕃进军受阻，再加上一连数天大雨，他们便放弃进攻长安的想法，转攻醴泉，抢了大量金银珠宝，又抓了数万俘虏之后返回吐蕃。

　　吐蕃军在回家途中遇到了回纥军，两伙人一商量，决定再去大唐狠狠打劫一番。

　　人心不足蛇吞象！

　　已经抢了不少好东西的吐蕃人不知适可而止，因此很快便会迎来一场大祸，令人绝难想象的是，这场大祸竟然是这样的！

一人之力

一个人的力量究竟能有多大?

能对抗数万大军?

能令不可一世的虎狼俯首称臣?

答案马上揭晓!

公元 765 年 10 月,吐蕃和回纥联军包围泾阳,此刻郭子仪正在城中深思退敌之策,想来想去都没有良策,若是力敌着实困难,敌人战斗力不弱,尤其是回纥,他们在平定"安史之乱"时表现出来的杀伤力令所有人侧目。

不能力敌,只能智取——郭子仪知道这是唯一出路。

恰好这时仆固怀恩病死的消息传到吐蕃和回纥军中,这两伙人原来都是仆固怀恩召集来的,现在召集人死了,那总得有人当老大啊,吐蕃和回纥谁也不服谁,因此也就有了矛盾。

为摸清敌人情况,郭子仪派李光瓒到回纥那里做说客,游说回纥跟大唐联手对付吐蕃。

很快,李光瓒回来跟郭子仪汇报游说情况,这个结果好得出乎郭子仪预料,回纥人竟然是被骗到这里来的,他们根本不知道郭令公还活着,更不知道郭令公正在镇守泾阳,当他们听说郭令公就在眼前的时候,几位首领纷纷表示想跟郭令公见一面。

根据李光瓒汇报的情况,郭子仪决定铤而走险,只身前去与回纥会晤,他之所以有这样大胆且看似不靠谱的想法,是因为背后有这样几个因素:首先,他为国为民肯于牺牲自我;其次,胆识过人;再次,对自己的人格魅力相当自信,他相信回纥人会给他这个面子!这样的自信不是盲目的,而是建立在客观事实基础上的。郭子仪待人以诚,在跟回纥联合对付安禄山的过程中建立起坚实的友谊,这是真正的友谊,是兄弟之间的惺惺相惜,并不是由利益而建立起来的脆弱的互相利用关系。

郭子仪虽然很自信,但这事儿的风险仍然太大,人是会变的,现在的回纥人还会认郭子仪这个兄弟吗?

诸位将士拉不住郭子仪,只好为他精选五百铁骑,这五百铁骑各

个骁勇，都是战场上以一顶十的好汉，郭子仪表示这是画蛇添足，不但不能保证自己安全，甚至还会适得其反。

最终，郭子仪仅仅带着几个骑兵来到回纥军中。

回纥统帅可汗的弟弟药葛罗严阵以待，怕唐军使诈设伏兵，当他确定只有郭子仪带着几个随从，再无一人一马之后，才把拉满的弓弦放松下来。

郭子仪扔掉手中长枪，翻身下马，摘掉头盔。回纥的各位酋长看到眼前之人正是郭子仪无误，纷纷跪倒在地，叩拜不止。他们之间的友谊可是在血雨腥风的战场上建立起来的。

郭子仪上前拉起药葛罗，责备道："回纥是我朝的大功臣，我朝待你们也不薄，今天为何背信弃义前来攻打京师？这是多么愚蠢的行为啊！另外，你们知道吗，仆固怀恩背信弃义甚至他的亲妈都拿刀砍他，为何要跟这样的人结盟？"

药葛罗连忙解释道："郭令公，这实在是场误会啊！仆固怀恩骗我们说'大唐皇帝已经驾崩，郭子仪也已去世，中原无主。'所以我们才跟他前来的，现在得知皇帝在位，您也健康，并且仆固怀恩已经被苍天所杀，我难道还会跟您作对吗！"

简简单单几句对话就把这事解决了，剩下就是一些什么歃血为盟之类的活动。

郭子仪乘机劝说回纥跟大唐一起调转矛头对付吐蕃，回纥当然愿意，他们看着吐蕃刚刚抢的那些好东西也眼红，现在能有机会抢过来是多么地开心啊！

这边郭子仪跟回纥喝酒定盟，那边吐蕃闻风便乱了阵脚，连夜收拾部队开始撤退。回纥人可不会让他们舒舒服服回到老家，各路精锐骑兵穷追猛打，数万准备再发大财的吐蕃士兵再也没有回到家乡。他们原本可以回家过上安定富足的生活，但贪婪诱使他们进了鬼门关。

回纥追击吐蕃的同时派了几位高级官员入朝觐见代宗李豫，李豫看着重新结盟的回纥人，内心无比畅快。

皇帝的"宽容"

郭子仪等人在前线玩命的时候，朝廷之中却有两个人给自己捞了大把好处，一个是大太监鱼朝恩，另外一个是宰相元载。

鱼朝恩称霸了好多年，谁都不敢惹他，元载是最近这几年才开始得宠的，得宠之后不思报效朝廷，坏事做尽。

元载为了独揽大权给皇帝提出这样的建议："如果百官有事应该先向有关部门汇报，各个部门领导再向宰相汇报，最后宰相统一向陛下汇报。"他还对百官说："最近很多部门向皇帝汇报的事情都是谗言，应该先由宰相先把关，然后才能汇报给皇帝。"

元载的行为跟当初李林甫相比有过之而无不及，如果彻底按照他说的来执行，那么皇帝和诸位官员的联系就会被切断，皇帝也就成了"瞎子""聋子"，大唐也就危险了。

刑部尚书颜真卿写了一份长长的奏疏递给李豫，言说其中利害，李豫这个糊涂蛋不但不采纳颜真卿针对元载的建议，反倒将其贬为峡州别驾。

转眼之间一年多的时间过去了，朝廷就在这样稀里糊涂地过着日子，这样过日子迟早出问题啊，公元766年12月，同华节度使周智光杀死同僚张志斌。

周智光生性残暴，仗着鱼朝恩是他后台，连同僚都敢杀，他跟陕州监军张志斌有矛盾，把人家杀死之后切成肉片给吃了，朝廷官员都知道这厮是杀人不眨眼的魔王，经过他驻地的时候都偷偷摸摸地走，但周智光总会寻找机会抓到几个运气不好的，结局基本都是剁成肉馅。（《资治通鉴》记载：叱下斩之，脔食其肉。）

郭子仪多次请求处置周智光，软弱无能的李豫不但没处置，反倒给他加官晋爵，这下周智光更嚣张了，竟然对皇帝派来的使臣大骂："我周智光的丰功伟绩无人能比，现在小小的同州、华州根本没我施展才能的机会，要是把陕州、虢州等几个州都给我还差不多。我现在距离长安还不到二百里，晚上睡觉都不敢伸懒腰，就怕一不小心踢坏长安城。这样下去，说不定哪天我就玩玩'挟天子以令诸侯'的游戏。"

周智光大放厥词吓坏了李豫的使臣，李豫终于下定决心除掉这个吃人恶魔。

公元767年1月，李豫颁下密诏让郭子仪讨伐周智光。

这场讨伐战的结局既在大家预料之中，也在大家预料之外，在预料之中的是郭子仪必然能拿下周智光的脑袋，预料之外的是拿得也太轻松了。

郭子仪手下两员大将浑瑊和李怀光刚刚逼近华州，周智光的部下就纷纷开始投降，并且还有两个人带着礼物前来投降，华州牙将姚怀和李延俊杀了周智光，拎着他的脑袋献给朝廷。这个过程一共没超过十天。

郭子仪的功劳越来越大，地位越来越高，李豫也就越来越器重他，甚至命令元载、鱼朝恩等人在自家摆酒招待郭子仪，酒席宴的规格高得不能再高，一顿饭就要花掉十万钱。

即便如此，郭子仪仍然不骄不躁，规规矩矩做臣子，但他儿子却没有这样的品德和修行。

郭子仪的第六个儿子郭暧娶了升平公主当媳妇，舌头哪能不碰到牙，小两口总是会吵架，有一次吵得凶了，郭暧对公主说："你仗着自己的老爹是天子就敢如此嚣张吗？那是我爹不想当天子才轮到你爹的！"

升平公主立刻回到娘家向李豫汇报这件事，李豫并没给闺女撑腰，而是对她说："郭暧此言非虚，如果郭子仪想据天下为己有，这个皇帝怎能是你爹来当呢？"李豫苦口婆心教育一番之后把闺女打发回郭府。

郭子仪听说这事之后立刻把郭暧关进小黑屋，自己入宫负荆请罪，李豫并没有把气氛搞得很紧张，而是说了这样一句话："不痴不聋，不作家翁。"这句话乃是民间俗语，意思是当家长的对晚辈的言行有时候就得装聋作哑，人家小两口吵架，咱们长辈就别跟着掺和了。

李豫一开口就把一件可以理解成造反的严重政治事件定性成家庭内部矛盾，俩人也不是以君臣身份对话，而是以亲家身份唠家常，唠完家常，郭子仪踏踏实实回到府上，回到家后把儿子狠狠打了数十大板，这样才算了事。（流传至今的戏剧《打金枝》便是根据这段历史改编的。）

一波刚平，一波又起！

郭子仪刚刚打完儿子，几个月后他老父亲的坟又让盗墓贼给挖了，这在当时绝对是件大事，李豫赶忙责令相关部门抓捕盗墓贼，但最终也没抓到，人们都私下议论说鱼朝恩跟郭子仪不和，应该是他暗中指使人干的，朝廷都怕郭子仪一时冲动，报复鱼朝恩甚至朝廷，但没想到当李豫跟郭子仪说起这事的时候，郭子仪一把鼻涕一把泪地自责道："臣长期带兵打仗，手下的暴行总是难以制止，他们挖了很多人的坟，今天终于挖到臣的头上，这是上天的惩罚啊！"

郭子仪的一通自责让朝廷顿时就平静了，他把这事说成天意，跟朝廷和鱼朝恩甚至那个盗墓贼都没有关系。

李豫能和郭子仪把君臣关系搞得如此融洽，两个人都功不可没，郭子仪的品德古今罕见，李豫的包容也是世间少有，皇帝对重臣包容利国利民，但如果皇帝对奸佞之臣也如此包容可就是误国误民了。

公元767年7月，鱼朝恩请求将皇帝之前赐给他的宅子改成章敬寺，为已故章敬太后祈福。

章敬太后是李豫的母亲，李豫对鱼朝恩的做法表示赞许和支持，为了邀功，鱼朝恩把寺院修得极其宏伟壮观，长安城中能用的木材全都搬到章敬寺，结果还不够用，又从其他地方拆了不少房子运来木材，该项工程耗资巨大，据不完全统计，超过一万亿钱。

朝廷这样铺张浪费自然会惹来正直之士的非议，卫州人高郢上书给李豫说："已故太后的德行十分高尚，没必要通过一座寺院来彰显，老百姓才是社会长治久安的根本，为了修建寺院劳民伤财，这不是背道而驰嘛！"说完寺院的事，高郢又引经据典说了尧舜禹汤等圣贤君主的行为，这些观点虽然非常好，但李豫并未理会。

李豫喜欢修建寺院、祠堂的习惯已经有好几年了，之前他对这些东西并不感兴趣，近年来元载、王缙、杜鸿渐当宰相，这三个人都是虔诚的佛教徒，尤其王缙还是个严格的素食主义者。

其实，李豫也怀疑过修庙拜佛的用途到底有多大，并且还就这个问题跟元载等人进行探讨，元载等人是这样回答他的："国运昌隆靠的就是神佛保佑，所以陛下看安禄山、史思明发动的叛乱虽然凶猛，但都在他们气焰最嚣张的时候被儿子杀掉。仆固怀恩也是在率军来袭的路上

病死的，另外回纥、吐蕃的造反虽然深入内部，但最终却是不战而退，这一切都表明是神佑我大唐啊！"

元载等人丧尽天良的言论对那些保家卫国而流血流汗甚至丢掉性命的将士是多么的不公平！然而，昏庸的李豫竟然赞同这样令人发指的言论，开始崇尚佛教，经常在宫中设斋，供养大量和尚，只要有敌人就命令这些和尚诵经祷告，敌人撤退就奖励和尚。

皇帝瞎搞，朝廷内外也都跟着瞎学，这样的坏风气甚至刮到民间，大唐的政务、刑法也是日渐混乱。

李豫这样瞎胡闹并不是没有人管他，只不过真的管不了他，即便像李泌这样的世外高人也无可奈何。

前些年李泌退隐衡山，最近又被李豫给召回朝中。

（至于李泌出山的原因本人实在难以回答，虽然能够找出一大堆理由，例如：李泌要报答李亨和李豫的知遇之恩；李泌要施展治世才华；李泌贪婪人间的荣华富贵……但这些理由都不足以让人信服，如果非要解释李泌为何出山，那还不如用个超自然的理由——冥冥中收到一个信号，让他下山辅佐大唐。）

对于李泌的到来，李豫欣喜若狂，在二人前面一切君臣之规都可打破，或者说李豫根本没把李泌当成一般臣子，例如，李豫经常衣冠不整，穿个拖鞋就去找李泌谈工作或者唠家常。

李泌除了在政务方面起到很大作用之外，他还帮助李豫和他自己了却一块心病，那就是关于建宁王李倓的事情。

当初李倓被张良娣和李辅国所害，这些年一直没有机会彻底平反，李泌对此耿耿于怀，他建议李豫仿照以前岐王李范、薛王李业的先例，追赠李倓为太子。其实，李豫对此事也是放不下，当他听李泌说起这事儿，眼泪当时就下来了，说："我弟弟首先建议先帝北上灵武，并在平叛过程中立下大功，岐王和薛王有这样的功劳吗？李倓不但有大功，而且还冤死在小人之手，如果他还活着，朕一定让他当皇太弟，继承我的皇位，现在他死了，我应该给他追赠帝号，而不是太子的封号。"

公元 768 年，李豫颁下制诰，追谥李倓为承天皇帝。

恶人还得恶人磨

在接下来的很多年中，李泌施展才能的空间并不大，因为这时期的主旋律是战争，各种各样的战争，有吐蕃十万规模的大举进犯，有回纥千八百人的骚扰，更多的是各藩镇之间的互相攻伐，另外还有某些自不量力的藩镇把矛头指向长安。

公元 768 年 8 月，吐蕃十万大军再次来袭，进兵邠州，搞得长安人心惶惶，还好大将白元光给予敌人迎头痛击，李晟又用计烧掉敌军粮草和物资，最终吐蕃军啥好处没捞到，灰溜溜地大败而归。

虽然顺利击退吐蕃，但这样也不是事儿啊，人家大军动不动就来威胁京师，万一哪次出了纰漏，岂不是要酿成大祸，为此，李豫让郭子仪派朔方军队镇守邠州，又任命马璘为泾原节度使，任命段秀实为邠州留后，形成对抗吐蕃的防线。

段秀实到了邠州后发现工作还真不轻松，且不说吐蕃军的凶悍，就是内部将士心也不齐，实在难以管理。刀斧兵马使王童之阴谋叛乱，还好段秀实能力出众，没将事态扩大，仅仅杀了八个人便将一场叛乱扼杀在萌芽之中，还起到杀鸡儆猴的作用，其他将士规矩了很多。

段秀实杀掉八个人能镇住邠州的局面，但其他地区依然混乱，平卢行军司马许杲带着三千人就敢闹事，占据濠州并找机会攻打淮南，淮南节度使派出副节度使张万福代理濠州刺史，许杲听说张万福当了濠州刺史收拾行囊转身就跑，这个张万福可是一员猛将，没人想与这种人为敌，虽然许杲已经离开濠州，但张万福不准备放过他，带着部队穷追不舍，还没等他追上，许杲已经被他的部将康自劝给赶走了，康自劝自己带着部队像强盗一样走到哪儿抢到哪儿，张万福日夜兼程终于追上康自劝，将其斩杀。

一小股造反势力被消灭掉，但还有更多、更大这样的势力。河东兵马使王无纵、张奉璋等人仗着自己曾经立过一些功劳便傲慢无礼、飞扬跋扈，根本不受军规约束。刚好赶上王缙要调动部队到盐州去防御吐蕃，他派王无纵和张奉璋带领三千士兵为先头部队，这二人不执行命令，找个借口进入太原城，王缙虽是一介书生，但一点儿都不好欺负，立即

派人将王、张二人拿下，连同他们的几个亲信一起砍头示众。

上述说的只是部分例子，当时藩镇割据，互相攻伐的情况十分严重，就当时的情况来说，李豫鞭长莫及，再加上对自己的直接影响也不大，因此干脆就睁一只眼闭一只眼，不过眼皮底下的事情就不得不管了，不管的话后果可能极其严重。

大太监鱼朝恩这些年来实力越来越雄厚，看看他的那些官职就知道多可怕了：观军容宣慰处置使、左监门卫大将军兼神策军使、内侍监……这些都是实权职务，还掌管着禁军，渐渐地他开始目空一切，即便宰相也不放在眼里，大庭广众之下高声谈论政务，该说的不该说的全都说。偶尔有国家大事没跟鱼朝恩商量，他便愤怒地发泄情绪："天下大事竟然有不经过我手的！"李豫虽然宠信鱼朝恩，但最近这段时间对他也越来越不满意。

除此之外，鱼朝恩还接受了两个手下——神策都虞候刘希暹（xiān）和都知兵马使王驾鹤——的建议，在自己掌管的北军中设置一座监狱，弄些地痞无赖诬告地主富豪，屈打成招，没收人家家产充当北军军费。这可是犯了大忌，臣子竟然收买军队，李豫开始担心起自身的安危。

公元 770 年，元载看出李豫的担心，私下跟他说鱼朝恩不除后患无穷，李豫一看有元载这样的人支持顿时信心大增，君臣二人开始商量如何铲除鱼朝恩。

要除鱼朝恩并非易事，这个大太监自知作恶多端，行事十分谨慎，每次上朝都让心腹大将周皓带领一百多个彪形大汉保护自己，同时和他的同党陕州节度使皇甫温手握重兵遥相呼应。

也正是由于这些原因李豫才迟迟不敢动手，万一弄不好不但除不掉鱼朝恩，说不定还得把自己搭进去。

这事儿要是交给像郭子仪这样光明正大的人还真不一定能办好，就算能办好，说不定也会血流成河。但元载却不同，他跟"光明正大"挨不上边，很多时候就是这样——恶人还得恶人磨！用些下三烂的手段对付下三烂的人，虽然这会令君子感到不耻，不过元载不是君子啊，他用重金贿赂鱼朝恩的亲信，那些亲信并不是真亲，完全是用"利"这个纽带衔接起来的，现在元载再用"利"将其打散，并不困难。周皓等人表面上还跟在鱼朝恩身边，心却已经属于了新主子。

鱼朝恩的一言一行很快尽收李豫眼底，知己知彼百战百胜，李豫可以动手了！

公元770年正月，李豫任命李抱玉为山南西道节度使，皇甫温为凤翔节度使，又将大片土地划到李抱玉的管辖范围，李抱玉、皇甫温原来都是依附于鱼朝恩的，因此鱼朝恩很高兴，他还不知道此刻的皇甫温已经跟元载一条心了。

同年3月，李豫在宫中设宴款待群臣，大家吃饱喝足后准备回家，李豫留下鱼朝恩要跟他商量工作，这本是习以为常的事情，不会引起任何人怀疑，没想到的是这次李豫风格大变，直言不讳地训斥鱼朝恩要叛变。即便如此，鱼朝恩仍然没有认识到危险，还鼻孔朝天地大声跟皇帝讲话。周皓得到皇帝许可后，立即由保镖转换成杀手，带领手下将鱼朝恩擒住，丝毫不理会他那双充满疑惑的眼睛，直接将其勒死。然后，李豫下旨罢免鱼朝恩的大部分职务，对外声称："鱼朝恩畏罪自杀！"

处理掉鱼朝恩后，李豫又采取一系列怀柔措施，安抚相关人员，很快这件事情便彻底平息了。

胡椒八百石

李豫用恶人除掉恶人，但不能高兴太早，因为剩下的恶人可能会更恶！

元载铲除鱼朝恩之后比以前更嚣张，称自己是天下奇才，文韬武略前无古人后无来者，不过，虽然他的文韬武略没有自己吹嘘的那么厉害，但玩弄权术、搞阴谋，那还真是有一套，最起码当朝是无人能及的，大家只能眼睁睁看着他独揽大权，那些想要升官发财的投机之辈倒是很喜欢他，只要送去的银子够多就能得到够高的职位。个别刚直不阿的官员得罪了元载，下场都比较凄惨，那些趋炎附势的官员则主动变成元载的走狗。

曾经有个元载的亲戚来京城找他求官，这亲戚以为自己是元载的长辈便没准备丰厚礼品，再加上元载没找到适合他的职位，于是给了他

【第二章】内忧外患

一封信，让他带给河北节度使，就打发走了。半路上，这人偷偷把信打开看了一下，发现信封里面装的竟然是只有元载签名的一张白纸，事已至此，他也没办法只能硬着头皮去找河北节度使，没想到那节度使连信都不看直接安排酒席接待，并且还送给那人一千匹绢。

一张签名白纸等于一千匹绢，元载的权势可见一斑！

即便权势如此，元载仍然不满足，他要排挤走更多的人，得到更大的权力，甚至这个排挤的对象包括李泌。

当元载跟李豫诬陷李泌的时候，李豫决定为了保护李泌的安全先把他下放到地方，躲开这个是非之地。

李豫拉着李泌的手说："元载容不下你，你就先到江西魏少游那避一避，等朕下定决心除掉他后，一定再把你请回来。"

李泌去江西当了判官，并且一走就走了七年多，元载在京城彻底横着走路了，他跟黄门侍郎王缙狼狈为奸，干了数不尽的坏事，李豫多次容忍他们，最后终于忍无可忍，再加上太子李适也认为应该尽早除掉元载，这样李豫才下定决心。

要除掉元、王比除掉鱼朝恩容易得多，元载虽然结党营私，但他手里没有军队，不用担心他武装抵抗。

公元 777 年 3 月，有人控告元、王在夜里求神拜佛，阴谋叛乱，包括李豫在内的所有人都知道元载不会造反，但谁会在意是否真的造反，现在要的不过是个借口罢了。

第二天，元载和王缙在政事堂被捕，经过审讯之后全部认罪，李豫下令赐死元载。临刑之前，元请求行刑官给他个痛快，行刑官眯起眼睛一脸坏笑地答道："想得美！这些年你干那么多坏事，临死前咋能不受点儿小委屈呢？"说完这话，行刑官脱下自己那双极品袜子——恰好这行刑官好几天没换袜子了——塞进元载的口中，然后才将其处死。（《资治通鉴》记载：乃脱秽袜塞其口而杀之。）

王缙运气比较好，逃过死罪，被贬到地方做刺史。

元载自己被臭袜子熏死，老婆孩子也被斩于闹市，这些年敛的各种钱财货物全部收归国有，负责抄家的工人累得怨声载道，因为工作量太大了，别的不说，就拿厨房来说，仅仅胡椒就足足运了八百石，其他东西可想而知。

李豫除掉元载，召回李泌谈论此事之时，感慨道："这一别快八年了，终于在太子的支持下除掉此贼，不然你我二人还不得相见。"

李泌趁机跟李豫说："臣早就跟陛下说过，对于那些心术不正的大臣应该尽早除掉，不然真的是祸国殃民！"

这些大臣到底把大唐祸害成什么样？看看这些年大唐内部的情况就知道了。

内忧外患

软弱让唐朝在尊严以及百姓的生命和财产方面受到极大损失，近几年回纥基本上不派军队过来打劫了，因为他们改用光明正大的方式打劫了，每年都用马来换布帛，您可千万不要觉得这会是公平的交易，一匹老弱病马可以换四十匹布帛，李豫心中滴血，还得咬牙挺着，能哄回纥开心就可以免受刀兵之灾。

如果仅仅是损失些钱财也就罢了，回纥人竟然敢在大街上行凶，因为买卖没谈拢，一个回纥人把一个汉人的肠子都打了出来，有关部门将那回纥人关进监狱，回纥酋长亲自带人劫狱，抢走犯人，大唐朝廷对此深表遗憾，但也没采取任何措施。

跟吐蕃比起来，回纥人还算是友善的。

公元 773 年，吐蕃再次大举入侵，幽州节度使朱泚（cǐ）派他的弟弟朱滔率领五千精锐骑兵到泾州抵御吐蕃，这让李豫十分感动，自从"安史之乱"以来，幽州的军队便不再受朝廷调遣，现在君臣关系重新建立，李豫当然高兴。

吐蕃的一支一万多人的部队在灵州刚刚战败，但他们并不气馁，另外一支十万人的部队到达泾州和邠州，郭子仪派浑瑊带兵御敌。浑瑊根据地形摆开阵势，没想到史抗、温儒雅等几员老将根本看不起三十多岁的浑瑊，完全不听调遣，唐军因此大败。

几天之后，马璘在盐仓与吐蕃交战，再次大败，还好段秀实组织人马进行接应，不然马璘可能连城都回不来。

几场连败下来，郭子仪坐不住了，赶快召开紧急军事会议，先是开展深入自我批评，然后制订反击策略。盐州刺史李国臣认为，吐蕃打了几场胜仗一定会高高兴兴进攻京师，我们刚好迂回到其背部打他个措手不及。

果然，正如李国臣所说一般，吐蕃真的往长安那边进发，当听说后面有人包抄后，掉头就往回跑，浑瑊、马璘等带领精锐部队四下出击，吐蕃大败，丢下了之前抢走的财物和人马。

在接下来的几年里，吐蕃人仍然以每年不低于一次的频率入侵唐朝，规模最大的一次是公元 777 年的那次，足足带来八万人马。

虽然每次唐朝总会将吐蕃击退，但这样高频率、高强度的战争给大唐和百姓都带来了重大损失，说到根源还是自身不够强大，正是因为先有了内忧，所以才有各种各样的外患。

唐朝这个时候最大的内忧是什么？

是什么导致大唐不断地走下坡路？

我们能看到的原因就是内战，内战的原因就是朝廷不够强大，没有控制各个藩镇的能力，部分节度使和刺史各自为政，还有部分藩镇内部也极其混乱，将士之间矛盾突出，徐州、陕州、河阳等地军队均发生过哗变。

朝廷害怕地方军队发生哗变，但某些不哗变的更让人害怕，例如田承嗣，他不但对自己的手下掌控得特别好，而且还能把手伸出辖区将别人的兵马抢来，实力越来越强大的田承嗣也越来越不把皇帝放在眼里，除了名义上的君臣关系之外，其他什么都没有了，李豫琢磨来琢磨去，也不能让田承嗣这样发展下去啊，这样下去迟早是第二个安禄山或者史思明。

此刻，刚好有个讨伐田承嗣的好机会。

原来，成德军节度使李宝臣跟田承嗣关系不好，但后来李宝臣的弟弟李宝正娶了田承嗣的闺女，这样一来两家关系得到极大的改善，可事情总是这样的不尽如人意，李宝正在跟田承嗣的儿子田维打马球的时候，受惊的马匹把田维给踩死了，田承嗣一怒之下乱棍打死了李宝正，田、李两家变得势不两立。李豫准备抓住这个机会收拾掉田承嗣以绝后患。

公元 775 年 4 月，李豫下令贬田承嗣为永州刺史，同时又调动大批部队严阵以待，如果田承嗣服软，那就把他招入朝中给个合适的官职养老，如果不服从命令，那就派军队讨伐。

田承嗣可不想服软，他割据这么多年，就是不想受朝廷控制。

皇帝一下令，几路还听朝廷调遣的人马以及和田有仇的将领便纷纷展开进攻，这些人马中最具实力的就是朱滔、李宝臣和李正己。

一开战田承嗣就有点慌了，手下几员大将不战而降，他亲自率领精锐出击结果也吃败仗，看来以后的日子不会太好过，没过多久，田承嗣的大将卢子期被斩，侄子田悦大败，这些惨痛的教训让田承嗣决定——转变战术思想！

以前的田承嗣根本没把李正己、李宝臣等放在眼里，所以吃了大亏，他现在决定转变思想，把他们放在眼里。前不久李正己派到魏州的使者被田承嗣关押起来，现在，田承嗣将使者请出牢房，好酒好肉为其压惊，又将自己辖区内的户口、军队、粮食等情况一一进行登记，交给使者，对他说："我今年八十六了，还能再活几年呢？儿子个个都是草包饭桶，不可能继承我的衣钵，我现在所拥有的东西不过是替李公保管而已，不用劳烦李公兴师动众。"（《资治通鉴》记载，曰："承嗣今年八十有六……"实际上田承嗣是公元 705 年出生的，此时他刚刚七十岁。）

田承嗣表完决心之后，又行了跪拜大礼才把信函交予使者。另外，田承嗣还搞了更肉麻的事情——画了李正己的画像，每天焚香供奉，就如同供祖宗一样。

李正己得知此事后兴奋过度，停止进攻，大家一看李正己不打了，也都不敢贸然进攻，田承嗣没了后顾之忧，一心一意对付李宝臣等人。

在对付田承嗣的过程中，李宝臣立下不少功劳，李豫派马承倩做使者前去慰劳，结果这个马使者是个暴脾气，看李宝臣不顺眼，还嫌他给自己的礼太轻，大骂一通，把礼物扔在路旁，扬长而去。

马承倩要完威风自己心情是舒畅了，李宝臣及其手下心中可就郁闷了，并且考虑到一个十分现实的问题：刚刚立了功还要被人欺负，等将来田承嗣被剿灭，必然是兔死狗烹、鸟尽弓藏！所以，还不如留着田承嗣，这样朝廷就得一直依赖他们这些武将。

经过这样一折腾，田承嗣的压力骤减，也有精力谋划更复杂的方案，在他连哄带骗之下，李宝臣和朱滔之间打起内战，他高高兴兴地坐在山头观赏虎斗。

田承嗣耍完大臣开始耍皇帝。公元 776 年 2 月，田承嗣派遣使者给皇帝上表，请求入朝觐见，李豫连忙赦免他的所有罪过，恢复其官职爵位，但田承嗣并没有丝毫动身的迹象。

田承嗣是把这摊水彻底搅浑了，这样一来就有更多的人想要趁着水浑摸几条鱼。

同年 5 月，汴宋留后田神玉死了，都虞候李灵曜杀掉濮州刺史孟鉴取而代之，跟田承嗣沆瀣一气，遥相呼应。李豫不但不管，反倒任命李灵曜为濮州刺史，使其名正言顺。

李灵曜名正言顺地当上刺史和留后更加嚣张，辖区内的重要职务全部换成自己亲信，眼瞅着就要闹独立了。李豫没有办法，只好派李忠臣、李勉、马燧、陈少游、李正己等人前去讨伐。

唐军出师不利，还好很快扭转局面，拿下郓州和濮州等重要城池，紧接着马燧、李忠臣和陈少游合兵在汴州城外与李灵曜展开大决战，李灵曜惨败，钻进汴州城龟缩不出。

田承嗣看李灵曜被围，便派侄子田悦带兵支援，倒霉的田悦差点被打得全军覆没，李灵曜躲在城中只能是死路一条，只好弃城而逃，结果被永平军将领杜如江抓个正着。数日之后，李灵曜在长安被斩。

田承嗣一看情况不妙，再次上表谢罪，但玩的仍是文字游戏，没有任何实质性动作，李豫很郁闷，只好听之任之。

让李豫更郁闷的是，这次军事行动不但没消灭田承嗣，反倒又塑造出好几个"田承嗣"。

平卢节度使李正己原本就实力雄厚，这几年南征北战使得实力更加壮大，尤其是吞并李灵曜后已经拥兵十万；另外，田承嗣、李宝臣各自拥兵五万；还有其他一些人也是手握重兵，例如梁崇义手下就有数万兵马。并且这些人还互相勾结，完全不把朝廷放在眼里。

李豫拿这些人没办法，但阎王爷有办法啊，公元 779 年 2 月，田承嗣被请到阴曹地府喝茶，他的遗产全部被田悦继承，田悦继承的不只是遗产，还有遗志，他跟田承嗣一样坚定不移地造反。

除了田承嗣那边发生重大变化之外，李忠臣这里也闹了内乱，内部人员一通打打杀杀，最终李忠臣的族侄李希烈胜出，抢走族叔的一切，当上老大。

李忠臣走投无路跑回朝廷，李豫念他曾经有功，将其留在京师封了大官。

委屈的皇帝

公元779年，一生苦难的代宗李豫一病不起，十几天后驾崩，史书并未记载其死因。

对李豫来说，死可能是一种解脱，他这皇帝当得很委屈，一般皇帝都是欺负别人，别人看他脸色，可是他都是被别人欺负，看别人脸色。简单回顾一下他的一生，看看他到底都受了哪些委屈，都有谁欺负过他。

公元762年，李辅国入宫诛杀张皇后，吓死肃宗李亨，李俶即位，改名为李豫。其实，在他还没当上皇帝之前就开始受委屈，当初李辅国和张皇后还是政治同盟，这二人就处心积虑想要除掉李豫，在李泌等人的保护下，李豫才战战兢兢地保住性命。

李豫刚刚当上皇帝便受大太监李辅国欺负，李辅国甚至敢对他说："陛下只需安心在宫中做皇帝，外面的事情交由老奴即可。"李豫忌惮李辅国的兵权只好忍气吞声，不但随声附和，还得称呼这个大太监为"尚父"。

李豫除掉李辅国后，鱼朝恩又开始作威作福，也敢公开顶撞皇帝。

李豫除了要受宫中之人的气外，还要受外面各个藩镇大臣的气，很多藩镇只称臣，不听命、不纳贡，更有甚者——仆固怀恩、田承嗣等——还起兵造反，勾结各种势力攻打中原。

李豫之所以把皇帝当得如此窝囊，跟他软弱的性格密不可分，除此之外跟他的能力也有很大关系（欧阳修评价其为"中材之主"），他不具备在乱世中拨乱反正的能力，偏偏却当了一个乱世的皇帝。没办法，他只好在其他方面寻找出路，例如求神拜佛保佑国泰民安，这样的行为

只能是雪上加霜，大唐实力日渐衰弱，体现最明显的就是军事和经济这两方面。关于军事方面的问题前文中有大量描述，这里不再赘述，在经济方面可谓是苦不堪言，人口大量流失，土地大片荒芜，灾荒不断，甚至还发生过人吃人的事件。

客观来讲，李豫并没有犯什么大错，他从父亲手中接过来的就是一个烂摊子，总体上来说他还是维持了这个烂摊子的运转，虽然长安一度被吐蕃占领，但很快便将其夺回；虽然各个藩镇割据，但大部分还都能称臣；虽然那些太监和佞臣扰乱朝纲，但最终也都被一一铲除。这样看来，如果非要给李豫执政做个评价的话，个人观点是——还凑合！

【第三章】后劲乏力

主角：李适

配角：李泌、李晟、郭子仪、颜真卿、马燧、陆贽、李勉、卢杞、朱泚、朱滔、李希烈、李怀光、田悦、田绪等

事件：德宗李适即位，继承先皇优点，克服先皇弊端，一系列动作使得朝廷内外欢欣鼓舞，大家终于看到"安史之乱"后唐朝再次振兴的希望，犯上作乱的开始收敛，藩镇割据局面得到极大改善，但并不是所有节度使都识时务，仍然有些人与朝廷为敌，朱滔、朱泚兄弟二人称王的称王、称帝的称帝，给朝廷带来很大麻烦，甚至还把皇帝逼出京城。皇帝如此落魄，他自身也有问题，正是因为他错误不断，所以才给人可乘之机。

李适是有上进心，但疑心颇重、刚愎自用，听不进忠臣的金玉良言，宠信奸臣，这些因素使得他虽然有理想、有抱负，但最终取得的成绩并不理想，没挽回大唐颓势，还使得局面更加不乐观。

新皇新气象

代宗李豫驾崩之后，太子李适即位，庙号唐德宗。

李适继承了他老爹很多优点——善良、仁德，这样的人必然还有一个优点，那就是孝顺，居丧时期，李适所有的事情都按照相关规定处理，对自己要求十分严格，吃野菜粥，不放盐。有些人可能认为这样的行为做作、迂腐，实则不然，这是孝道的体现。

当初孔子的弟子宰我表示服丧之期太长，孔子是这样对他说的："食夫稻，衣夫锦，于女安乎？"意思就是父母刚去世就吃白米饭，穿锦缎衣，你心里能安吗？

李适不但孝顺，而且还有很多美德，例如，简朴、务实、有上进心。他刚即位不久，泽州刺史便来拍马屁，献上《庆云图》，表示国家喜庆吉祥。这位刺史并未得到皇帝表扬，反倒成为反面教材，李适对大家说："什么庆云、珍禽、奇兽等，并没有实际意义，只有庄稼丰收、天下太平，大臣们推举贤才才是真正的祥瑞。"

另外，前几年进贡来不少大象，李适数了数还有四十多头，他表示养这些大象要花不少钱，而且也违背生物本性，应该把它们放归自然，这样对人、对大象都好，除了大象之外，皇家圈养的虎豹鸡犬也都全部放生。放完动物还放了人，宫中没啥工作的宫女有数百之多，李适让他们全部回到父母身边。

这一系列举动为朝廷赢来一片赞誉，一些造反的士兵主动缴械投降，投降的理由是：有这样的明君，我们为何还要造反！

李适处理新事情的同时，还处理了很多积压多年的旧案，他命令有关部门接待那些冤假错案的上访者，该重新处理的全部重新处理，还强调以后不许再新建寺庙，官府也不会再主持剃度和尚和尼姑。

李适把建寺庙的钱省下不少，他想拿这钱修建老爹的陵墓，刑部员外郎令狐峘上书说道："先帝遗诏是一切从简，陵墓也从简，陛下现在的政策有违先帝遗命啊！"李适对令狐峘的直言劝谏深表感谢，并且还进行了书面答复。

李适刚刚上任便革除了不少陋习，但还有一项陋习对社会影响极大，需要尽快革除，那就是太监受宠的问题。

当初李豫十分宠信太监，不但不禁止他们索贿，甚至还对这种行为支持和鼓励。有一次他派太监去赏赐一个妃子的家族，这个妃子家没想到要给太监送太厚的礼，只是随便给了点金银珠宝，李豫知道后很不高兴，那个妃子顿时就慌了，拿出自己的私房钱补给那太监。该事件过后，太监更加肆无忌惮地索贿，大臣们也深深认识到给太监送礼的时候不要手软，不然可能丢掉饭碗。太监到地方转一圈的话，都得赶个车队回家。

李适即位后，派太监邵光超去赏赐李希烈，李希烈按照老规矩送给他大量马匹、绢帛、金银珠宝，李适知道后打了邵六十大板，流放外地。自此之后太监再也不敢受贿，不管送礼者多么诚恳，他们都表现出视钱财如粪土的高尚情操。

李适一系列英明决策执行之后，原本那些想闹独立的大臣心中没了底，开始重新谋划自己的未来。这两年风生水起的李正己送来贡品——三十万缗钱，这可真是太阳打西边出来了，李适并不敢相信李正己的改变，对这贡品也没信心，万一你说要，人家又不给了，那多没面子啊，于是，李适派宰相崔佑甫前去慰劳李正己手下将士，直接把那三十万缗钱赏给他们，事情处理得很圆满，天下百姓欢欣鼓舞，认为大唐复兴的时刻即将来临。

在外交方面，李适也采取更加积极主动的策略，不能老被人家牵着鼻子走。李豫当皇帝的时候，吐蕃经常派使者来求和，但求和的同时也在进攻，李豫便扣留了那些使者，有些使者甚至老死长安。现在李适决定以德服人，主动派出使者出使吐蕃，把之前扣留的那些吐蕃人也全部放了回去。还没等这群人回到吐蕃，吐蕃人又开始作乱，跟南诏一起侵略大唐。

公元779年9月，南诏王罗凤去世，他的孙子异牟寻继承王位。异牟寻对爷爷臣服大唐之事一直不满，他刚刚即位就联合吐蕃进犯大唐。同年10月，吐蕃和南诏的十万联军分三路攻入大唐境内，出兵的同时，他们放出话来："拿下蜀地！"

当时蜀地的节度使崔宁正好在京城，他的手下们没能力抵抗突如其来的大军，节节败退，李适便想让崔宁尽快回西川（今四川省中西部地区）组织反击，宰相杨炎对李适说："蜀地物产丰富，崔宁在那当了十多年的官，一直不给朝廷纳贡，蜀地已经名存实亡，现在要是让崔宁

回去抵抗吐蕃、南诏，如果他输了，那地方就成别人的了，如果他赢了，那地方就彻底属于崔宁了，所以陛下不应该派崔宁回去。"

"那朕也不能不管吐蕃和南诏啊，不让崔宁回去怎么办？"李适连忙问道。

此刻李适的情形完全可以这样形容：冬天穿件湿棉袄——脱了冷，穿上更冷！

"派朱泚带领范阳人马，再搭配上一些禁军，既能抵抗外敌，又能把蜀地收回。"其实，杨炎早就给皇帝准备了"新棉袄"。

根据杨炎的思路，李适派出四千禁军和五千范阳精兵增援蜀地，同时，东川也派出人马。

面对精兵，吐蕃和南诏人吃尽苦头，屡战屡败，把之前吃到的好处全部吐了出来，恼羞成怒的吐蕃人杀掉引诱他们兴兵的人，逃回老家，只留下那个被吓得发抖的异牟寻。异牟寻只得退回南诏，修筑羊苴咩城（今云南省大理古城及附近），死守不出。

称职又不称职的宰相

杨炎用禁军和范阳兵解了蜀地之围，崔宁跟蜀地的缘分也到了尽头，他必然极度郁闷啊，在那经营多年，简直就是土皇帝一般，现在可以说一无所有，因此，十分怨恨杨炎，二人关系越闹越僵。

杨炎身为宰相，肚子里不但不能撑船，而且还睚眦必报，找了个机会便把崔宁弄到西北边疆去了，还安排一些人时刻监视着他，寻找机会使其永世不得翻身。

不过，杨炎在搞人事斗争的时候，本职工作完成得相当出色，其中一件令大家折服的事情是已经长达二十年之久的关于钱财布帛存储的问题。

在此之前，国库和皇帝自己的小金库是分开的，国家财政收入放在一个叫"左藏"的仓库存储，从二十年前开始，第五琦管理国家财政，控制不了京城各位大佬巧取豪夺，没办法，只好把左藏存储的金银布匹转移到皇帝的小金库——大盈内库，这样一来皇帝用着是方便了，可是太监用着也方便（大盈内库是由太监管理的），国家自然就亏了。前前后后管理大盈内库的太监有三百多，这里面有极其复杂的利益网，盘根错节，牢不可破。现在李适刚刚上任，杨炎便想拿大盈内库开刀，把这利益集团连根拔起，他对李适这样说："财税乃是国家根本、百姓命脉，历朝历代都会让德才兼备的重臣来掌管，如果财政的钱被各级部门任意挥霍，百姓根本不知道自己交出去的税被哪些混蛋给大吃大喝，甚至用来养小妾，国家自然没法安定团结，为此，臣斗胆建议应该把国家的钱从内库中拿出来，交由有关部门统一管理，加大监督力度，每笔开销记录在案，不能给天下一笔糊涂账。"

听完杨炎的汇报，李适颁下诏书："以后所有财税全部交到左藏，按照科学合理的方法进行管理。"

杨炎的一席话改变了沉积二十年的大事，诸位大臣无不伸出大拇指。

规范了国库的问题之后，还需要规范一下如何往国库里装东西的问题，也就是如何收税。

公元780年，杨炎提出税法改革，革除旧税法，采用新的"两税法"。

何为两税法？

简单说，就是由以往征收粮食和布匹的方式改成征收铜钱，一年只在夏季和秋季征收两次，因此称为两税。

当然，我这只是简单概括了一下，实际上税法的相关条文非常精细、复杂，总体来说，两税法的实施极大地减轻了贫苦农民的负担，李适也非常支持这次税法改革，并且下令："若是有人敢在两税之外向农民多收一个铜钱，便是违法！"

这样一来税法也搞好了，但接下来的问题又出现了——谁来执行？

一直以来都是由刘晏掌管国家财政大权的，此人在《唐盛唐衰（贰）：贞观长歌》中提到过，就是那个七岁被举为"神童"的当世奇才，"安史之乱"以后，他为大唐的经济发展作出重大贡献，并且在前段时间诛杀元载的时候出了不少力，不过他跟杨炎关系并不好，因为杨炎是元载的人，现在杨炎得势之后想为元载报仇，因此，开始谋划除掉刘晏。

杨炎对李适说："刘晏跟一干大臣曾经在册立皇太后的问题上差点做出对陛下不利的事情，我身为宰相不能不管。"

杨炎的对头——崔佑甫——表示反对，他对李适说："这事并无根据，并且陛下心胸宽广，不应该再追究这些陈芝麻烂谷子。"

杨炎靠这样的方法无法打击刘晏，又绞尽脑汁想出冠冕堂皇的理由剥夺了刘晏的转运使、租运使、盐铁使等职务。

还好有个崔佑甫制约一下杨炎，不然还真不知道会闹成什么样。不过很快大家就知道了，因为崔佑甫病了，并且病得还不轻，基本无法办公，杨炎独揽朝政，结党营私，一意孤行，想要修筑原州城，还想要把长安、洛阳以及关内的劳动力弄到丰州去修阳陵渠。

这么大的事李适也有些拿不定主意，便派使者去问泾原节度使段秀实，段秀实的回答很肯定："不行！原因是现在边防空虚，不宜搞特大工程给敌人可乘之机。"

杨炎得知段秀实不赞同自己的观点，顿时火冒三丈，拿掉其节度使之职，让他回京当个司农卿。

段秀实被调走后，还得任命新的节度使啊，数日之后，李适任命邠宁节度使李怀光兼任泾原节度使，让他把驻地迁到原州。

经过这番人事调整，杨炎的想法还是没有实现，因为多人反对征调长安等地百姓到丰州搞工程，杨炎的想法是没实现，但他所主导的人事调整带来极大的后果。

杨炎让李怀光带人修筑原州城，惹恼了泾州将士，这些将士原本驻扎在邠州，好不容易把那个地方土地开垦好，就被转移到泾州，他们在泾州开荒种田，总算能过几天舒服日子，结果又被扔到塞外再受风沙之苦。

"难道我们是后娘养的吗？好事没有，坏事一件没落下！"这就是泾州将士的心里话。

泾州将士虽然抱怨，但若是派个合适的节度使来，他们还能够服从安排，可是，派来的偏偏是李怀光。李怀光以军纪严厉而出名，之前他刚到邠宁的时候便手起刀落砍了几个没啥大错的将领，主要是为了杀鸡骇猴。他这手段是把"猴"吓住了，但也把"猴"吓坏了，每个"猴"都怕成为那个被杀的"鸡"。这便让有想法的人钻了空子，大将刘文喜就是有想法的人，他带领泾州将士在泾州造反，不听皇命，要求皇帝派段秀实来统领泾州，如果段秀实不能来，派朱泚也行。李适无奈，只好派朱泚代替李怀光担任泾原、北庭行营节度使。

李适满足了刘文喜的要求，派出朱泚担任节度使，但他心中确实憋屈，堂堂一个皇帝竟然要受制于一个臣子，并且这个臣子还是个小臣，那个刘文喜确实是个小角色，在此之前史料中都没什么记载。

皇帝委屈了自己，惯坏了小臣，刘文喜得寸进尺闹起叛乱，把自己的儿子送到吐蕃当人质，请求吐蕃派兵助阵。

这下李适想忍也没法忍，派出朱泚和李怀光讨伐刘文喜，另外还派神策军使张巨济率领两千禁军前去助阵。

刘文喜面对官军心里打鼓，寄希望于吐蕃人尽早出现，结果左等不出现，右等还是不出现，原来，前段时间李适释放的那些吐蕃俘虏已经回到了家，到家之后开始宣传大唐新皇帝的美德，什么释放大象啊、释放宫女啊、治理太监啊……吐蕃赞普很会见风使舵，派出使臣出使大唐，还带来大量贡品，李适按照相关礼仪进行接待，吐蕃更是臣服，因此，别说刘文喜把儿子送来当人质，就算把老爹送来当人质也没用。

刘文喜没了外援只好硬着头皮坚守，很快他又发现好像情况并不是很糟糕，因为朱泚等人将泾州团团围住之后并没有进攻，原因是朱泚不知道皇帝对付刘文喜的决心有多大，真要攻城损失也不小，因此，他们在这边观望朝廷动向。

前线那边迟迟不动手，朝廷这边也有些立场不坚定，有人上书请求放过刘文喜，让将士和百姓都免受刀兵之苦，李适表示如果一个小小的叛臣都搞不定，那还怎么领导全国。

刘文喜虽没受到进攻，但压力很大，也有主动求和的意思，派手下刘海宾入朝跟李适沟通，刘海宾是李适的老部下，他对李适说："臣是陛下的老部下，怎么可能跟别人一起造反呢，臣特别想为陛下砍下刘文喜的脑袋，但他不过是想要个节度使，陛下就先封他个节度使，等他愿望实现后必然麻痹大意，到时杀他岂不易如反掌。"

李适是铁了心地要拿刘文喜开刀，连计谋都懒得用，他很坚决地对刘海宾说："官职爵位岂能轻易送人，刘文喜这辈子也不要想当上节度使。"然后把刘海宾送回泾州。

李适为了让前线战士奋勇杀敌，自己每天只吃萝卜、白菜，把伙食费省出来贴补给将士，将士一看皇帝确实有决心，对大家也很好，那

就没什么可犹豫的了，全力攻城吧。

唐军一施压，泾州城中就乱了套，刘海宾联合一群将领将刘文喜杀掉，把脑袋送至长安。

刘文喜的叛乱宣告结束，但是，谁都没想到的是叛乱虽然结束，泾州军的不稳定情绪却并未彻底消除，这将成为一颗不稳定的炸弹，并且最终把皇帝炸出长安城。

"神童"刘晏

引起泾州将士不满的一个重要原因是杨炎决策失误，他的失误给大唐造成很大损失，其实还有更多的损失，那就是人才不能得以重用，最明显的例子就是刘晏。

多年以前"安史之乱"爆发，唐朝经济受到极大打击，叛乱平息后又进入藩镇割据阶段，很多地方的赋税收不上来，国库一度空虚，还好有第五琦等人能赚些钱财，但功劳最大的要数刘晏。

刘晏聪明过人，灵活多变，方法层出不穷，事情总是办得极其完美，他担任转运使期间招募了一群擅长长途奔走的人，在各地设置大量驿站，这些驿站的一个主要功能就是收集和上报各地物价，只要是在唐朝管辖的范围内，不管多偏远，当地信息总能及时准确地送到转运使司，这样朝廷便能了解各地经济状况，既能从中获利，也能根据情况及时采取相应措施降低民间物价暴涨暴跌的风险，可谓官民同乐。

刘晏之所以能把很多事情办得如此漂亮，跟他的用人态度有很大关系，他一贯强调人是关键，要让那些清正廉洁、勤勉好学、精明能干的人发挥出他们的力量。有些虚心好学的同僚也采用刘晏的思想用人和办事，但效果差别很大，刘晏的下属即便远在千里之外，执行命令的时候也跟刘晏就在眼前一样，丝毫不会打折扣。

不过，刘晏在处理走后门这件事上做的不是很彻底，有些达官贵人或者亲朋好友托关系让他给安排个工作，他基本都不会拒绝，无论是工资还是岗位都能达到人家的要求，还好刘晏还是有底线的，他给那些被推荐来没什么才能的人安排非常简单的工作，真正需要动脑筋处理烦琐事务的岗位他都是根据才能进行选拔，因此，凡是他所管理的人和事都不会有什么过失。

刘晏之所以留下极佳的口碑，跟他执政为民的思想密不可分，他认为老百姓是国家的根本，他们的数量、贫富等都是国力的体现，作为一名朝廷重臣了解民间疾苦，为民解决难题、办实事才是他的首要任务。他在各地设置巡院官和知院官，定期向转运使司汇报情况，如果丰收了，朝廷就高价收农产品，如果歉收了，朝廷就低价把农产品卖给农民，朝廷在农产品上采取这样宏观调控的政策，避免了《多收了三五斗》中那些"旧毡帽"的悲剧。

这些知院官们不仅是事后进行调控，事前也有相应的预测和准备工作，如果发现今年有雨灾、旱灾、虫灾什么的，朝廷还会提前准备救灾物资，如果自然灾害真的影响到老百姓的生产生活，刘晏不用等当地官府向朝廷打报告便开始赈灾，这样一来老百姓的生活得到极大的保障，虽然由于长期战乱以及朝廷无能等原因导致老百姓生活困苦，但正是有刘晏及其手下的努力，才在一定程度上改善了国家和百姓的状况，他任职初期每年财政收入不到四百万缗，到他任职后期竟然达到了一千余万缗。

刘晏还通过征收盐税为大唐赚回大把钞票，他任职初期，江淮地区盐税不到四十万缗，任职后期足足翻了十多倍，达到六百余万缗，并且食盐价格一直保持平稳，老百姓并未因此受到影响。

另外，刘晏在漕运方面也作出巨大贡献，他组织运送的粮食多达一百多万斛，但没有一粒米遗撒江中。

可惜的是此刻的唐王朝已经没了贞观和开元时期的清明，宰相都找不到个合适的，睚眦必报的杨炎对刘晏的打击一直没有停止过，刘被一贬再贬，但杨的目标是不变的——必置其于死地。终于，在公元780年，猜忌心甚重的李适彻底被杨炎给忽悠了，同年7月赐死刘晏。一位神童、改革家、经济学家、刚直不阿的忠臣含冤而死，留给后人无限的遗恨。

刘晏无论处在什么样的工作岗位上都能尽心尽力，决断能力极强，从不把工作拖到第二天，古今中外能与其相提并论的人物屈指可数。

刘晏被冤死后，其家被抄，不了解他的人会认为这位玄宗、肃宗、代宗、德宗四朝元老，并且长期手握财政大权的高官一定金银满屋，结果实际情况跟这个差别极大，到底有多大呢？只有负责抄家的人才知道，

除了几石大米和小麦，剩下的就只有两车书。

史书中对刘晏的评价是这样的："质明视事，至夜分出，虽休浣不废。事无闲剧，即日剖决无留。所居修行里，粗朴庳陋，钦食俭狭，室无媵婢。"

世　袭

公元 781 年 1 月，成德节度使李宝臣去世。

他临死之前想把位子传给儿子李惟岳，又担心儿子太年轻又太软弱容易被那些老部下欺负，因此简单粗暴地将老部下们全部杀掉，身边的都杀掉之后，李宝臣又开始琢磨着把辖区内其他重要人物也一网打尽，易州刺史张孝忠识破其想法，无论李宝臣用什么甜言蜜语，他都不肯离开易州半步。李宝臣无奈，只好派张孝忠的弟弟张孝杰前去说服他，张孝忠反倒说服弟弟让他不用担心，只要能坚守住易州，李宝臣就不敢动硬，最终，李宝臣身边的重要人物只剩下张孝忠和王武俊保住性命。王武俊之所以能保住性命，是因为他是李宝臣的死党，并且二人还是亲家。

李宝臣为儿子扫平道路之后撒手人寰，李惟岳并未对外公布老爹死讯，而是假冒老爹名义给李适送去表章，请求让李惟岳世袭节度使。

此时李适并不知道李宝臣已经不在人世，但他早就对节度使雄霸一方耿耿于怀，上台之后一直琢磨着怎么能把权力收回来，自然不会同意李宝臣世袭的想法，如果真世袭了，那不就相当于诸侯国了嘛。

李适拒绝已故李宝臣的请求，但不了解成德的情况，便派给事中班宏以看望李宝臣病情为名刺探虚实。

李惟岳拿出大量金银珠宝，依然没搞定班宏，班宏回到朝中向李适汇报实情。李惟岳无奈只得公布老爹死讯，自封为成德留后，让手下联名给李适写信，请求赐给李惟岳节度使旌节，李宝臣活着的时候李适都不同意世袭，现在更不会满足一个黄毛小子的要求。

李适不支持李惟岳，但有人支持他。当初李宝臣、李正己、田承嗣、梁崇义等人为了保证自己拥有的一切能世世代代传承下去，他们约定好结成同盟对抗朝廷，田承嗣开了个好头，虽然没把位置传给不争气的儿子，却给了自己看好的侄子田悦。当初代宗李豫软弱，任由田悦担任节度使，田悦也很会做事，严格遵守对朝廷应尽的义务和礼节，不过明眼人都能看出来这小子是装的，等他站稳脚跟就不一定什么样了。

现在田悦已经站稳脚跟，并且继承伯父遗志，准备贯彻落实之前约定的世袭方案，他多次向李适上表请求让李惟岳世袭节度使之职，这样做当然不是为了帮李惟岳，而是为了自己，如果朝廷能掌控各个节度使，那他割据一方的时代也就结束了。

为李惟岳求情的人不止田悦，朝廷之中也有些胆小怕事的建议李适从了李惟岳，李适作风强硬，有不达目的不罢休的决心，当然也可以说他刚愎自用，性格偏强，说什么都不肯将这个节度使之职做个顺水人情送出去。

田悦、李正己等人一看和和气气跟李适商量肯定是不行的，那干脆就武力解决吧，于是，派出心腹和李惟岳商量跟朝廷硬碰硬的问题。

田悦是个不折不扣的野心家和阴谋家，这也是当初田承嗣看好他的重要原因，早在一年前，他就埋下伏笔。那时，河北黜陟使听说田悦手下有七万大军，便下令裁军，田悦假装听命，实际上他把那些应被裁掉的将士召到一起，对他们说："你们冒着生命危险保家卫国流血流汗，现在却被朝廷无情地抛弃掉，以后你们如何养活自己的老婆孩子啊！"

将要被裁掉的将士痛哭流涕，但没办法啊，自己身为一名普通小兵，胳膊拧不过大腿，让回家就回吧。其实，田悦早就有了主意，他并没有让那些人回家，而是拿出自己的私房钱充当军饷，部队没裁员，士兵们感恩戴德，决心为田节度使抛头颅洒热血。

田悦的不臣之心日渐昭显，魏博节度副使田庭既是为田悦好，也是为顾全大局，劝他说："你可以凭借继承伯父留下的遗产坐享荣华富贵，为何非要去做令人唾弃的乱臣贼子呢？这样下去田氏家族非得毁在你手里！"

田庭苦口婆心劝了半天，田悦一句没听进去，田庭只好回到家中锁好房门，闭门谢客，田悦为拉拢他多次登门道歉，都吃了闭门羹，田庭窝在家中郁郁寡欢，没多久便离开人世。

有人劝田悦不要造反，也有人劝李惟岳应该老老实实做人，成德判官邵真声泪俱下，对李惟岳说："令尊是朝廷重臣，深受皇帝恩典，现在他老人家尸骨未寒，您就开始忙着造反，于情于理都说不去啊！"

127

【第三章】后劲乏力

李惟岳稀里糊涂地没啥主意，邵真趁机继续说道，"您应该找机会把李正己、田悦派来的使者抓起来送到长安，请求皇帝跟您一起讨伐他们。这样一来，皇帝就会对您冰释前嫌，不但能保住李家太平无事，而且说不定还能任命您当节度使。"

经过邵真这样一说，李惟岳真就动心了，让邵真起草文件。邵真这边高高兴兴准备文件呢，那边有人在劝李惟岳不能这样，长史毕华是这样说的："令尊与李正己和田悦相交数十年，现在即便抓了人家的使者，朝廷也不见得就能相信您，假如在此期间李正己等人的大部队杀到，我们不一定能顶住第一轮攻势，因此，不能抓人家的使者。"

李惟岳一琢磨，毕华说的好像也有道理，于是邵真的文件就白起草了。

其实，邵真也好，毕华也罢，他们劝说李惟岳的时候，无论是摆事实，还是讲道理都不够细致透彻，真正能把这件事说得巨细无遗的是前定州刺史谷从政，谷从政也不是外人，正是李惟岳的舅舅，此人水平相当高，文韬武略无一不精，这样的人才偏偏不能被李宝臣所用，不但不能用，还信不过，原因很简单：一个心胸不够宽广的人无法容忍自己的属下水平高过自己，尤其是这个人心术不够端正。

谷从政为远离李宝臣集团，一直在家装病不出，李宝臣死后，李惟岳仍然信不过舅舅，什么事情都不跟他商量，身为舅舅的谷从政看到外甥开始着手准备造反的事情，再也装不下去病了，不能看着整个家族落入火坑啊，于是找到外甥对他说："如今天下太平，大家又都说皇帝圣明，想要开创个太平盛世，结束以往藩镇割据的局面，你现在偏偏想当出头鸟，这不是找死吗？皇帝必然派大部队全力讨伐，以儆效尤。如果你首战能大败官军还好，如果失败，那些曾经对你海誓山盟的将士可能会为了活命而造反，甚至会想着拿你人头为自己邀功。另外，我军内部并不稳定，当初令尊诛杀数十员大将，这些大将的亲信、子女等都在寻找报仇的时机。除了内部不稳定，外部威胁也是极大，令尊与幽州的朱滔、朱泚兄弟向来不和，刚好幽州就在我们枕边，他们若是奉旨前来平叛，你连喘息之机都没有。再看看之前的情况，田承嗣跟随安禄山、史思明造反，曾经不可一世，最终不还是被朝廷收编。你自幼没经历什么风浪，论能力、论资历比他们都差得远，现在听信身边几个小人的谗言就敢起兵造反？为了前途及身家性命着想，你应该把现在的职务让给李惟诚（李惟诚是李惟岳的哥哥，饱读诗书，为人宽厚），自己入朝请罪，到时皇帝一高兴肯定也不会亏待你。如若不然，必定大祸临头。"

谷从政的话虽然句句在理，但句句都是李惟岳不爱听的，这位舅舅也毫无办法，为了避免被外甥羞辱，又不想看到家道败落，干脆用一壶毒酒了却余生。

李惟岳只是一门心思地准备造反，人家李正己和田悦等人比他的心眼儿可多多了，准备造反的同时也在观望局势。刘文喜的死对他们有一定影响，他们看到了李适对造反者的决心，不过，对李、田等人影响更大的是刘晏的死，这个神童简直毫无瑕疵，即便这样的人在李适手下为官都能惨遭毒手，那其他人谁敢保证自己高枕无忧？

李正己、田悦、李惟岳下定决心跟朝廷划清界限，他们结成同盟，招兵买马，高筑城墙。梁崇义一直跟他们三个勾搭在一起，等到真正要动手的时候，他开始有些心虚，自己底子薄、人马少，跟朝廷对抗的话恐怕难敌一击，于是变得暧昧起来。正好此时李适心里也不是很硬气，也怕一起对抗四路联军有压力，正想着能否采用怀柔措施把潜在的敌人变成盟友。

梁崇义上表谢罪，李适并未怪罪他，给他加官晋爵，赏赐铁券丹书，就连他的手下也都跟着沾了光。（不过后来证明，李适的怀柔政策并未奏效。）

田悦、李正己和李惟岳并未因为梁崇义的离队而退缩，他们于公元781年5月举起造反的大旗，带领人马攻占大唐城池。

府门大开的王爷

叛军的事情尚未让李豫感到头疼，身边倒是发生了一件令其痛心疾首的事情——郭子仪寿终正寝！

郭子仪的死对大唐损失极大，这个损失不仅仅是失去一员名将，更重要的是一位令敌友全部臣服的人物从此消失。当年郭子仪派使者到田承嗣军中，田承嗣对着老郭家的方向跪拜，边拜边说："我这膝盖已

经很多年没向人弯过了。"李灵曜叛乱的时候，劫持辖区内大量公家和私人物品，唯独不动郭子仪的，并且还派专人护送出自己辖区。

敌人都能如此对他，朋友就更不用说了，这当然跟他的品行密不可分，鱼朝恩、程元振等人多次进谗言加害于他，但只要国家有难需要他披挂上阵，他从未有过丝毫迟疑。

郭子仪对朝廷忠心耿耿，一生谨言慎行，他被封为汾阳王并且在长安城建了王府，搬进新家后并未像一般王公大臣那样，五步一岗、十步一哨地安排守卫，而是每天府门大开，各个院落的小门也没人把守，任凭人们自由进出，郭子仪命令府中之人不许干涉外人的进出，只要不是偷东西、抢东西就随便溜达，不过话说回来了，谁敢上他家偷东西啊。

有一天，郭子仪手下一个官员有重要工作汇报，来到王府，他知道王府的规矩，在客厅里没见到郭子仪就一直找到了内宅。碰巧看到郭夫人在给闺女梳妆打扮，郭子仪在旁边像个仆人似的伺候着，拿化妆品、递毛巾、端水等。这位官员回家后禁不住讲给家里人听。一传十，十传百，没几天，整个京城的人都把这件事当成笑话来谈论。郭子仪听了倒没有什么，他的几个儿子觉得太丢王爷面子，决定对父亲提出建议。

兄弟几人一起来找父亲，要他下令像别的王府一样关起大门，不让闲杂人等出入。郭子仪听后哈哈一笑，几个儿子哭着跪下来求他，一个儿子说："父王您功业显赫，普天下的人都尊敬您，可是您自己却不尊重自己，不管什么人您都让他们随意进入内宅。孩儿们认为，即使商朝贤相伊尹、汉朝名臣霍光也不可能这么干啊。"郭子仪听完这些话，收敛笑容，语重心长地说："我敞开府门，任人进出，不是为追求浮名虚誉，而是为自保，为保全我们的家族。"

儿子们感到十分惊讶，忙问其中的道理。郭子仪对他们这样说道："我现在被封为汾阳王，从做官的角度来看就已经非常大了，再大就是皇帝。物极必反，我本想急流勇退，但朝廷正在用人之际，不会让我退休，这个官我还得当，可以说我现在是进无可进、退不能退。在这种情况下，如果紧闭大门，不与外面来往，只要有人与咱们郭家结下仇怨，诬陷我对朝廷怀有二心，必然会有落井下石、嫉贤妒能的小人从中添油加醋制造冤案，那时，我们郭家的九族老小都要死无葬身之地！我现在大开府门，咱家的情况全京城人都知道，这样就没有值得怀疑的地方，也不给小人可乘之机。”

郭子仪敢于敞开府门，第一，因为他具有很高的政治眼光，深知官场险恶，不得不防；第二，说明他心胸宽广，品德高尚，府内没有见不得人的东西。正如孔子所说："君子坦荡荡，小人长戚戚。"

一个人即使在自己功勋卓著之际也应时时做好准备应付可能发生的危险，尤其是在国君不是十分贤明的情况下，不居功自傲，功成身退才是长保之道。

《道德经》说"见小曰明，守柔曰强"，"祸兮，福之所倚；福兮，祸之所伏"。第一句意思就是说能察觉细微的事情，才叫作明智；能保持柔弱，才是真正的强。第二句的意思是说祸和福互相依存，可以互相转化，当自己在福中的时候不要为所欲为，做事毫无顾忌，这样容易引祸上身。

《中庸》说："国有道其言足以兴，国无道其默足以容。"

《诗经》说："既明且哲，以保其身。"

这种智慧和"事不关己，高高挂起"的自由主义表现是完全不同的，这是一种安身立命，进退仕途的艺术。

恶相之死

人固有一死，只不过死的方式不同而已，郭子仪寿终正寝，被当世和后世之人怀念，同为宰相的杨炎就不同了，他冤杀刘晏之后，朝野上下一片寂静，虽然没人出声，但愤怒的情绪在不断积蓄。

朝中之人敢怒不敢言，朝外之人可没什么顾忌，李正己为突出矛盾制造朝廷内部混乱，多次上表质问刘晏到底身犯何罪、律触哪条才被处死抄家，同时讽刺朝廷昏暗，冤杀忠臣。

被李正己这么一闹腾，杨炎有些怕了，怕大家群起而攻之，派出亲信到各地去安抚节度使，表面是安抚，实际是带个话儿过去："刘晏结党营私准备做出对皇帝不利的事情，皇帝一直记恨在心，所以才杀掉他。"

这话很快就传到李适耳朵里，李适这个气啊，哪有这样的大臣？

竟然敢栽赃嫁祸皇帝！渐渐地，李适有了除掉杨炎的想法。公元781年2月，李适提拔卢杞为门下侍郎，跟杨炎平起平坐，以此进行制衡。

李适这步棋收到了意想不到的惊喜，原本以为仅仅是在工作上起到制衡作用，没想到两人在生活上也产生极大的矛盾。原来，杨炎这人嚣张惯了，丝毫没把卢杞放在眼里，再加上卢杞身材矮小、相貌丑陋，要德无德、要才无才，杨炎都不用正眼看他，按照惯例杨炎、卢杞二人应该在政事堂一起吃午餐，但杨炎从来不跟卢杞共进午餐。

卢杞是个什么样的人呢？

史料中是这样描述的："杞貌丑，色如蓝，阴谋奸狠，多口辨。"

像卢杞这样的人可千万不能惹，任何一点儿小摩擦都会在其心中积累下巨大的仇恨，何况杨炎这样不把他放在眼里呢，都不用等皇帝吩咐，他便开始找机会报复杨炎。

另外，田悦等人准备造反的时候，李适也在调兵遣将，其中安排对付梁崇义的是李希烈。李希烈这人也不是什么好人，贪得无厌、凶狠残暴，野心和欲望都很大，杨炎身为宰相有时候也是为大唐考虑的，他对李适说："如果真让李希烈扫平梁崇义的话，那他会成长为一个比梁崇义更难对付的敌人，请陛下另谋人选。"

李适刚愎自用，不听杨炎的建议，反倒因为他不赞同自己的意见而更加不满，君臣二人积怨越来越深，距离最后的爆发仅差一点点火星儿。

这个火星得由卢杞点燃，不然就不符合他性格了，心狠手辣的卢杞不准备练花架子，一出手就是要命的必杀技。

当初大臣萧嵩的家庙建在曲江附近，玄宗李隆基认为那里是旅游胜地，不应该建造家庙，让萧嵩把家庙迁走。现在刚好杨炎要建家庙，并且看中了当初萧嵩家庙那块宝地。卢杞决定就拿这个说事儿弄死他。

"陛下，杨炎这人狼子野心，陛下对他宠信有加，他竟然还能有不臣之心。"卢杞信誓旦旦地对李适这样说道。

李适很纳闷儿："杨炎会造反？"他还真不信会有这样的事情。

卢杞接着说道："杨炎准备建家庙的地方为何以前被禁止建家庙？是因为那块宝地有帝王之气，杨炎要造反，所以才选的那块地。"

李适转念一想："管他杨炎是否真要造反呢，反正现在理由充分、证据确凿，正好把他给办了。"

公元 781 年 10 月，杨炎被贬为崖州司马，走在半路上他就预感到自己大限将至，百感交集，借诗感叹道："一去一万里，千知千不还。崖州何处在，生度鬼门关。"杨炎的预感还真挺准，在距离崖州一百多里的时候，新的诏书追到——赐死！

攻其所必救

朝廷内斗的同时也没耽搁平叛工作，河东节度使马燧、昭义节度使李抱真和神策先锋都知兵马使李晟带领人马增援临洺（今河北省邯郸市永年区附近）。

几个月前，田悦团团围住临洺，他认为应该很快能攻破这样一座孤城，没想到几个月过去了，临洺的城头依然插着大唐军旗。

临城守将张伾（pī）可真是条硬汉子，坚守城池数月，没让敌人得到任何好处，此刻军中粮草已绝，张伾仍没有放弃抵抗，他把亲闺女梳妆打扮好之后带到将士面前，说道："各位兄弟跟我流血流汗，现在连饭都吃不上了，我家没什么值钱东西，今天就把小女卖掉，让诸位兄弟吃顿饱饭。"

诸位将士痛哭流涕，说啥也不能让将军卖闺女啊，都纷纷表示："能跟将军同甘共苦是我等荣幸，有没有奖赏、有没有饭吃都是小事，决不能让将军委屈了女儿啊！"

张伾辛辛苦苦坚守数月，终于等来朝廷救兵。

马燧可是打了一辈子的仗，论智慧、论武功都在田悦之上，但他并未轻敌，人还没到计谋先到。马燧出兵的同时派使者快马加鞭赶到田悦军中，给他送去一封书信，信中好话说尽，表现出一副不想跟他打仗的样子。这样一来，田悦就以为马燧怕了自己，也就毫不设防，全力对付临洺。

没过几天，马燧和李抱真合兵一处，足有八万大军驻扎在邯郸，他们并未进攻田悦主力，而是把目标瞄准在一股分支部队上，田悦知道由杨朝光带领的那股部队扛不住马、李的八万大军，只得派出援军。

第二天，马燧猛攻杨朝光大营，田悦得知军情后放弃临洺亲自带队增援。

马燧派大将李自良在田悦必经之路——双冈——拦截，并且下了死命令："若是让田悦跨过双冈半步，提头来见！"

李自良在双冈苦战，田悦寸步难行，与此同时，马燧已经攻破杨朝光营寨，在乱军之中砍下他的脑袋。

马燧整顿人马，几天之后带领大部队来到临洺。两军在城下排开阵势展开决战，经过数轮惨不忍睹的厮杀，田悦大败，丢下一万多颗人头仓皇逃走。

大败田悦之后，大唐又迎来一个好消息——李正己病逝！但这个消息好得并不彻底，李正己的儿子李纳接了班，继续坚定不移地走着反唐之路。田悦大败之后向李纳和李惟岳求救，李纳派出一万人马增援。田悦有了增援，顿时信心倍增，收拾残兵败将再加上李惟岳派来的三千人，又弄起一支两万多人的队伍。

马燧小心谨慎，知道行军打仗不能儿戏，虽然刚刚大胜，但丝毫不敢大意，为彻底消灭田悦，他向朝廷请求增兵助阵，李适调遣河阳节度使李芃（jiāo）带领人马前去与马燧会师。

几个月后，马燧与田悦再次对峙于漳水之滨，田悦据险而守，马燧的联军只能望河兴叹。

不过，马燧很快便想到办法，他命人在漳水上游筑起临时水坝，趁着下游水浅的时候带领士兵轻装渡河，随身携带的粮食只够吃十天左右，可以说此举犯了兵家大忌，孤军深入敌后，并且补给不足，李抱真和李芃都对此表示质疑，但马燧信心十足，他早已制订好速战速决的计划。

《孙子兵法》中有这样一句："我欲战，敌虽高垒深沟，不得不与我战者，攻其所必救也！"这句话的意思是：我军要交战，敌人就算垒好高墙、挖好深沟，也不得不出来交战，因为我军攻击了它非救不可的要害。

马燧正是看到了田悦的"必救"——魏州，魏州是田悦的老家，有大量金银珠宝和诸位将士的家眷，如果魏州失守，田悦的军队必然不战自溃。

马燧带领大军虚指魏州，田悦不知道马燧是真要打，还是假装打，只好放弃天险和坚城出来决战，这场决战并不公平，田悦一直被马燧牵着鼻子走，结果可想而知，唐军斩敌两万有余，生擒数千，另外，叛军掉到水里淹死的不计其数，绵延三十多里的战场到处都是尸体。

田悦被杀得丢盔弃甲，带着一千多人逃回魏州，没想到魏州城门紧闭，守将李长春竟然不给田悦开门。原来，李长春看到田悦这副德行就知道输得很惨，唐军的追击部队应该马上就到，他这临阵倒戈肯定能大赚一笔。

结果，李长春足足等了一夜也没见到一个唐军人影，他没办法只好打开城门，田悦进之后第一时间就杀了李长春。

可怜李长春命不好，唐军本来是应该追击的，但马燧和李抱真闹起矛盾，无暇派兵追击，这也是田悦命不该绝，才能回到魏州。

田悦进入魏州后发现魏州的局面实在让人糟心，各种不稳定因素交织在一起，使得这座城池摇摇欲坠。田悦一看，要收拾这局面必须得演一出戏。他把将士和百姓召集在一起，对着他们大哭一通，边哭边说："我受前辈之托对抗昏庸的朝廷，但能力不足，连累了大家，这都是我的罪过啊！我有老母在世不能自杀，请你们砍了我的脑袋送给朝廷换取富贵吧。"

诸位将士还真被田悦给感动了，纷纷表示愿意跟田将军生死与共。

田悦一看苦肉计奏效，又说道："诸位将士如此忠肝义胆，实在令在下感动，在下愿与各位结为兄弟。"说完之后，大家便一起拜了把子。

在精神方面取得了莫大的支持，田悦知道这还不够牢靠，还需要物质奖励，因此，他打开库府拿出金银珠宝赏给众人。

经过这样一折腾，田悦的叛军队伍再次复活。

悲　剧

在马燧痛打田悦的时候，唐军的另外几支部队也没闲着，对李惟岳、李纳和梁崇义等叛军分头展开打击。

范阳节度使（也称幽州节度使）朱滔的主攻对象是李惟岳，朱滔

是个久经沙场的老油条，深谙用兵之道，凡能智取的绝不强攻，他在准备出兵的同时派蔡雄为使者前往易州，易州守将正是张孝忠，朱滔知道张孝忠虽然是李惟岳的手下，但心却不属于李惟岳。

果然，蔡雄只是把当前形势简单说了一下，张孝忠便决定带领手下八千将士倒戈，其实，张孝忠之前的种种迹象表明他肯定是不会跟李惟岳造反的，朱滔的出现刚好是顺水推舟，关于顺水推舟这事儿李适也会，他当即封张孝忠为成德节度使。

说来也真够讽刺的，这个成德节度使之职正是李惟岳煞费苦心而求之不得的，现在张孝忠轻而易举便得到了。

李惟岳尚未开战就损失一员大将和八千将士，士气和信心都受到很大打击，紧跟着，朱滔和张孝忠又展开猛烈进攻，于是李惟岳便有了投降的想法。

公元 782 年正月，在邵真的劝说下，李惟岳暗中上表请降，派弟弟李惟简亲自入朝。

结果，李惟简刚刚出发就走漏了消息，当焦头烂额的田悦听到该消息后又气又怕，气的是李惟岳这个孬种太不给力，怕的是自己形势已然如此糟糕，再少个盟友那后果不堪设想。

田悦也顾不上生气，立刻派使者前去说服李惟岳不要投降朝廷，在田悦使者和毕华的共同努力下，毫无主见的李惟岳改变主意决定继续抵抗唐军，并且还当着使者的面杀掉邵真以表决心。

几天之后李惟岳又有点后悔，因为朱滔和张孝忠给了他当头一棒，他的一万多大军被打得七零八落，这场失败跟一个人密不可分，这人就是王武俊，他怕打败朱滔之后，李惟岳实力大增就会不重视他，甚至会除掉他，因此作战之时并不卖力气。高手过招哪能不尽全力？本来实力就在人家之下，再三心二意，结果必然大败。

朱滔取得大胜之后准备乘势进攻，但张孝忠却找了个好地方把部队安顿下来。原来，张孝忠更了解李惟岳的军情，李惟岳手下还是有很多将士的，现在逼得太紧的话，他们定会联起手来一致对外，如果大军驻扎在外围并不进攻，只是给他们一些压力，那些人便会有精力内斗，等斗得差不多了，再去收渔人之利。

朱滔得知张孝忠的想法之后，也把部队驻扎在束鹿（今河北省辛集市），准备当渔人。

事情果然像张孝忠所预料的那样，李惟岳等人稍有空闲便开始互相猜忌，他跟王武俊的矛盾甚至上升到不死不休的程度。经过一番缠斗，最终王武俊胜出，成功发动兵变，突袭李惟岳，砍下他的人头送至长安。

接下来的一段时间内，原本被叛军控制的数座城池纷纷投降，河北地区的大城只有魏州还在田悦手中，剩下都重新划入大唐版图。虽然大片土地划入大唐版图，但实际上仍有很多看得见和看不见的问题存在，例如，王武俊刚刚投降朝廷就开始怀疑朝廷对成德旧将有成见，怀疑其抗旨不遵，对朝廷不忠心。

另外，还有比王武俊更严重的问题，那就是朱滔。

田悦派出判官王侑（yòu）和许士则偷偷来见朱滔，各种花言巧语一通说，朱滔竟然准备跟朝廷对着干了，并且还拉张孝忠入伙，还好张孝忠明白事理，知道跟朝廷对着干没有好果子吃，因此婉言拒绝。

大唐上演了一出多么悲剧的戏啊，刚刚平完叛乱，平叛者便成为新的叛乱者。如果说这个世界上还有什么比这个更悲剧的话，那就是这样的悲剧同时在另外一个地方上演着。

前段时间梁崇义跟朝廷之间关系很暧昧，李适也给他发了铁券，但梁崇义的那颗躁动的心还是引导他走向不归路。

李希烈不负李适所望，轻而易举逼死梁崇义，把他的人头送到长安。

这时，杨炎以及其他大臣担心的问题出现了，李希烈自认立下大功便不可一世，竟然不把朝廷放在眼里，占据襄阳之后，不臣之心日渐彰显。

李适思来想去没啥好办法，只能任命李承为山南东道节度使牵制李希烈。（当初李承曾预言李希烈平叛之后必反。）

最早跟田悦一起谋反的几个人中还有李正己没有被收拾，虽然他被病魔战胜，但他儿子李纳还在跟朝廷作对。

李纳派出大将王温和信都崇庆带领魏博和淄青的军队围困徐州，李适调遣朔方和宋州兵马前去增援。恰好此时朔方军的物资尚未运到，他们的盔甲、旗帜破旧不堪，宋州兵便笑话他们说："你们是丐帮的吧？丐帮也能上场打仗啊！"这话很快就传到朝廷耳朵里，朝廷为鼓舞士气，当即下令："攻下敌营，里面的东西都归你们所有。"

朔方兵是老牌劲旅，哪受得了这个嘲笑啊，一个个摩拳擦掌准备出了这口恶气。

在杨朝晟、唐朝臣和刘洽等人带领下，朔方军的这口恶气很快便出了，信都崇庆被打得狼狈逃窜，盔明甲亮的朔方军高举鲜艳的旗帜对宋州兵说："丐帮弟子立下的功劳可不是你们所能比拟的！"

李纳只得撤回围困徐州的人马，退守濮阳。

兄　弟

朱滔决定自立门户之后信心越来越膨胀，步伐也越来越坚定，但手下很多将士不支持他，虽说之前幽州一直相对独立，毕竟名义上属于唐朝，现在真要造反那就完全是两码事了，面对众多反对者，朱滔仍然一意孤行，手起刀落便有数十颗大好头颅滚落下来，剩下的要么是真想跟着造反的，要么是委曲求全的，总之是保持了口径的一致。

朱滔反叛行为呼之欲出，深赵（今河北省深州市）观察使康日知把这情况反映给马燧，此等大事马燧丝毫不敢耽搁，立刻上报朝廷。

李适一看眼下局面，王武俊再次倒戈，田悦势头又起，河南、河北也是刚刚取得短暂安定，在这种情况下，朝廷尚无能力对付手握重兵的朱滔。李适无奈只好再次怀柔，封朱滔为通义郡王。

朱滔要的可不是郡王，而是皇帝，并且他也没有感恩的心，皇帝对他再好也不会感动，依然带领人马逼近赵州。王武俊一看朱滔出手了，赶紧也跟着出来捡便宜。

朱滔起兵是因为他根本没把朝廷放在眼里，但有个人他还是很忌惮的，那就是张孝忠，朱滔在出兵的同时派蔡雄去做张孝忠的工作，不过张孝忠再也不想走那条反叛之路（当初他曾经跟安禄山一起反唐），任凭蔡雄三寸不烂之舌尽情忽悠，他就是不为所动。

朱滔并不会因为得不到张孝忠的支持而放弃皇帝梦，公元782年4月，他带领数万大军从深州出发前往束鹿。让朱滔没想到的是竟然开局不利，先头部队刚刚走出深州，士兵们便开始闹事，因为大多数人不想打仗，最近才好不容易平叛完，以为可以过几天安稳日子，没想到又要出去卖命，因此大家才会闹事。

老奸巨猾的蔡雄用好话稳住大家，然后将部队带回深州，与此同时派人调查那些带头闹事的将士，几天之后二百多位带头闹事的将士被砍了脑袋，其他人吓得体若筛糠，朱滔高高兴兴地带着这些颤抖的士兵南下了。

朱滔那边大兵一出，田悦这边士气就上来了，冲出城外找马燧打架，结果依然十分不甘心地保持着对马燧全败的战绩。

马燧对付田悦是没问题，但内部矛盾着实让他焦头烂额，前段时间要不是因为跟李抱真不和也不至于给田悦喘息之机，最近他们之间矛盾更加突出，李适多次当和事佬，二人都不买皇帝的账。

此刻王武俊带兵逼近赵州，李抱真毫无大局观，不全力抗敌，还分出两千士兵防守自己的邢州，马燧气得跳着脚骂，骂完之后开始收拾行囊干脆准备撤军。这时李晟说话了："邢州与赵州挨得很近，李抱真增兵防守邢州总没啥坏处吧，您要是扔下这烂摊子回河阳让大家怎么说？这是忠君之人该干的事情吗？"

马燧一听，脸红了，二话不说，翻身上马独自一人直奔李抱真军营。情形大概就如同廉颇负荆请罪一样，可喜可贺的是结局也基本一样，二人冰释前嫌，联手抗敌。马、李都是忠义之士，只不过误会越来越多，谁都怕丢面子先服个软，如果有人肯先走出这一步，大家依然还是好兄弟。

马燧和李抱真成为好兄弟，人家朱滔也有兄弟啊，他起兵的同时给哥哥朱泚送去书信，商量一起瓜分唐朝的事，结果这封信被马燧给逮个正着，马燧把信送到长安。李适看到信后立刻把朱泚从凤翔召至朝中，朱泚看到信当时就吓傻了，他是真不知道弟弟已经造反了。

李适知道朱泚跟此事无关，并未难为他，保留一切官职，但没有让他回凤翔，而是安排在长安的豪宅中享清福，用难听点的话来说也就是软禁。

复 古

田悦在魏州被马燧围困了很久，日子很不好过，朱滔和王武俊带领人马前来支援。唇亡齿寒，这么简单的道理他俩当然明白。

朱滔那边一出招，李适这边连忙接招，派出朔方节度使李怀光带领朔方军和神策军支援马燧。

说来也巧，朱滔和李怀光是同一天到的魏州，朱滔以为马燧那边人喊马嘶是来打他的，便列阵迎敌，其实马燧是迎接盟军呢。

朱滔那边列上阵了，李怀光就按捺不住兴奋之情，想第一天就来个开门红，马燧再三劝阻，李怀光还是带领人马冲向朱滔，转眼之间把朱滔打得大败，杀了一千多人，李怀光面露喜色，士兵们更是争先恐后去抢东西。突然，王武俊带领两千士兵横空出现，形势顿时逆转，李怀光阵型大乱，没了指挥的士兵像无头苍蝇一样乱撞，最终官军大败，死伤无数。

被逆转的不仅仅是这场战斗，而是整个战局。朱滔乘势切断官军退路和粮草运输通道，眼瞅着就要被人瓮中捉鳖，马燧的计谋再次挽救了大家，他派使者见到朱滔猛拍马屁，好话说尽，只求英明神武的朱滔给他们一条活路，让他们回到各自驻地，不但再也不出来与朱将军为敌，而且还会上疏皇帝，请求皇帝把河北事务全部交给朱将军管理。

王武俊一看这就是缓兵之计，但朱将军已经被拍得飘飘然，哪能分辨出什么计不计的。不管王怎么劝，朱都决定放马燧一马。其实朱除了飘飘然之外也是不想多树劲敌。

数日之后，马燧等人分别撤退到安全地区又开始拉起架子跟朱滔对峙，此时的朱滔又气又羞，但已经无济于事，虽然他向王武俊道歉，王武俊还是将仇恨深深埋下。

朱滔被马燧给狠狠忽悠了一下，不过还算是达到了救援田悦的目的，田悦感激涕零，跟王武俊商量尊朱为老大，朱觉得目前自己还没当老大的实力，因此没有同意。

在几位将领商量以何种方式继续合作的时候，下面人也在动脑筋，幽州判官李子千等人商量出来这样一套复古的方案：几位将领都称王，但不改变大唐的国号，就像当初诸侯国跟周王朝之间的关系一样，这样的好处是大家不用当乱臣贼子，也能各自当土皇帝，绝对掌控辖区内的一切事务，还能把家业传给子孙。大家都觉得这个靠谱，于是，朱滔自称冀王，田悦自称魏王，王武俊自称赵王，还请不在场的李纳称齐王。大家都当了王之后，当天便搭起祭坛，跟上天汇报工作，朱滔担任盟主，自己对自己的称呼也改成了"孤"，田悦等人都改成了"寡人"，他们的妻子称作妃，大儿子称作世子，除了这些之外，他们还效仿朝廷建立了一套相应的官职系统。

李希烈一看这四个人都称了王自己也没心思平叛了，暗中跟他们勾结在一起，过了一段时间之后干脆也自封为建兴王、天下都元帅，跟那四位王比起来，李希烈兵马更加强壮、粮草更加充足，实力更加雄厚，那四位王便派出使者劝李元帅称帝。

李希烈本就是个莽夫，被捧得这么高就有些控制不住情绪，公元783年1月，他派大将李克诚攻打汝州。此刻，汝州守将李元平乃是宰相关播推荐的奇才，按理说差不了，可实际情况是李元平根本就不是奇才，而是庸才！

关播是怎么当上宰相的？

这事要从卢杞说起，他怕皇帝选拔德才兼备、精明能干的人当宰相分了他的权力，便把窝囊废关播推上宰相宝座，这个关播不是一般的窝囊，他在李适面前甚至连句话都不敢说。（《资治通鉴》记载：上尝从容与宰相论事，播意有所不可，起立欲言，杞目之而止。还至中书，杞谓播曰："以足下端悫少言，故相引至此，者奈何发口欲言邪！"播自是不复敢言。）

这么个窝囊宰相没什么才能，他推荐的奇才更是令人不忍直视。

汝州轻易被破，李元平被生擒活捉，但这都不是重点，重点是当他见到李希烈的时候吓尿了！不但尿了，而且还拉了！李希烈捂着鼻子大骂："瞎了狗眼的宰相弄这么个东西来跟我对抗，也太看不起我了吧！"

满腔怒火的李希烈四处出击，直接威胁到东都洛阳。

德宗李适看看身边，一时之间还真找不出平叛的力量，没办法只能继续怀柔，即便怀柔也得有方法啊，靠加官晋爵已经没有任何意义，他跟卢杞一商量，卢杞便有了好主意，当然这个好是相对的，在卢杞看

来是好，对大唐来说实在是糟透了，这好主意是派四朝元老颜真卿前去许州安抚李希烈！这绝对是毫无争议的送羊入虎口啊！

昏庸的李适还真就采纳了这个主意，诏书一下，举朝震惊，已过古稀之年的颜真卿很淡定，收拾行囊抬脚就走。很多人都站出来劝阻，甚至还有人给皇帝上表说："用这样的方式葬送一位元老是朝廷的耻辱啊！"但这些都没能改变李适的想法，也没能阻住颜真卿前进的步伐。

颜真卿刚到许州，李希烈就给他来了个下马威。一千多满脸横肉、络腮胡子的彪形大汉围着一个昂首挺胸的老人开始大骂脏话，骂着骂着还抽出长刀短剑比比画画，颜真卿面不改色心不跳，视这些跳梁小丑如无物。

李希烈一看这样的小伎俩根本无法让这位老臣屈服，连忙满脸堆笑走上前来亲自迎接，同时还装模作样地训斥手下无礼。

不管是谁，都会发自内心地敬佩颜真卿这样的人物，李希烈也不例外，好酒好肉招待一番，然后就准备送他回京城。偏偏那个李元平换完又拉又尿的脏裤子出来见颜真卿，颜真卿见到这个丢人的家伙就是一通臭骂，李元平受了羞辱便想报复，暗地劝说李希烈不能放颜真卿走。李希烈听了李元平的建议，这位老臣便被高规格地软禁起来。

刚好朱滔、田悦、王武俊和李纳的使者来到许州，劝李希烈当皇帝。李希烈洋洋得意地叫来颜真卿，对他说："颜老，看到了吧，这是冀、魏、赵、齐四王派来的使者，他们都说我德才兼备，应该当皇帝，您怎么看？"

颜真卿哈哈大笑，笑完说道："四个小丑是四王？他们本是朝廷臣子，现在走上叛逆之路，且不说会留下千古骂名，即便看眼下也活不了几天。"

过了几天，颜真卿跟那四位使者一起参加宴会，席间四个使者一起发难，对颜真卿说："早就听说颜太师德高望重，今日得见真乃三生有幸，现在李大元帅要称帝，太师刚好就来了，这不是上天赐予的一位宰相嘛！"

颜真卿指着四个使者大喝道："你们知道那位因痛骂安禄山而死的颜杲卿吗？他是我哥哥，我颜家一门忠义，难道还会受你们的威逼利诱吗！"

在接下来的日子里，李希烈软硬兼施，但颜真卿从未低头。

其实李适也知道，派颜真卿说服李希烈能够成功的可能性几乎不存在，现在看来结果果然在预料之中，虽然手头没有太多兵力，但平叛工作不能不做啊，公元783年1月，李适任命哥舒翰的儿子哥舒曜为东都、汝州节度使，从凤翔、泾原、奉天等地东拼西凑弄了一万多人配备给他。

哥舒曜出门就遇到了李希烈的前锋陈利贞，他不负众望，大败叛军，李希烈的嚣张气焰也终于有所减弱。十几天后，哥舒曜又收复汝州，紧接着江西节度使曹王李皋在黄梅斩杀李希烈的大将韩霜露，攻克黄州。

这样一来，李希烈感到了巨大的压力，受此压力影响的还有他的一干手下，多名重要将领策划反叛，李希烈先下手为强把这些将领给斩了，但军心不稳，他的信心也开始不足，于是给朝廷上表谢罪，自己带兵返回蔡州。

谢罪表是交了，但李希烈并不是真的要悔过自新，这不过是缓兵之计，等着朱滔等人的增援。

李希烈的伎俩实在太拙劣，无法影响李适等人的决策，朝廷继续调兵遣将讨伐李希烈。

同年4月，李适任命永平、宣武、河阳都统李勉为淮西招讨使，任命哥舒曜为招讨副使，任命荆南节度使张伯仪为淮西应援招讨使，任命李皋为应援副招讨使，统帅大军主动进攻李希烈。

泾师之变

李希烈一时之间失去了主动权，但由于近些年大唐社会动荡，朝廷昏暗，百姓基础已经非常不扎实，稍微给敌人一点儿喘息之机，就能死灰复燃。

几个月后，李希烈反叛之火越烧越旺，李适只好继续调兵遣将。公元783年10月，泾原节度使姚令言带领五千人马来到长安，准备在长安接受皇帝封赏，然后前去讨伐李希烈。（前文中提到泾原兵就像一颗不稳定的炸弹一样，现在这颗炸弹马上就会爆炸。）

吝啬的李适并没打算给这群将士发奖金，没拿到奖金的将士们很郁闷，当他们再看到有关部门送来的饭菜跟猪食一般，顿时就怒了，刚

好队伍中有些爱闹事的人趁机嚷嚷道:"我们要去卖命了,竟然都吃不上一顿饱饭,听说皇家宝库里堆满金银珠宝,咱们干脆别去找李希烈拼命,直接去抢宝库吧。"

大家一听立刻躁动起来,抄起家伙就要进长安城,姚令言赶紧出来做士兵思想工作,愤怒的士兵根本听不进去劝阻,乱箭齐发射向姚令言,没被射死的姚令言很是无奈,只得带着手下到长安讨封赏。

此刻的李适仍然没有认识到事情的严重性,他命令有关部门拿出锦帛,每人赏赐两匹!

这下士兵们的火儿更大了——这是在打发要饭的吗?

李适走忙又拿出二十车锦帛、金银等宝物赏赐给士兵,但此刻士兵要的已经不完全是奖赏,他们更多的是在发泄。找谁发泄?当然是朝廷,是皇帝!

暴怒的士兵冲进长安城直奔皇宫而去,事已至此,李适只能以暴制暴出动禁军,可是,如此关键的时刻,禁军竟然不给力。

近些年神策军使白志贞补充兵员的时候都是选那些富家子弟,只要他们给足银子根本不管素质如何。段秀实跟李适汇报过这情况,并且表示这样下去迟早出事,但李适根本没把这话放在心里,现在需要禁军的时候,一兵一卒都调不过来。

眼瞅着乱兵已经杀入皇宫,可怜的李适带领太子和部分妃子、皇子、公主等人从后门仓皇逃走,后宫之中绝大多数的王子王孙都没来得及跟着撤退。

李适临走之时,姜公辅对他说:"朱泚曾经在泾原担任节度使,由于朱滔的原因被软禁在京城,现在泾原兵闹哗变,我们应该杀掉朱泚,不然万一泾原士兵把他奉为将领,恐怕这局面就不好收拾了。"

一门心思逃命的李适哪有时间搭理姜公辅啊,就更别提朱泚了。

事情果然如姜公辅所预料的那样,叛乱的泾原兵冲入皇宫大肆掠夺之后开始思考下一步的问题——总得有个老大吧!事情闹到这个地步已经无法回头,只能找个带头人带着他们把造反进行到底,在姚令言的提议下,大家认为朱泚就是最适合的老大。

昨天还跟阶下囚差不多的朱泚,今天摇身一变成了都城长安之中最大的将领,他在宫外贴出告示,上面写道:"泾原将士长期处于偏远地区，不懂朝廷礼仪，今天误入皇宫惊扰圣驾，圣上已经西行巡游，让朱泚统领六军。另外，城中文武百官要么去追随圣上，要么来我这里报到，三日之内既没有追随圣上，也没有来我处报到的，斩立决！"

大家都不傻，什么巡游啊？不就是被赶跑了吗！但仍然有人抱有幻想，劝说朱泚应该管好泾原兵，迎接圣驾，此举惹得朱泚十分不快，他早就没了那份忠心。

本来局面已经如此糟糕，偏偏有更糟糕的人出现。前段时间源休去了回纥，刚好赶在这个时候回到长安，他对朝廷一直意见很大，不过这责任也不都在源休身上，李适在用人和奖惩方面确实有很大问题，源休受到些不公平待遇而怀恨在心，见到朱泚后，引经据典讲了一大通，归根结局就是为了劝他称帝，朱泚本就有此打算，现在源休这话正合他的心意。

在朱泚盘算着当皇帝的时候，皇帝正在颠沛流离，当他突然出现在奉天的时候，奉天官员全部吓得三魂出窍、七魄离体，根本不知道发生了什么事，不过看皇帝这群人的样子就知道肯定不是什么好事，纷纷准备躲入深山避难，还是主簿苏弁（名相苏良嗣哥哥的孙子）及时控制住局面，李适才能在奉天落下脚来。

李适终于能在奉天吃上一顿饱饭，吃饱喝足之后开始做白日梦——等着朱泚来迎驾！偏偏有人不识好歹要把皇帝的美梦吵醒，提醒皇帝："陛下得做好守城准备，将来朱泚前来攻城的时候也不至于手忙脚乱。"

那个面目可憎的宰相卢杞听人这样说之后，气得直跺脚，对李适说："陛下，若论满朝文武，除了我之外对陛下最忠心的就属朱泚，怎么能任由那些乱臣贼子污蔑忠臣，伤了我等的赤胆忠心。"

这话可说到李适的心坎里了，无论从哪个角度来看，他都不希望朱泚会背叛自己，最终还是在姜公辅耐心劝导下他才决定稍微做点儿防备。真正的忠臣在做防备工作的同时，卢杞和另外一位大奸臣白志贞对李适说："朱泚一定不会造反的，陛下应该派人到长安去安抚一下。"

这个傻皇帝再次被奸臣忽悠住了，竟然真的准备派人去长安。大家都明白去容易回来肯定难，最终金吾将军吴溆（xù）请命要求回长安做朱泚的工作，他之所以领命并不是因为他傻，也不是因为他相信朱泚不会造反，具体原因看看他说的话就知道了："领着朝廷俸禄，在大难

当头的时候却逃避责任，绝非大丈夫所为！"

吴溆是位大丈夫，后人替这样的大丈夫感到惋惜，因为这样死掉确实有些不值！他到长安后先是被软禁起来，不久便被杀掉了。

事情发展到这个地步，卢杞只能闭嘴，李适也只能暗骂自己蠢得跟猪一样，当然也就不用做朱泚前来迎驾的白日梦，这样看来一时半会儿是没办法回长安了，但奉天这小地方实在让李适觉得不舒服，于是准备移驾凤翔。

这是一个多么缺心眼的想法啊！

户部尚书萧复赶忙拉住李适，对他说："陛下，凤翔将士以前是朱泚的家兵，咱是主动去送死吗？"

刚愎自用的李适还挺给萧复面子，对他说："凤翔我是去定了，今天朕高兴就给你个面子，在奉天多待一天。"（《资治通鉴》记载，上曰："吾行计已决，试为卿留一日。"）

多亏李适给萧复面子，因为第二天凤翔叛乱的消息便传到奉天。

跟随朱泚叛变的人相当多，大致可以划分成三类：第一类，那些老部下；第二类，有才能，或者自认有才能但不被李适重用的，总之就是那些对朝廷不满的；第三类，准备跟新皇帝打天下成为开国功臣的。

这三类人的加入使得朱泚信心满满，称帝之心日彰，但也有人试图阻止他。段秀实和刘海宾、何明礼、岐灵岳等人暗中策划除掉朱泚，怎奈人单势孤，最终都被朱泚杀掉。

除掉个别反对自己的人，剩下都是拥护自己的人，朱泚实在找不出不称帝的理由，于是在公元783年10月入主宣政殿，自称大秦皇帝，改年号为"应天"，意思就是说自己当皇帝是顺应天意。

朱泚称帝之后分封百官，在源休的劝说下杀掉李唐的王子王孙以及其他皇亲国戚共七十余人。

落难的原因

朱泚壮大队伍的同时，德宗李适也渐渐稳住心神，右龙武将军李观带着一千多士兵来到奉天，李适让他继续招兵买马，几天之后一支五千人的队伍便拉了起来，官、民士气大涨。

人是有了，但装备一时之间很难凑齐，不过这个问题很快就解决了。泾原的冯河清和姚况听说皇帝落难至奉天，立刻把将士召集在一起，慷慨激昂地开了个动员会，然后装上一百多车的铠甲、兵器以及其他军事物资马不停蹄地运往奉天。当奉天军民见到盔明甲亮的将士后，士气再次为之一振。

李适的形势有所好转，但在根本上还是烂得一塌糊涂，用人仍然不辨忠奸；卢杞把持朝政，阻塞皇帝视听。

前几天崔宁听说皇帝落难至奉天，急急忙忙赶过来替皇帝分忧解难，虽然崔宁之前在蜀地的时候有当土皇帝的苗头，但现在已经痛改前非，踏踏实实辅佐皇帝，他到奉天后对身边人说："皇帝是个好皇帝，善良、宽容，只不过被卢杞给蛊惑了，所以才到今天这地步。"

世上没有不透风的墙，这话竟然传到卢杞耳中，他便编些坏话在李适面前陷害崔宁，愚蠢的李适再次被卢杞玩弄于股掌之间，传下密旨杀掉崔宁。

崔宁死后，满朝文武都为他叫冤，令人遗憾的是李适并未追究卢杞的责任。

直至此时李适仍然认不清卢杞是个什么样的人，但他沦落到这个地步还是会深深自责，于是跟近臣陆贽谈起这场祸乱。陆贽认为这场祸乱是群臣的责任，李适认为这是天命，跟人没关系。

退朝后，陆贽又跟李适说："陛下想要一统天下，扫平那些跟朝廷作对的逆臣，结果总是一波未平一波又起，连年征战使得百姓赋税日益沉重，生活痛苦不堪，怨声载道，陛下一直被蒙在鼓里，那您说是不是那些大臣、谏官、亲信们的罪过？另外，陛下认为国家兴亡都是天命，这个臣是不赞同的，把人事都做得尽善尽美，而天命仍会发生灾难的情况是没有的，都是人为地把人祸归结为天灾。我们刚好生活在多灾多难的时期，有人说多难兴邦，这话对，也不全对，要看我们怎么对待这个难，如果有难之后能让自己深刻反省，找出原因并加以改正，从此之后励精图治，这样自然能够兴邦，如果不是这样的话，灾难只能加速朝廷的灭亡。"

陆贽为什么敢跟李适说得如此直白？因为他俩关系不一般。早在

李适当太子的时候，就听说监察御史陆贽博学多识、聪慧过人，是个治世之才，等他即位之后便任命陆贽为翰林学士，经常跟他探讨国家大事，陆贽这人非常耿直，说话的时候完全不管李适爱不爱听，也正是因为这个原因，陆贽一直当不上宰相，虽然不是宰相，但该提的建议一条也没少提。

陆贽曾经对李适说："军事方面目前重点是陛下管理好将领，将领管理好士兵，这样才能无往而不利。如果将领不能管理好士兵，士兵会哗变，如果陛下管理不好将领，那么就是目前这样的局面，最开始只有李正己、李宝臣、梁崇义、田悦造反，等到李宝臣和李正己死了，李惟岳和李纳接着叛乱，李惟岳死了，朱滔和王武俊又反了，梁崇义死了，李希烈又反了。如果不从根本上解决对将领的控制问题，那么还是这样平定旧的叛乱之后，新的叛乱又会再起。当然要从更实质的方面来看，还是老百姓的问题，老百姓是国家根本，他们关注的核心是生活水平，如果老百姓生活不好，那么就会心怀怨恨，当然也就不跟朝廷一条心，这才给叛乱提供可能。"

除了讲述这些大道理之外，陆贽也提出很多具体建议，例如减少苛捐杂税，调整国家军事战略部署等，遗憾的是李适一个都没有采纳。

从李适对待陆贽的态度，便能看出为何刚即位时那么有上进心的皇帝会把国家搞成这个样子，他开始时那些简朴、勤劳、从善如流等等不过是照搬照抄历代圣主的做法，等到具体事件的时候，他确实没有能力处理好，这应该也是他落难的原因吧。

命不该绝

朱泚把长安城牢牢掌握在自己手中，为能尽快把全天下都拿到手，他给弟弟朱滔送去书信，信中写道："我把统一河北地区的任务交给你，其他事情无须你操心，到时咱俩在洛阳汇合也就是了。"

好大的口气啊！不过口气大确实也是有原因的，他可谓兵强马壮，并且仍然有各路人马陆陆续续前来投靠。

信心十足的朱泚终于迈步走出长安，率领大军直逼奉天。

奉天城外的韩游瑰、浑瑊、高固等人拼死杀敌才保住皇帝的身家性命。

在接下来的一段时间里，奉天城成了黑洞，吞噬无数将士的生命，一场又一场的血战，每场大战过后都有无名的士卒和名声显赫的将军再也见不到第二天升起的太阳。双方各有胜负，奉天依然牢牢掌握在唐朝手中。

奉天城这个黑洞吞噬的远远不止周边将士，各地有更多的人被吸引过来，有来投靠朱泚的，也有来救驾的。灵武留后杜希全等人带领一万人马前往奉天救驾，在要到的时候，李适召集诸位将军和宰相商讨行军路线，当时有两条路可供选择，一条是漠谷，另外一条是乾陵（唐高宗李治和武则天的墓）北，浑瑊认为漠谷地势险要容易设伏，所以应该走乾陵北，卢杞认为从乾陵北边过来绕远，又容易惊扰先帝的长眠，应该走漠谷。

浑瑊和卢杞争论不休，最终李适决定听卢杞的，让杜希全走漠谷。

杜希全在漠谷中了埋伏，死伤惨重，奉天城中将士冲出城去救援，也被打得大败，最终杜希全的救援队伍城都没进去就被打散了。

看到杜希全的惨败，真是让人觉得李适落难至此真是活该。被卢杞坑了那么多次还不长记性，不过再看看他的生活状况，又会觉得一个皇帝混到这个地步真是可怜。奉天城小，物资储备有限，朱泚围城已有一个多月的时间，城中早就揭不开锅了，别说鸡鸭鱼肉，就是粗茶淡饭都没有，城里的草根、树皮被啃干净后，就派人晚上偷偷跑到城外去挖野菜给皇帝吃。

李适嚼着野菜，流着眼泪，对大家说："朕无德无才，落到今天这步田地，这是朕一个人的罪过，实在不忍心连累大家，诸位尽早投降去吧。"

群臣看着可怜的皇帝，泪如泉涌，纷纷表示生是大唐的人，死是大唐的鬼，决不会有贰心。

李适这通自责效果很好，虽然城中条件极其艰苦，但大家守城热情不减，士气也不低迷，因此才能抵抗住朱泚一次又一次的猛烈进攻。

朱泚久攻不下心中开始发慌，前来救援李适的人马越来越多，李怀光、李晟等都是带着数万大军赶过来的，马燧虽然自己没过来，但他

【第三章】后劲乏力

派行军司马带着五千精兵前来救援，这是让朱泚发慌的一方面原因；另外一方面原因是他控制的地盘太小，只有一座长安城，万一长安城被人偷袭，那他这个刚刚自封的大秦皇帝就无家可归了。

朱泚拼了命地全力攻打奉天，为此制造了一个超级大云梯，上面足足能容纳五百人。这个庞然大物给城中造成极大恐慌，但几位重要将领表示不足畏惧，这个云梯必然很重，我们在下面挖好地道，它肯定就会瘫痪在途中，另外我们再准备好大量易燃物品放把火烧了它就好。

激烈的攻城战很快打响，那个能装五百人的庞然大物并没有瘫痪在半路上，因为有大批士兵背着麻袋把地道填平，而且，它也并没有变成一个大火炬，因为上面全都包着湿漉漉的毡子，还准备了好多水袋，各种放火工具全部失灵。

奉天城手忙脚乱，部分敌军攻上城头，李适和浑瑊等人抱头痛哭，哭够之后浑瑊打起精神全力组织反击，他被冷箭射中，仍带伤指挥。

也是李适命不该绝，那架大云梯的一个轮子竟然卡住了，进不能进，退不能退，唐军趁机用大量芦苇和松脂点着云梯，焦臭之味传到数里之外，敌人士气受到打击，官军士气大涨，太子李诵亲自带队杀出城外，朱泚死伤惨重，鸣金收兵。

第二天，朱泚的进攻又来了，李适虽然昨天赢了，但今天形势依然很严峻，敌人的冷箭竟然落在他的脚边，距离仅有三步之遥！

就在朱泚全力攻城的时候，李怀光的大部队已经杀到，在澧泉大破朱军，朱泚攻城的心情烟消云散，带着人马回到长安布防。

当时，人们一致认为奉天城三天之内必破，可以说李怀光的出现实在是太及时了。

奉天之围一解，群臣连忙向皇帝道贺，只有汴滑行营兵马使贾隐林说："陛下性情太急躁，包容心不足，因为冲动杀了不少不该杀的人，如果这个脾气不改，迟早还会招来祸患。"此刻的李适锐气尽消，并未怪罪贾隐林犯上，反倒表扬他直言劝谏。

李适的苦日子算是暂时过去了，接下来就是朱泚要过苦日子了，他回到长安后，日子非常不好过，很多人觉得他不像真命天子，肯听命于他的只有范阳兵和神策的团练兵，像那些泾原兵等只顾着敛财，没人想打仗，朱泚只好用钱财收买人心，不过靠钱财收买人心毕竟不是长久之计，这使得朱泚十分痛苦。

真诚还是愚蠢

痛苦的人那么多，朱泚只是其中一个，跟他同样痛苦的就是德宗李适。

刚刚不用吃野菜的李适又迎来新的烦恼，生性粗犷的李怀光因救驾有功，变得嚣张起来，说话也是口无遮拦，数次在公开场合大声谈论卢杞和白志贞等人迷惑皇帝，祸国殃民。这样的话很快传到卢杞等人耳中，几个大奸臣聚到一起开始商量："怎么办？不能让李怀光那小子带着数万大军来奉天啊，要是真来了咱几个也打不过他啊，轻则贬官，重则掉脑袋。"经过一番商讨之后，几个人决定无论如何不能让李怀光过来，先把他弄到长安去吧，能拖一时是一时。

卢杞对李适说："陛下，此刻正是收复长安的好时机，敌人军心涣散，哪有心思守城，如果李怀光大军包围长安，敌人定然不战自溃。现在听说李怀光要进城见驾，那就得设宴赏赐吧，这一耗就是好几天，敌人在这几天内缓过神来，咱可就不好收复长安了。"

李适对卢杞的信任无以复加，认为他的话都是为国为民的，也都是正确的，便命令李怀光直奔长安，同时派李晟等人也都集合兵马奔赴长安。

这个决定可气坏了李怀光，他心想："我这奔波数千里前来救驾，重创敌军，解了奉天之围，现在皇帝就在眼前我都见不到圣驾，也领不到封赏，不但如此，还遭奸臣排挤，说不定天下太平之后，我这军权一失就得被奸臣给弄死。"

愤愤不平的李怀光虽然没有抗旨不遵，但进军速度极其缓慢，走走停停，并且还不停地上表大骂卢杞等人，把他们干的那些祸国殃民的勾当一一罗列出来，李适每收到一次表章，压力就增加一分，同时施压的还有身边诸位大臣，这些大臣一是恨卢杞，二是怕李怀光因为卢杞的事情不肯去打朱泚，甚至再跟着一起造了反，那大家还得跟着吃野菜，甚至掉脑袋。

李适无奈，于公元 783 年 12 月贬卢杞为新州司马，白志贞为恩州司马，他们的同党被贬的贬、杀的杀。

在此期间，陆贽给李适提出很多建议，李适也说出自己的肺腑之言："朕待人喜欢推心置腹，因为朕认为君臣本是一体，恰恰被别人钻了这个空子，被妖言迷惑，现在弄成这个样子，归结原因便是朕以真心待人所致！"

这话是多么令人啼笑皆非！这世界上导致错误的原因数不胜数，但因"真心待人"而铸成大错的实在少之又少。

孔子口中的君子要满足这样一条——可欺也，不可罔也。意思就说君子可以被欺骗，但不可以被愚弄。被欺骗了是因为他待人以诚，但反反复复不停地被欺骗，那就不是因为他待人以诚，而是因为他愚蠢，因愚蠢而犯下的错误怎能归罪为待人以诚？

各位读者可能会问了，李适到底是待人以诚呢？还是愚蠢呢？

这个问题让陆贽来回答吧，他对李适说："靠采用计谋和手段利用群臣，群臣便会欺诈，领导给下属什么，下属就会回报领导什么，所以那些抱怨自己员工有问题的领导都是自己先有了问题，如果不能以诚心对待下属，为何还要厚着脸皮要求下属诚心对待他呢？"（当然，陆贽说的并没有这么直白，不过意思就是这个意思。）

李适自认聪慧过人，有谋略，他对待群臣并不是诚，而是靠自己的手段去驾驭，这个世界上真正有能力驾驭他人的人并不多，驾驭不好就会反被下面的人愚弄，更悲惨的是自己毫不知晓。古往今来这样的人数不胜数，不信各位看看自己的身边，一定就有，并且不止一个。

陆贽这样苦口婆心地劝李适，是因为这个皇帝还有的救，虽然有点儿蠢，但并不坏，于是继续说道："古代那些圣贤并不是不犯错误，之所以是圣贤，是因为他们犯了错误能改。不管聪明人还是笨人，智者还是愚者，都难免犯错误，智者不断改正错误，德行也会逐渐积累，而愚者不停地犯旧错误，同时还在犯着新错误，因此智者越来越智，愚者越来越愚。"

陆贽这话说的没错，《论语》中关于犯错误的句子有很多，其中有这几句"过而不改，是谓过矣。"意思是说犯了错误不去改正才是真的错误。"子贡曰：'君子之过也，如日月之食焉。过也，人皆见之；

更也，人皆仰之。'"译过来就是子贡说："君子犯错误就像日食和月食一样。他的错误，人们都看得见；他改正过错，人们都仰望着他。"日食和月食有如下特点：第一，是自然规律，客观存在，定期必然会发生的；第二，发生之后大家都看得见；第三，很快就会结束，并且恢复正常；第四，不留后遗症，不会影响到将来太阳和月亮的光明。这些特点和君子犯错误的特点相似，因此，子贡用日月之食比喻君子之过。

不犯错误的是神仙，而且还得是高等级的神仙，人们都会犯错误，关键是有些人会从错误中吸取教训，以便下次改正，被一条板凳刮坏一条裤子并不丢人，丢人的是被一条板凳刮坏两条甚至多条裤子。

自我批评

公元 784 年正月，李适顾不上庆祝新一年的到来，便颁下敕书深刻反省，也不知是否发自肺腑，反正是把自己说得体无完肤，开展完深刻的自我批评之后表示原谅那些犯过错误的大臣，像田悦、李希烈、王武俊等人都在被原谅的行列，甚至连朱滔这样的也给机会，不管过去干了些什么，一概既往不咎；只有朱泚不能原谅，因为这家伙称帝了。为号召上下同心协力对付朱泚，李适承诺凡是来到奉天救驾和进军长安的全部赐名"奉天定难功臣"，并且朝廷会在政策层面给予极大支持，例如减免赋税等。

李适自我批评的效果非常理想，各地欢欣鼓舞，后来，李抱真见到他的时候对他说："当初陛下那敕书下发到各地，士兵们感动得泪如泉涌，纷纷表示愿意为陛下赴汤蹈火。"

这个是李适后来才知道的，当时就得到的好消息是田悦、王武俊、李纳自己去掉了曾经自封的王号，上表谢罪，李希烈和朱滔仍然表示要跟朝廷对抗到底，李希烈是因为自己兵强马壮，不想屈居人下，朱滔是因为称帝的是他亲哥哥，再加上自己案底比较厚，就算这个时候想悬崖勒马，也勒不住，只好咬牙硬挺着。

李希烈想当皇帝，但又不会当。有人可能觉得我在开玩笑，谁不会当皇帝啊？不就是坐龙椅上发号施令嘛！

其实不然，当皇帝需要一套完整的礼仪、法律、官阶等方面的制度，这东西很复杂，弄不好就会不伦不类，丢人现眼，为了不丢人现眼，李希烈诚恳地向颜真卿请教，颜真卿更诚恳地回答他："我还真担任过礼仪方面的官职，但所知道的都是如何朝见天子的礼仪。"

李希烈被颜真卿顶了回来，憋着一肚子的气，不过还是凑合着登基称了帝，国号大楚。李希烈当上皇帝之后不忘挤兑颜真卿，派人跟他说："你既然这么有节操，为何不烧死自己算了。"

颜真卿当即点起火堆，往上就扑，还好旁边人硬生生把这老头给拉了回来。

很快，李希烈发现这个皇帝还真不好当，刚称帝，曹王李皋就派出大部队给予迎头痛击，李希烈的一万多小弟见了阎王，紧跟着鄂州刺史李兼中了官军埋伏，死伤惨重，两战过后，李希烈老实多了，老老实实待在家里不想、也不敢走出一步。

不过李希烈这人没记性，典型的好了伤疤忘了疼，几个月后，他的队伍有所壮大，又带着五万人马攻打宁陵。镇守宁陵的是濮州刺史刘昌，这下李希烈又啃到了硬骨头，刘昌是条不折不扣的硬汉子，为了守城，足足四十多天没脱铠甲！

李希烈在啃硬骨头的时候还得分神考虑内部问题，滑州刺史李澄表面上听命于他，实际上已经暗地投降朝廷，李希烈没有抓到把柄，不过也隐隐感到这人不可靠，李澄带着队伍来帮李希烈打宁陵，背后却添了不少乱。这让李希烈头疼不已，再加上宁陵的援军也偷偷进了城，李希烈一看没什么好果子吃，只得打道回府。

与此同时，朱滔在河北地区也在搞大动作，他亲自带兵先后到王武俊和田悦的辖区走访，目的就是拉着他们一起打李适，王武俊和田悦简直就像心有灵犀一样，迎接朱滔的都是大鱼大肉，真要出兵的时候，却一点儿动静都没有。

朱滔气得直骂娘，甚至还把旧账都翻了出来："田悦你也太不是东西了，当初你危在旦夕，我带着大部队连夜急行军赶过去救援，帮你解围之后，你要把自己的城池拿出来分我几个，我没要，你让我当皇帝，我没当，现在你竟然弄点臭鱼烂虾和几坛子浊酒就想把我打发走，没门！"

暴怒的朱滔也不顾不上去打李适，掉过头来跟田悦厮杀起来。

再次逃难

李适极度被动的局面总算有所缓解，总算有心情和能力考虑反击的问题，大家都着急早点回长安，但李怀光却不着急打长安，确切地说他也不是不着急打长安，而是有点儿不想打，因为前段时间处理卢杞和白志贞等人虽然大快人心，但这也可以说是李怀光胁迫着皇帝干的，他怕被秋后算账，于是渐渐有了自立门户的打算。他在咸阳按兵不动已有数月之久，在此期间还跟朱泚私下有些往来。

另外，李怀光还有一块心病，那就是李晟，李晟实力强大，对皇帝忠心耿耿。李怀光便开始千方百计想要除掉或者削弱李晟，不过，李晟可不是好惹的，一直没让李怀光占到便宜。

李晟没让李怀光占到便宜，但也怕日久生变，说不定什么时候一大意就会被吞掉，于是给李适写奏章请求将自己的部队转移到东渭桥，这样可以离李怀光远点，李适拿着李晟的奏章感觉颇为扎手，因为他不知道李怀光的态度，一直没有批示。

几个月的时间就这样白白浪费掉，但这样拖着也不是事儿，李适纠结好久，终于派陆贽到前线去打着安抚将士的旗号探探李怀光的底。很快，陆贽带回了很有价值的情报：第一，朱泚已不足为惧，甚至连长安城都无力防守，已经把防线龟缩到皇宫和禁苑；第二，经过一番周旋，李怀光表示同意李晟带着自己队伍转移。

李适得知这些情况之后，立即批阅奏章，同意李晟将队伍驻扎在东渭桥。

李晟是脱离了虎口，但还有两人陪伴在李怀光身边呢，一个是鄜坊节度使李建徽，另外一个是神策行营节度使杨惠元。陆贽对李适说："李怀光兵强马壮足以收复长安，他却迟迟不肯进攻，这里面不能没有原因，现在李晟、李建徽和杨惠元的三支队伍跟他驻扎在一起更容易引起误会，另外这四员将领官职差不多，谁也不能领导谁，实力又相差悬

殊，根据眼下局势分析，这样下去迟早出事，不如趁着调走李晟的机会，把李建徽和杨惠元也一起调走。"

李适知道陆贽所说在理，但他怕动作太大惊动李怀光，万一在这紧要关头再把这支队伍逼反，那后果可太严重了。

李适不想接受李怀光造反的后果，但情况确实比较明朗，李晟到了东渭桥之后不停地给李适汇报情况，让李适做好相应准备。

为稳住李怀光的心，李适为其升官加俸，又派神策右兵马使李卜为使者赏赐其铁券。

李怀光拿到铁券之后不但不高兴，反倒当着李卜的面把铁券扔到地上，说："皇帝什么意思？难道是不信任我吗？不是只有要造反的臣子才会被赏赐铁券吗？"

李卜等人很无奈，狼狈逃回奉天，与此同时，李怀光的养子石演芬派人把李怀光暗中勾结朱泚的情况汇报给李适，李适这下才不得不接受那个他实在不想接受的事实——李怀光必反！

看来奉天也快待不下去了，皇帝只好和王公大臣收拾行囊、背起包袱准备再次搬家，目的地梁州（今陕西省汉中市及周边）。

山南节度使严震听说皇帝要去梁州，赶忙派大将张用诚带领五千人马前来护驾。但是，现在想要跟李怀光穿一条裤子的人太多，恰好张用诚这小子就是其中之一，他以护驾为名，想要对皇帝不利，还好他的阴谋被提早发现，严震派人活捉张用诚，乱棍将其打死。

李怀光失去了一个小盟友，但他现在实力太雄厚，根本不在乎一个张用诚。在一个月黑风高的夜晚，李怀光派人偷袭李建徽和杨惠元，二人大败，李建徽命大跑了，杨惠元被杀。除掉身边两块绊脚石后，李怀光公然说道："我现在就跟朱泚一伙了，皇帝见着我也得绕着道走。"

李怀光并不是虚张声势，他派手下赵升鸾进入奉天，约好傍晚时分火烧乾陵，威胁皇帝。

事已至此，李适只好继续逃亡。李怀光可不想让皇帝舒舒服服地走，他派大将孟保、惠静寿、孙福达带领精骑前去拦截，三员大将在路上一商量："抓皇帝不是件光彩的事情，绝对是遗臭万年的买卖，咱不能真抓，大不了回去被撤职。"刚好，他们碰到李适的运粮官，双方唱了一出双簧，在运粮官的授意下，三人假装不知皇帝去向，带着骑兵到别的地方劫掠一番，然后回去交差了。

李怀光不知道三人是特意没抓到皇帝的，并未重罚，只是撤职而已。

李适成功逃跑后，可就苦了李晟，他势单力孤，还夹在朱泚和李怀光之间，要是一般人的话，多数会选择直接投降，不过李晟不是一般人，他不但没想着投降，还积极地做着收复长安的准备，他所担心的并不是朱泚，而是李怀光。

李晟琢磨了一下，以李怀光的性格来看，若是自己主动示好，他应该不会好意思动粗，于是，没事就派使者送去封让人看着心情愉悦的信，猛夸李怀光英明神武。李晟的迷魂汤灌得十分到位，效果也极其理想，李怀光还真就不好意思翻脸，这样一来，李晟便可以集中精力策划收复长安的方案。

此消彼长

李适的命确实苦，当了五年皇帝两次逃亡，当然，这个可以说他是咎由自取，但从另外一件事情来看，他的命好像真的挺苦，那就是跟随他的人也没好日子过。就拿田悦来说，这些年没停了折腾，日子一直过得红红火火，结果投降朝廷之后，噩运便降临了。

田悦归顺朝廷之后人心大快，手下人也都对此举赞叹不已，这样一来他里里外外都没敌人了，原本在房前屋后安插的明哨暗哨全部解除。令他万万想不到的是，有时候敌人就是自己最亲近的人。

田承嗣的亲儿子田绪凶狠残暴，兽性大于人性，这也是当初为啥他爹不把产业传给他而是传给侄子的一个重要原因，田绪仗着位高权重各种坏事做尽，田悦一直不忍心下杀手，顶多就是打一顿棍子，这个田绪恶习难改，竟然又杀了人，这次杀的还是田家的人，他怕田悦收拾他，便趁着田悦醉酒翻墙进入他家，把田悦和他老母亲以及妻妾等十余人全部杀死。

第二天，田绪声称刘忠信等人阴谋叛乱，杀死了田悦。大家都知道刘忠信是田悦的亲信，说他叛乱疑点颇多，但田绪拿出重金赏赐将领和士兵，大家也就稀里糊涂地拥立田绪当了老大。数天之后，大家才知

道是田绪杀了田悦，不过生米已然煮成熟饭，只能将错就错。

田绪当上老大之后准备投靠朱滔，但手下人把形势做了详细分析，结论就是朱滔蹦跶不了几天，不能跟他走那条不归路，也不知道田绪能不能听懂，反正他是信了，调遣部队防御朱滔的进攻，同时等候朝廷的命令。

田绪一时半会儿是等不到朝廷命令的，朝廷还在流亡，流亡途中淳朴的百姓把自己舍不得吃的水果蔬菜献给李适，李适感动不已，准备给这些百姓封些散试官（一种虚衔）。散试官是一种地位很低的官，李适才准备用这个表达自己的感激之情，这个要比赏赐金银珠宝容易得多，陆贽认为这样不妥，散试官毕竟是一种官，不能随便拿来送人，同时，陆贽借题发挥陈述了一下近些年来官职爵位泛滥带来的不良后果，李适听完之后似懂非懂地点了点头。

公元 784 年 3 月，李适终于到达梁州。看着破破烂烂的梁州，李适的心也凉了，这地方早在"安史之乱"的时候就开始没落，人口大量流失，社会治安差到不能再差，遍地强盗，满山土匪，税收低得一塌糊涂。李适在梁州待两天就待不下去了，准备入蜀。当初李隆基逃亡选择入蜀，就因为蜀地确实是个避难的好地方，易守难攻，物产丰富。

李适想入蜀，有些大臣不同意，严震对他说："陛下，此时此刻决不能去蜀地，李晟正在计划着收复长安，他凭借的是陛下的威名，假如咱们躲进蜀地，那部队的士气必然一落千丈，别说收复长安，不立刻投降或者解散就算不错了。"

就在李适纠结的时候，李晟送来表章说："陛下驻扎在汉中，军民信心十足，知道一定能收复我大好河山，如果陛下找个安乐窝躲起来的话，谁还肯为朝廷卖命呢？"

作为一个正常人、一个正常皇帝，李适当然想收复长安、重整河山，听完大臣劝谏，看完李晟表章，决定不管梁州多苦都要在这坚守下去。

李适的英明决定让李晟信心十足，除了信心之外实力也有大幅度提升。因为李怀光造反之后很多人反对，甚至还有些人公然投靠到李晟阵营中。

此消彼长，李怀光和李晟的强弱关系很快发生逆转，就在这时，朱泚也出来给李怀光添堵，他之前把李怀光当大哥一样对待，往来书信中无比谦卑，约好消灭大唐后各自称帝，世代交好，现在李怀光实力大减，朱泚也不给他写信了，直接改成下诏书，也就是说把他当臣子一样对待，还理直气壮地征调他的军队。

李怀光本来就是个暴脾气的莽汉，经过这么一折腾，又羞又气，又毫无办法，想打已经打不过人家，不打的话在这就是等着让人羞辱，万般无奈之下只好带着部队离开咸阳向东流窜。

李怀光这么一跑更成全了李晟，好多人乘机脱离部队前来投靠他。

当李适得知这些消息的时候，弯了好久的腰杆儿立刻直了起来，拍着桌子数落李怀光不仁不义、不忠不孝，但念在他曾经立有大功的份上还是会原谅他的，希望他洗心革面重新做人，带领人马听候朝廷调遣。

此刻的李怀光准备破罐子破摔，根本没有听候朝廷调遣的打算，还好李适已经不依赖于他，李晟的实力越来越强，士气越来越盛，再加上浑瑊也带着另外一支部队杀回奉天，与李晟遥相呼应，搞得朱泚长期失眠。

兄弟同心，其利断金

就在朱泚失眠的时候，他的弟弟朱滔睡得也不太踏实。他带队攻打贝州已经三个多月的时间，贝州依然坚挺，他的手下攻打魏州也有一个多月的时间，魏州比贝州还坚挺。

两座城池目前是坚挺，但持续被围攻的话还真说不好会咋样。关键时刻，一人挺身而出，他就是贾林，在此之前贾林多次为李抱真、王武俊等人提过很多非常有价值的建议，这次他说："朱滔吞并魏州、贝州之后，下个目标必然就是咱们，咱要趁着二州未陷之时出兵增援，击退朱滔，然后听从皇帝召唤，这才是保得家族常盛之道！"

贾林的建议被充分采纳，数日之后，王武俊带着部队准备救援贝州，与此同时李抱真也带着队伍前来汇合，两军在相距十里的时候就安下营寨，不再靠近。原来，这两支部队长期以来并不是很友好，现在还有隔阂，若是凑到一起说不定还没等见到朱滔就会拼个你死我活！

这样的联军能打胜仗吗？

答案是肯定的——不能！

李抱真也知道这个答案，不解决这个问题肯定没法打胜仗，于是他带着几个手下前往王武俊军营会晤。临行之前，李抱真对手下将士说："此番交涉前途未卜，若是我有个三长两短，你们不要冲动，整顿好人马等候朝廷调遣。"

到了王武俊营中，李抱真紧紧握住王武俊的手，把近年来朝廷遭受的灾难一件一件翻出来晒了个遍，说到悲惨之处泪如泉涌，感动得周围将士也潸然泪下，二人边哭边聊，最后拜了把子结为兄弟。

王武俊没想到李抱真会跟他拜把子，激动得不知如何是好，拉着李的手说："大哥名扬四海，深明大义，正是在大哥劝导下我才能重归朝廷，免受万劫不复的灾难。今天大哥不嫌弃我是个胡人，肯屈尊认我做兄弟，此恩此德无以为报，只能在两军阵前奋勇杀敌。朱滔之所以如此嚣张就是仰仗有回纥骑兵，回纥骑兵虽然厉害，但大哥无须操心，到时您只管为小弟观敌掠阵，小弟定不负所望！"

二人畅谈甚欢，聊着聊着李抱真就聊困了，他也没客气，躺在王武俊大帐中大睡起来。这个小小的举动再次让王武俊感动——这是莫大的信任啊！王指着胸口对天发誓："为兄弟，死而无憾！"

会晤之后，两军成为兄弟，军营也扎在一处。

公元784年5月，李、王兄弟联军来到贝州，在三十里外安营扎寨。

朱滔倒也不怕这兄弟联军，这些年来，在河北这片土地上，他的实力最雄厚，因此并没有把李、王放在眼中，第二天便派手下前去挑战，但手下人心里没底，找些借口拒绝出战。

就在朱滔愁眉不展之时，杨布和蔡雄带着回纥的将领前来求见，回纥人打仗厉害，打嘴仗也厉害，张嘴就开吹："我的骑兵天下第一，个个都是以一当百的超级战士，随便派个三百五百的就能吃掉一支数千人马的队伍，这段时间我们也拿了您不少金银珠宝，吃了您不少鸡鸭鱼肉，明天就让我把对面那群不知死活的家伙摆平，若是漏掉一人一马都算我在这吹牛。"

有了回纥人这番话，朱滔信心百倍，召集全军开动员会，让大家放开手脚跟随战无不胜的回纥军奋勇杀敌。

第二天，李抱真排成方阵，规规矩矩准备迎战，王武俊像之前承诺的那样带领骑兵顶在前头，另外还安排猛将赵琳带着五百精锐骑兵埋伏在旁边的树林之中。

面对气焰嚣张的回纥军，王武俊没有丝毫的退缩，但他知道正面对抗绝不是回纥的对手，于是，当回纥骑兵排开冲锋阵型冲杀过来的时候，他指挥军队不去交战，而是躲开冲击。

回纥军放开战马高速冲击，没想到对方没对着冲，而是躲了过去，他们一不小心就冲过了头，只好勒住战马，拨转马头准备重新冲锋。骑兵作战最重要的就是速度，由高速度引起的冲击力才是他们可以撕碎敌人的关键，现在回纥兵要再把速度从零增加到足够高才能形成杀伤力，就在他们旧招力尽，新招未起之时，王武俊已经带着骑兵杀了回来，与此同时，赵琳带领五百精骑携雷霆之势横空杀出，回纥骑兵阵脚大乱，别说是攻击阵型，连最基本的整体性都无法保持，队伍被赵琳拦腰截断，最终，回纥人只能凭借自己精湛的骑术四散逃窜。

朱滔手下将士一看，战无不胜的回纥骑兵都被打垮了，咱就别傻乎乎地上去送死了，没等开打就惦记着如何逃命的部队怎么可能打胜仗？

在王武俊和李抱真奋力冲杀下，朱滔的三万大军伤亡惨重，一万多人被斩，一万多人跑没了影儿，就剩下几千盔歪甲斜的残兵败将跟着朱滔逃回大营。

当天夜里，朱滔一把大火烧掉军营，仓皇逃走。

李、王本想乘胜追击，但燃烧着的军营浓烟滚滚，实在不敢贸然进兵，这样朱滔才侥幸逃回幽州。

收复长安

福无双至，祸不单行！这句话就如同为朱家兄弟量身定做一般，朱滔刚刚被打回老家，朱泚的噩运也已降临。

公元784年5月，李晟衡量一下手头的力量，觉得完全有能力一举收复长安，便召开动员大会，晓之以理、动之以情地点燃全军将士的激情。

在此之前，李晟已经做了一些准备工作，例如，朱泚、姚令言等人多次派探子刺探军情，李晟把那些探子抓起来之后不杀也不放，现在终于派上用场，李晟带着他们参观自己的军队以及丰富的军事物资，还摆好酒席请他们大吃一顿，放他们回到长安，这顿好酒好肉不能白吃，得帮忙带个话回去："好好防守哦！要对得起朱泚，我的将士很期待能在战场上见识见识你们的战斗力！"

这批探子回去之后，李晟还觉得准备工作不够充分，又带着旌旗招展的部队在长安城外炫耀一圈。

在这种情况下，李晟的这些举动无疑会对城中叛军造成极大心理伤害，甚至有些意志薄弱的直接崩溃，李晟在通过看似傲慢、嚣张的行为展示自己的实力和信心。如果敌我双方实力差不多，并且城中守军斗志高昂的情况下，这样的挑衅举动无疑如同一针兴奋剂让守军斗志高昂，这就是兵法应用的灵活之处，同样的举动在不同的情况下取得的效果截然相反。

李晟不是莽夫，不是真的傲慢，他在打击敌人士气的同时也在商讨进攻策略，这时他的军事才能再次展现得淋漓尽致。

按照传统攻城思路应该是找到对手的薄弱环节，以此着手突破，结合眼下实际情况（叛军主要驻扎在皇城和禁苑之中），攻城上策就是：先攻占长安城外郭，再围逼皇城和禁苑。

对于已经将兵法嚼烂的李晟来说，这并不是上策，因为夺得外郭之后，如果敌人埋伏在大街小巷跟唐军打巷战，那么一是损伤小不了，二是无辜百姓在混战中冤死的也少不了。为彻底从心理上击垮敌人，从而用最短的时间、最小的代价收复长安，真正的上策是：直捣叛军实力最强大的地方——禁苑！

当李晟说出真正的上策之时，诸位将士无不佩服得五体投地，叛军的核心队伍迟早得打，还不如气势汹汹直接去找他们，而不是扭扭捏捏等待他们埋伏自己。

大家取得一致意见后，李晟给浑瑊、镇国节度使骆元光、商州节度使尚可孤送去书信，约定收复长安的日期。

两天之后，尚可孤在蓝田附近大败朱泚的一支军队，斩杀他的大将仇敬忠，三天之后，李晟将队伍驻扎在进攻禁苑的指定位置，第二天，大家正在修筑营寨，朱泚的两员大将张庭芝和李希倩（李希烈的弟弟）不知好歹地带着部队过来捣乱，这下可成全了李晟，他正愁没机会展示军威以恫吓叛军呢，就有两个傻子送上门来。经过一番厮杀，两个傻子被打得鼻青脸肿，李晟达到吓唬敌军的目的后并未穷追猛打，只是在城外炫耀一番之后回营睡觉。他们是睡踏实了，城中叛军却惨了，哭爹喊娘乱作一团，甚至后半夜啜泣之声还不绝于耳。（《资治通鉴》记载：夜，闻恸哭。）

第二天，李晟再次列阵出击，吓破胆的敌人只能装作看不见，继续蹲角落里啜泣。

第三天，李晟认为发动总攻的时候已经到来，派人将宫墙掏了足足有百十来米长的窟窿，叛军拼死守卫大窟窿，但根本没办法挡住唐军步伐。当唐军攻入禁苑时，叛军基本崩溃了，仅剩姚令言等人带着部分死心眼的士兵负隅顽抗，战斗过程虽然也有些波折，但最终结果十分理想——朱泚、姚令言带领一万多残兵败将逃出长安城。

朱泚逃出长安既是一件好事，也是一件坏事，说是好事是因为这样就不用硬拼他那一万多人，说是坏事是因为这样有放虎归山的危险。

促成这件不好不坏的事情的人是张光晟，他投降朱泚之后又觉得李晟更像是最后的赢家，于是当起墙头草，吃朱泚饭的同时向李晟抛着媚眼，传递着书信。等李晟攻入禁苑之后，张光晟劝说朱泚逃跑，并将其送出城中，自己回来投降李晟。

李晟并未追究张光晟的责任，一边安顿长安城事务，一边派人前去追杀朱泚。

按照近些年来的惯例，城破之日正是无拘无束的士兵放纵之时，这次也不例外，有人强抢民女，有人偷鸡摸狗，李晟可不惯他们的臭毛病，抓到一些典型就地正法，不管这个将士隶属于谁。李晟杀了自己手下一员大将和尚可孤的数名手下之后，其他将士老老实实待在原地，多漂亮的姑娘和多肥美的牛羊从身前经过都不瞄一眼。

收复长安这场仗打得既漂亮又干脆，甚至住得偏僻点儿的百姓第二天才知道唐军已经杀进城来。

就在同一天，浑瑊、韩游瑰等人也收复了咸阳，听说朱泚向西逃窜后分兵前去追杀。

朱泚带着他那一万多残兵败将准备到吐蕃去避难，结果刚到泾州的时候士兵已经基本跑光，看着身后的一百多人，以及前面紧闭的城门，朱泚仍不死心，对城头的田希鉴说："小田，哦，是田将军，你节度使的旌节可是我给你的啊，今天我落难了，你可不能落井下石！"

田希鉴根本不为所动，朱泚一看软的不行便来硬的，派人放火烧城门，田希鉴拿出旌节扔进火堆，大笑着说道："那个破旌节还给你！"

大家最后的希望破灭了，有些脑子灵活的士兵干脆杀了姚令言进城投降。朱泚在范阳亲兵的保护下继续逃亡，不过这群亲兵也忠诚不到哪儿去，没坚持几天也决定反水，砍下朱泚的脑袋归降了朝廷。

至此，朱泚之乱宣告结束！

公元 784 年 6 月，李晟派人向德宗李适报告好消息："长安城已经收拾妥当，现在非常宜居，陵寝、宗庙全部完好无损，请陛下指示下一步工作。"

听完这个消息，李适号啕大哭，压抑许久的悲伤终于可以尽情释放，哭够之后，说道："天降李晟是为了挽救大唐啊！"

李适这话说的一点儿都不夸张，李晟确实挽救了大唐，他靠的除了忠心之外，还有超强的能力，从战略到战术，从军事到人事简直无所不能。当初，他驻军在东渭桥时，有人夜观天象，发现火星已经远离木星，说这是皇室的福相，应该进兵收复长安，李晟却说："此刻皇帝颠沛流离，身为臣子的只知道拼死杀敌，天象这种东西我并不关心。"等到收复长安之后，他对观天象的人说起那事："当初我并不是不想给你们面子，但我听说金、木、水、火、土五星运行变幻莫测，万一啥时候火星再次靠近木星，那我军不是会觉得皇室要倒霉，因此而斗志全无嘛。"这时，那些人才认识到自己看问题是多么的简单幼稚，人家李晟考虑问题是多么周全。

李晟辛辛苦苦收复了长安，这个不争气的李适差点又犯错误，多亏陆贽及时将其拦住，原来，李适准备颁下诏书寻找宫中失散的那个宫娥才女，陆贽对他说："大乱刚刚平息，陛下就着急找女人，这让那些抛头颅洒热血的将士和眼巴巴等着陛下振兴大唐的老百姓怎么看？"

被陆贽这么一说，李适羞得满面通红，诏书的事再也不敢提。

李适把女人抛到脑后，认真处理起文武百官的事情，该升官的都升了官，大家基本都算满意，该杀的也基本都没放过，但有些不该杀的也给杀了，例如张光晟，虽然他投降朱泚，但坏事干得并不多，并且在最后对李晟还有一定帮助，可是李适还是把人家给砍了。

李适行使皇权的时候，李晟把长安各项事务安排得井井有条，然后表示要去凤翔迎接圣驾，李适实在不好意思再让这位大功臣奔波劳碌，下令让他在长安等着，自己认识回长安的路。

同年7月，李适的队伍回到长安，护送他的有浑瑊、韩游瑰等人，前来迎接的有李晟、骆元光、尚可孤等人，两股部队合在一起足足有十余万，绵延数十里，旌旗招展、彩带飘扬，这样的排场让李适精神舒畅，看着跪在一旁的李晟激动得泪流满面，李晟依然保持谦逊的态度，先是祝贺皇帝扫平叛乱，平安回京，然后自我检讨收复长安耗时太久，让皇帝受苦了。

不管李晟怎样自我检讨，李适心中是有数的，回到宫中大肆赏赐了一番，以后每次宫廷宴会之时，李晟都坐第一位，浑瑊坐第二位，然后才是其他王公大臣。

不朽的"颜体"

收复长安之后，大唐国威得到大幅度提升，仍然有些人不为所动，在江淮一带活动频繁的李希烈丝毫没有悔改之心，虽然被李皋等人数次击败，但实力仍在，野心也仍在，他听说弟弟李希倩被唐军斩杀，顿时怒从心头起，恶向胆边生，可是这口气没办法在战场上发泄出来——因为他已经连败数仗，只好换种方式进行发泄——杀死颜真卿！

李希烈一直不太想杀，也不太敢杀颜真卿。不想杀的原因是，良心驱使他对颜真卿这样的忠义之士敬佩不已，也希望这样的忠义之士能拜在自己麾下；不敢杀的原因是，如果杀掉颜真卿那自己再无回头可能，就算想投降朝廷也会被皇帝和大臣所不容。另外，如果背上诛杀忠臣义士——尤其是像颜真卿这样名震寰宇的超重量级人物——的恶名，必将遗臭万年，永世不得翻身。

弟弟被杀之后，李希烈被怒火烧坏脑壳，像疯狗一样冲向颜真卿。

公元 784 年 8 月，李希烈派人缢杀颜真卿，在此过程中颜真卿不卑不亢，淡然赴死。

颜真卿跟很多人一样，在这个世界上活了七十多年，但跟很多人不一样的是，他在政治和文化两方面取得令人难以企及的成就，作出无比巨大的贡献。

公元 734 年，刚直不阿的颜真卿进士及第步入仕途之路，这样的性格侍奉英明圣主还好，若是碰到昏庸无道的皇帝定以悲剧收场，若是碰到时昏时明的皇帝，他的政治生涯必然是大起大落。

在杨国忠当宰相的时候，颜真卿担任过侍御史，他不能为奸相所容，被贬到平原做太守，紧接着便发生"安史之乱"，在平息叛乱的过程中，颜真卿和他的哥哥颜杲卿发挥出重要作用，他们的品德和节操深深影响到很多人，同时也得到皇帝的充分认可。

"安史之乱"以后，颜真卿的职位得到大幅度提升，但好景不长，因为他又得罪了宰相元载，也因此再次遭到贬谪。对于颜真卿来说，他并不在乎职位高低，在哪儿都能为百姓做事，在担任抚州刺史的五年时间里，他积极采取各种措施改善民生，兴修水利、发展农业，抚州百姓对其无比爱戴，为了纪念他，还专门修建祠庙，祭祀从不间断。

自古正邪不两立，数年之后，颜真卿因为得罪宰相卢杞而被送入虎口——李希烈处。这是朝廷的耻辱，不过却是颜真卿的光荣，他在李希烈处不卑不亢，原本应该是一只羊落入虎狼之群，但从另外一个角度看，颜真卿才是猛虎，那些趋炎附势的小人反倒成了可怜（但并不值得同情）的羔羊。最终，这个落入平川的猛虎惨死于恶犬之口，但他的品德永远被后世传颂。

颜真卿死后，李适羞愧难当，废朝八天，举国悼念。并且这样评价道："才优匡国，忠至灭身，器质天资，公忠杰出，出入四朝，坚贞一志，拘胁累岁，死而不挠，稽其盛节，实谓犹生。"

后世之人喜欢颜真卿更多的原因是他在文化方面的成就，他在文化方面留下的遗产主要包括诗歌和书法，在他的书法面前他的诗歌不值一提，但那首《劝学》还是激励了一代又一代的人：

三更灯火五更鸡，正是男儿读书时。

黑发不知勤学早，白首方悔读书迟。

正如诗中所讲，颜真卿就是这样的勤奋好学。据说他小的时候家里穷，是用笔蘸着黄土水在墙上练字的，正是因为他的勤奋和天资才使得他能与赵孟頫、柳公权、欧阳询并称为"楷书四大家"。

颜真卿的楷书被称作"颜体"，之所以能自成一体，是因为达到了第三重境界。他的书法成长分成三重境界：第一重：立坚实骨体，求雄媚书风；第二重：究字内精微，求字外磅礴；第三重：臻神明变化，与生命烂漫。

颜真卿字如其人，欧阳修曾这样评价过："颜公书如忠臣烈士，道德君子，其端严尊重，人初见而畏之，然愈久而愈可爱也。其见宝于世者有必多，然虽多而不厌也。"

欧阳修的评价属于意识流的，朱长文的评价则是看得见、摸得着："点如坠石，画如夏云，钩如屈金，戈如发弩，纵横有象，低昂有志，自羲、献以来，未有如公者也。"

苏轼也曾这样称赞过颜真卿："诗至于杜子美，文至于韩退之，画至于吴道子，书至于颜鲁公，而古今之变，天下之能事尽矣。"

有读者可能觉得这些人的评价会不会有些过了，实则不然，颜真卿为书法艺术作出的贡献远非任何人或者任何文字所能描绘出来的，他流传于世的作品主要有《东方朔画像赞》《多宝塔碑》《颜勤礼碑》《颜家庙碑》《自书告身帖》《乞米帖》等。

颜真卿用一生的时间领悟生命与书法的真谛，可以说终至大彻大悟，他将生命与书法融为一体，并以此为载体将其品德彰显得淋漓尽致，最终成为不朽的神话！

知人善任

这两年来，李希烈对大唐造成不小的伤害，除缢杀颜真卿之外，还杀死大量无辜之人。当初他在攻打汴州的时候因为对民工劳动不满意，干脆把那些民工推到坑里活埋，这样的行为简直就是禽兽不如。当时守城的正是李勉，他尽全力防守，也只能坚持几个月，在内无粮草外无救

兵的情况下只得撤退，李希烈又乘机攻占大梁，为此，李勉上表请求处罚，李适并未处罚他，而是安慰道："朕把京城和宗庙都给丢了，跟这比起来，你那不值一罚。"

皇帝原谅了李勉，但李勉自己心里不踏实，多次请求免官，李适无奈只好免掉其都统和节度使的职务，同平章事——也就是宰相之职——依然保留。

公元784年11月，李勉回到长安，坚决不肯穿朝服，规规矩矩地等着皇帝降罪。

李适有些拿不定主意到底怎么处理李勉的问题，很多人认为，李勉守城不利，不能再当宰相，但李泌对李适说："李勉为人忠厚正直，只不过不擅长带兵打仗，大梁失守之时，跟随他的将士仍有两万余人，这说明他深得人心。再说了，后来大梁不是也收复了嘛，收复大梁的刘洽也正是李勉的部下。"

经过李泌这样一说，李适也就拿定了主意，让李勉官复原职。

虽然李勉引起一些争议，但另外一个人的争议更大，那就是润州（今江苏省镇江市）的韩滉，有人背后对李适说："陛下不在长安期间，韩滉开始修筑城墙，他这是有划地为王的打算啊。"李适本就生性多疑，再加上当时藩镇割据确实太严重，因此便怀疑韩滉的忠诚，也针对此事询问李泌的意见。

李泌的回答很肯定："这绝对是谣言，韩滉对朝廷忠心耿耿，为官清廉，他管辖的十五个州全部安定团结，这些年来给朝廷的贡品从未间断过。要说到加固城墙，这个太好解释了，韩滉看到中原动荡不安，说不定陛下什么时候会去江南，他高筑城墙正是为陛下做准备啊。为何有人造谣说韩滉有不臣之心？这是因为韩滉为人正直，不肯依附权贵，不愿跟小人同流合污，才会被诬陷。"

这次李适并没有像对待李勉那样直接相信李泌的建议，李泌不顾李适反对毅然决然地送上奏章，愿意用一家百余口性命担保韩滉无罪。

这个举动让李适有些不高兴，对李泌说："朕不准备批这奏章，你不能因为韩滉是你的朋友就徇私舞弊啊。"

李泌坚定地答道："臣这样做不是为了朋友，而是为了国家。如今全国多数地区不是旱灾就是虫灾，米价暴涨，国家粮食储备已经捉襟见肘，刚好江东地区丰收，臣希望陛下早点把奏章批下来，消除诸位大臣的疑虑。韩滉的儿子韩皋（在京城为官）一直想回家探亲，为了避嫌迟迟没敢回，现在正好让他回去，同时督促他父亲早日把粮食运来，我这难道不是为了国家着想吗？"

听完李泌一番话，李适立即就把那份奏章给批了下来，让韩皋回家探亲，并且还赏赐了一套漂亮衣服，同时对他说："最近很多流言蜚语污蔑你父亲，你回家之后告诉他不要有顾虑，朕知道他有一颗赤胆忠心！"

韩皋回到家中见到父亲，把这话一说，韩滉高兴得热泪直流，当天就把一百万斛粮食准备妥当，只让儿子在家待了五天就匆匆忙忙带着粮食返回京城。

韩滉为朝廷送去大量粮食，陈州、郑州留守陈少游知道后也送来了二十万斛，李适非常高兴，对李泌说："没想到韩滉的行动也能影响到陈少游，让他也送来这么多粮食。"

李泌胸有成竹地答道："不只是陈少游，其他人也会争先恐后地入朝进贡。"

韩滉确实给李泌争气，不但送给朝廷粮食，还帮朝廷消除祸患。淮南将领王韶准备带着手下干些违法乱纪的事情，韩滉派人前去警告："你小子敢瞎折腾，我就带人去灭了你！"

王韶知道不是韩滉对手，只好偃旗息鼓，夹起尾巴做人。

李适得知这件事情之后，封韩滉为平章事、江淮转运使，对李泌说："韩滉不只是替朕保住江东地区，就连淮南也因此而安定，这里面有你知人善任的功劳啊。"

（说到韩滉不得不提一下他在书画方面的成就，此人不但是一名合格的官员，更是一名难得的画家，以画牛、羊和驴等动物而见长，代表作《五牛图》至今仍收藏在故宫博物院，惟妙惟肖的五只神牛令后世惊叹不已。）

李泌这位大隐士对李适有很大的帮助，他曾一度归隐山林，李适登基后他又重新出山，虽说他能力极强，但人力有穷尽，他依然无法阻止李适任用元载、卢杞等恶人为宰相。

李泌无法阻止恶相，不过为国为民作出的贡献有目共睹，除帮助

李适处理李勉和韩滉等人的问题之外，还在吐蕃问题上发挥出重要作用。

当初李适为了收复长安去吐蕃那里搬救兵，承诺收复长安之后把安西和北庭的地盘给他们。等到朱泚被杀之后，吐蕃竟然真的厚着脸皮来收地盘，他们也没想想在这过程中他们自己是否出过一点儿力。他们没想这个问题，李适竟然也没想，当然李适是不想惹吐蕃，怕再起刀兵，但李泌对此持不同观点，他认为："安西和北庭绝对不能给吐蕃，理由如下：第一，在那里守卫的将士已经有二十几年了，要把他们辛辛苦苦守卫的土地拱手送人，任何人的心里都难以接受；第二，这两镇的地理位置极其重要，绝对不能落入吐蕃手中；第三，此番收复长安，吐蕃并未立什么功劳，不应该兑现之前的承诺。"

在李泌的坚持下，安西和北庭终于牢牢掌握在大唐手中。

不战而屈人之兵

同为臣子，有人能为皇帝排忧解难，利国利民，有人即便机会就在眼前也不知道珍惜，拿李怀光来说，当初若是能坚决果断地收复长安，恭恭敬敬迎接圣驾，难道皇帝还会追究他威胁朝廷处置卢杞的事？难道不会给他像给李晟一样的荣耀？

现在说这些为时已晚，李适也已经不是窘迫时期的那个皇帝，现在的大唐甚至是近年来最好的大唐，藩镇割据局面大大缓解，北方一个朱滔被打回老家，一时半会儿很难翻身，南方一个李希烈也处在孤立无援的状态，李适完全有能力狠狠收拾一下李怀光，并且他也确实很想这样做，不但他想这样做，很多大臣也是这个态度，要不是李怀光临阵倒戈他们何必在外面受那么长时间的苦！于是，李适下令让浑瑊和骆元光讨伐李怀光。

此刻的李怀光早没了解救奉天之时的霸气，根本没有能力主动进攻，只能派大将徐庭光带领六千精锐在长春宫坚守，徐庭光还真是有两下子，让浑瑊、骆元光吃了不少苦头。

这下李适更怒了，面子上也有些挂不住，于是调遣大将马燧一起讨伐李怀光。

马燧一来，李怀光的日子不可能继续好过下去，马将军可是位能文能武的高手，一般人怎能是他的对手。当初马燧和王武俊等人打朱滔的时候请求李适让康日知担任晋、慈、隰三个州的节度使（当时这三个州在朱滔掌控中），结果就在康日知前来上任的路上，那三个州都投降了马燧，李适便改了命令，让马燧当这三个州的老大，马燧表示："这绝对不行，以后要是谁收复了哪块地盘就当那儿的老大，岂不是乱了套，皇帝的权力和威严何在！"等康日知一到，马燧把三个州的所有资料完完好好地交到他手中。

　　这样一位德才兼备又识大体的将军必然让对手无比头疼。

　　公元784年9月，马燧带领三万人马来到绛州，数日之后攻克绛州，然后分兵袭击各地。

　　马燧所起到的作用不仅是攻城夺寨，他的威压让李怀光军心动摇，数员大将有投降的意思，还有人已经私下跟马燧进行接洽，李怀光别无他法，只能用鬼头刀制止这样的事情，但事情往往就是这样——你按弹簧的力量越大，弹簧反作用于你的力量也就越大。李怀光大肆屠杀有投降苗头的将领，搞得人心惶惶，更多的人前去投降马燧和浑瑊等人。

　　李怀光眼看颓势难挽，便做起苟延残喘的打算，谎称准备投降朝廷，这样一来大家才稍微消停一些。

　　他是真心投降吗？如果是真心投降的话，朝廷能否给他一条生路呢？

　　对于这个问题群臣议论纷纷，李适也拿不定主意，在大家乱哄哄的时候，李晟陈述了自己的观点，陈述过程可谓思路清晰、逻辑严谨、数据翔实，最终得出可靠的结论——李怀光绝对不能饶恕！否则后果不堪设想。（后来的事实证明，李怀光确实不是真心投降，这只是他的缓兵之计。）

　　为坚定李适信心，李晟请求拨给他两万人马前去讨伐李怀光。没过几天，马燧回京见驾，对李适说："李怀光十恶不赦，本性凶残，必须铲除，请再给我一个月的军粮，一定提回他的脑袋！"

　　两员最信任的大将观点完全一致，李适自然也就能够拿定主意。

　　马燧带着军粮回到营中，全军士气再涨，根本不愁拿不下李怀光。虽然能够拿下李怀光，但大家还是觉得除了硬碰硬之外还会有更好的办

法，前文中也交代过，对于像马燧这样久经沙场的老将来说最擅长的就是不战而屈人之兵，只有到了非打不可的时候才会排兵布阵。

择了个良辰吉日，马燧来到长春宫城下，大喊徐庭光的名字，徐庭光带着重要将领登上城头，一看马燧没带队伍不像要攻城的样，顿时踏实不少。

徐庭光早就不想替李怀光卖命了，但已经替他干了不少坏事，骑虎难下，今天看马燧这个架势心中也能猜出一二，于是站在城头给马燧行礼。马燧一看，正合心意，说道："不用给我行礼，是朝廷派我来的，要行礼也得对着朝廷的方向。"

徐庭光立即高高兴兴对着西南（京城的方向）下拜。

马燧敞开心扉从"安史之乱"一直说到今天，晓之以理、动之以情，劝说大家不应该跟随李怀光背上叛国罪名。马燧在城下说得头头是道，城头之上也都默不作声，他一看还得来点刺激的，不然城上叛军下不了决心，于是脱下铠甲喊道："你们既然信不过我那就乱箭射死我算了。"城上当然不会有人想放箭，他们都有投降朝廷的想法，只不过还不够坚定。马燧继续说道："既然大家不想与朝廷为敌，皇帝一定会赦免大家的，你们也不用做什么，只要待在城中不出来就行，我这就带队消灭李怀光。"

城头将士纷纷表示同意，这样一来便达成口头协议。不过大家对于这个口头协议都不够踏实，数日之后骆元光来到长春宫招降徐庭光。

徐庭光向来看不起骆元光，还嘲笑他是胡人（骆元光是安息国人）表示我们只向汉人将领投降。

马燧得知此事，怕夜长梦多，立刻来到长春宫，徐庭光再无废话，乖乖投降。马燧亲自带领数人进城安抚将士，城中之人激动不已，奔走相告："我们又成为大唐的子民啦！"

看到这幅场景，浑瑊发自内心地跟手下感慨道："原本以为我跟马公用兵不相上下，今天看来差得实在太远了！"

马燧可谓用兵如神，当然也跟当时朝廷崛起的大背景有关系，当他到李怀光面前的时候，李怀光手下将士已经放下武器等待马燧的收编，李怀光无奈，只能选择一条可以给自己留个全尸的方法——上吊自杀！

没有激烈的对战，没有悲壮的攻城、没有血腥的屠杀、没有凄惨的痛哭……李怀光的叛乱就这样得以平息。当初马燧向皇帝要了一个月的军粮，屈指一算，竟然还富余三天。

可以说，马燧将"不战而屈人之兵"演绎到极致！

正如马燧所承诺的一样，跟随李怀光叛乱的人那么多，被处死的只有七个，其余全部赦免，被处死的这七个人都是李怀光的铁杆追随者，各个大奸大恶。

单刀赴会

公元 785 年 4 月，朱滔病逝，将士们推举前涿州刺史刘怦接替朱滔掌管幽州事务，刘怦一直不想与朝廷为敌，掌管大权后欣然接受朝廷的赏罚和号令，这样一来，幽州的大问题算是彻底得到解决。

除此之外，李适很快又迎来另外一个好消息。

李希烈的日子越来越不好过，最终，他的手下将他毒杀，持续多年的叛乱得以平息。

这段时间李适心情大好，大赦天下。这本来是件好事，但当一个名字出现的时候，几乎所有人的笑容都立刻收敛起来，卢杞！这是一个多么令人切齿的宰相啊！李适竟然准备让他担任饶州刺史。

几位正直的大臣实在看不下去，对李适说："陛下，当初卢杞做宰相天怒人怨，甚至还导致陛下流亡失所，不杀他就不错了，怎能再给他翻身的机会呢？"

李适并没有听进这忠言，还是一意孤行想要提拔卢杞，大臣们轮番过来劝他不能这样，结果是越劝李适的逆反心理越重，最后竟然暴跳如雷，非要让卢杞当刺史不可，并且还阴阳怪气地对宰相们说："朕想让卢杞当个小州的刺史，可以吗？"

李适当然不是真心在询问意见，而是跟宰相怄气。

宰相李勉可不在乎皇帝是否怄气，平平淡淡地答道："陛下乃一国之主，想给他什么官就可以给他什么官，别说小州刺史，即便大州刺史那又如何！"李勉略作停顿，继续说道，"不过，这样恐怕会让天下百姓失望……"

说到天下百姓，李适立刻清醒过来，不能为了卢杞得罪天下百姓

啊！于是，规规矩矩给了他一个小官，卢杞也是明白人，此番大赦之际还不能翻身的话，那肯定再也无法翻身，因此，整日郁郁寡欢，不久之后一命呜呼。

李适终于作出英明的决定，李泌对他说："前段时间，大街小巷都说陛下如同桓、灵二帝（东汉末年无能的亡国之君），现在大家都说陛下有如尧舜禹汤。"

李适自然是比不上尧舜禹汤的，但他和手下将士经过这几年艰苦卓绝的努力，终于将几个大型叛乱一一平息。不过很快又出现新的问题，陕虢都兵马使达奚抱晖暗杀了节度使张劝，跟朝廷表示想当节度使，李适刚刚被比作尧舜禹汤，就不会稀里糊涂地封达奚抱晖当节度使，况且达奚抱晖还跟李怀光的一名大将达奚小俊暗中勾结，想要再掀一波藩镇割据的高潮。

李适看看周围，可用之人甚少，虽然也有些兵马可以调动，但人家达奚抱晖还远没到造反的程度，直接派兵过去师出无名，打起仗来的话，百姓又要饱受刀兵之苦，于是李适把目光转向李泌。

公元785年7月，李适任命李泌为陕虢都防御水陆运使，李泌前去上任之前，李适问他："需要多少人马？"

"一人一马，足矣！"李泌确实就是这样回答的，并且丝毫没有开玩笑的意思。

看着目瞪口呆的皇帝，李泌解释道："陕州城地理条件特殊（三面环山），易守难攻，若真是动起手来恐怕千军万马也难取胜。还好城中百姓淳朴，应该不会想背叛朝廷。目前来看就是达奚抱晖一个人想闹事，我若带领大军前去赴任，他必然想方设法鼓动军民造反，与我对抗，如果我孤身前往，他应该就不会太躁动。"

李泌早已成竹在胸，说起话来头头是道，解释完这些，又补充道："请陛下配合一下，派马燧离京，那么达奚抱晖想要对我不利的话也会有所忌惮，他会以为马燧离京是准备召集人马去对付他。"

即便如此，李适仍然不想让李泌冒这个险，甚至表示宁可不要陕州，也不能不要他这个大臣。但李泌心意已决，坚持为大唐尽这份力。

数日之后，李泌和马燧一起向李适告别离开京城，李泌是光明正大地前往陕虢，至于马燧嘛，大家只知道他离京，行踪却无人知晓，因为这被列为高度军事机密。

李泌确实是高人，他在尚未离开京城之前便已出招，并且效果非常理想。他对陕州派来的官员说："皇帝没任命我做节度使，而是任命我做水陆运使，让我负责把粮食运过去给大家吃，如果达奚抱晖好好表现，并能立下功劳，自然可以当上节度使。"

达奚抱晖得到这个消息之后情绪立刻稳定许多，也能老老实实等着李泌的到来。

这就是高人啊！只需只言片语便能钳制敌人百万雄师，不过高人的行为很难被世人理解，李泌跟李适说得如此明白，李适还是下密诏让鄜坊节度使唐朝臣带领三千精兵跟随李泌入陕，李泌无奈，还得苦口婆心讲道理，又写了一封书信，总算把唐朝臣给打发走了。

李泌快要到达虢州之时，达奚抱晖准备给他来个下马威，不让官员和将士搭理他，就好像不知道有人要来上任一样，但李泌距离虢州城还有几十里的时候，很多将士主动前来迎接，看着一个个诚恳的将士，李泌心中暗道："此事已然办妥！"

达奚抱晖一看情况对自己实在不利，腰杆也就硬不起来了，在李泌距离城池十五里的时候，达奚抱晖前来谒见。李泌按照相应礼节进行接待，对他说："虽然有些关于你的流言蜚语，但千万不要放在心上，你的工作开展得很好，不用为前途担心。"

李泌稳住达奚抱晖之后进城上任，很快便让诸位将领也都安稳下来，虢州城的局面被李泌牢牢控制住，完全做到反客为主，达奚抱晖大势已去，只好任由李泌摆布。不过李泌做人厚道，给了达奚抱晖一条生路，让他带着家人逃命去了。

李适原本已经把陕虢地区参与叛乱的将领都列入黑名单，这份黑名单足足有七十多人，李泌不想开杀戒，劝李适积德行善，李适十分勉强地给了这个面子，但罪责最重的几个人还是扛枷戴锁被押到京城，一年之后被判处死刑。

用兵如神

自李适登基以来，唐朝内部一直没有安稳过，李泌"单刀赴会"摆平陕虢之后总算再无大的波浪，李适也终于有精力搞搞经济建设，可惜天不遂人愿，境内好不容易消停下来，境外势力又来捣乱。

公元786年8月，吐蕃大举起兵，在泾州、陇州、邠州、宁州烧杀抢掠，无辜百姓苦不堪言，李适连忙派浑瑊和骆元光带领人马在咸阳驻防，免得又被吐蕃杀进长安。

有人可能会问：为何前几年唐朝内乱严重之时吐蕃不来骚扰，现在唐朝日渐稳定，他们反倒来了？

理由很简单，吐蕃前几年也是天灾人祸不断，没精力把手往外伸，现在刚刚缓过劲来就到大唐打家劫舍。

这些年，唐朝百姓经历了太多的动荡，内心长期处于无依无靠的状态，吐蕃这次来势汹汹，又在人们脆弱的心灵上增添一道裂痕，民间谣言四起，都说李适把干粮都打好包了，时刻准备逃出京城。

当这话传到李适耳中的时候，他心中顿时如同打翻五味瓶一般，一个皇帝和一个人的尊严让他暗下决心，此番绝不离开京城半步，必须痛击吐蕃，一雪前耻。

李适有击败吐蕃的决心，下边也有给力的大臣。李晟派大将王佖（bì）带领三千精锐埋伏吐蕃大相尚结赞，打了敌人一个措手不及，要不是唐军将士不认识尚结赞，这个大将军估计就会被生擒活捉。

尚结赞很快从失败中总结出经验教训，那就是现在唐朝有三员大将——李晟、马燧和浑瑊，不管采用什么办法，只要能除掉这仨人，那大唐就会变得好欺负。于是，尚结赞带着两万人马进入凤翔，四处嚷嚷说是李令公（对李晟的尊称）让他们来的。

不过话说回来，如此低劣的反间计连他自己都不信，别人会信吗？

李晟可不管尚结赞要什么花招，实际行动比任何的阴谋诡计都有说服力，他派大将野诗良辅和王佖带领五千精兵突袭吐蕃的摧砂堡（今宁夏固原市附近），斩杀守将，烧毁堡中物资，扬长而去。

吐蕃后方被袭击，但尚结赞没抢够东西还是不舍得离开大唐，依然带着部队四处劫掠，结果不但没劫到东西反倒四处碰壁，韩游瑰派大将史履程在月黑风高的夜晚偷袭敌营，砍了好几百个脑袋之后迅速撤退，尚结赞咬碎钢牙拼了命地追史履程，但韩游瑰早有准备，一边列阵，一边在深山老林之中将战鼓擂得山响，吐蕃人也不知道到底有多少伏兵，只好悻悻离去。

不过唐朝将领也不是都这么给力，吐蕃军到盐州的时候对盐州刺史杜彦光说："我们只要城，不要人，你尽管逃命去吧。"杜彦光这个没骨头的家伙收拾好东西，带着老婆孩子跑了。

同样的事情在夏州、银州又上演两次，吐蕃兵不血刃得到三座城池。

韩游瑰跟朝廷上书，表示自己将全力攻打盐州城，如果吐蕃有援军前来包抄，请朝廷派河东军进行阻击。

为对付吐蕃军，李适又从淮西调兵遣将，不过淮西的陈仙奇一直不听从朝廷诏令，几个月前才刚刚臣服，这次得到诏令之后准备好好表现一下，让大将吴法超带领淮西全部精锐迎击吐蕃，结果队伍派出去不久，陈仙奇就被手下吴少诚给谋杀了，吴少诚让吴法超带着队伍赶快回来。

这二吴可不是什么好东西，陈仙奇投降后，他俩就一直惦记着闹独立，此时正好借着吐蕃进犯，他们准备浑水摸鱼，吴法超接到指示后，带领四千人在鄜州宣布造反，带着队伍返回淮西。

李适一看，这要是让吴法超带着队伍安全回到淮西，那麻烦就大了，还得组织人马攻打淮西，所以，必须把吴法超消灭在淮西之外。

此刻最适合拦截吴法超的人就是在陕虢的李泌，但李泌是文官啊，他能打仗吗？不过李适已经顾不上这么多了，下令让李泌拦截并消灭吴法超。

李泌得到这个任务之后毫不惊慌，依然是那副不温不火、胸有成竹的样子，按部就班调动军队，虽然这个过程没有丝毫耽搁，但当他们看到淮西军的时候，人家已经列好战阵，贸然进攻必然惨败。

李泌不是莽夫，不会去硬拼，不但不拼，反倒好酒好肉送给人家，淮西军一看有吃有喝也就放松了警惕。

淮西军大吃大喝的时候，李泌正在四处设伏，第二天，淮西军按计划行军，唐军伏兵四起，不管淮西军跑到哪里，那里一定有李泌安排好的伏兵出现，并且淮西军一直在跑，因为他们一直没有被包围，都是

在被追着打，一天下来淮西军伤亡惨重，疲惫不堪。

跟第二天相比，淮西军前一天承受的痛苦实在算不上什么，他们再次在最怕被设伏的地方遇到伏兵，这次伏兵数量更多，攻击更猛烈，眼瞅着四千人的队伍不到三千了，更可怕的是一直疲于奔命，还没饭吃。就在淮西军已经连逃命的力气都没有的时候，唐军再次在意想不到的地方突然出现，吴法超阵前被斩，淮西军死伤大半。

这个结果简直出乎任何人预料，李泌可是个文官啊！淮西军这四千人可是精锐啊！怎么可能被牵着鼻子打？

其实，这个道理并不复杂，人们经常认为书生只会纸上谈兵，岂不知只是那些书生的境界不够而已，到了李泌这个境界的人还哪有文武之分？万事万物道理都是相通的，不信你仔细研读一下《孙子兵法》《三十六计》等兵书，表面上看是在说打打杀杀，实际上都是在分析事物运作的规律，谁能掌握这个规律，谁就能用兵如神，无往而不利。李泌在第一次设伏时只用了四百精兵，也就是敌军的十分之一，这四百人分成两队，两个二百人的队伍都攻击了敌人最薄弱的环节，以虚张声势为主，并给敌人留下逃跑的道路，多精锐的部队都是人组成的，人在慌张的时候首先想的就是跑，再加上有路可跑那几乎一定朝着那条路跑。就这样，从刚交上火开始，淮西军就被李泌牵着鼻子走。

李适理解不了李泌的境界，他担心陕州兵马少质量也不高，无法对付淮西精锐，派出五千神策军支援，神策军刚走到半路就听说李泌已经把敌人消灭了，并且消灭得干干净净。

敌人确实被消灭得很干净，四千精锐部队逃回淮西的仅有四十七人！

会　盟

尚结赞兵不血刃拿下盐州、夏州，只是留了一千多人驻守，自己带着部队撤到鸣沙，到鸣沙之后，后勤补给出现问题，人吃马喂都不好解决，再加上前段时间李晟派人攻克摧砂堡，现在马燧和浑瑊等人都带着部队向鸣沙集结，尚结赞心里开始发虚，多次派使者向李适求和，李适不想放弃眼下大好局面，拒绝和谈。尚结赞一看搞不定李适，便把目光转到马燧身上，天天派人到马燧那里表诚心，还把之前占据的土地一一归还，没想到久经沙场的马燧竟然相信了尚结赞，不但不派兵攻打，反倒给李适上表替吐蕃求和。

在这个问题上，李晟不赞同马燧的看法，他知道吐蕃人向来不讲信用，只有靠武力征服才是最可靠的方法，韩游瑰也持同样观点。李适跟李、韩观点一致，不断督促马燧进军。

马燧仍不死心，请求李适跟吐蕃和亲，使唐、土世代修好，这样也有精力对付回纥。刚好这个观点跟宰相张延赏一致，另外李适恨回纥恨得牙根直痒痒，他吃过很多回纥的亏，说到回纥他立刻就动心了，渐渐地有了跟吐蕃结盟的想法。

说到张延赏，还得简单介绍一下他当宰相的过程。他原本是西川节度使，才能不错，深得李适赏识，李适想封他为宰相，但张延赏跟李晟有矛盾，李晟收复长安之后李适很给他面子，他不同意张延赏当宰相，李适就不好意思封，这样一来张延赏和李晟之间矛盾越来越突出。

后来吐蕃进犯，李晟在外抗敌，张延赏不停在朝中说李晟坏话，李晟知道后很害怕，给李适上表说："最近有很多关于我的谣言，我这官实在没法当了，陛下就让我出家当个和尚吧。"

过了一段时间，李晟回京后再次跟李适提出要致仕的事情，李适并未同意，他也知道李晟要致仕的原因，便派人当和事佬调节张延赏跟李晟的关系，这二人都是听皇帝话的人，调节效果非常好，冰释前嫌，还拜了把兄弟。后来，李适再想找人当宰相的时候，李晟便主动推荐张延赏。

张延赏并非厚道人，当上宰相之后就不怎么给兄弟面子了。李晟想让他的儿子娶张延赏的闺女当媳妇，竟然被拒绝。

张延赏在生活方面跟李晟不那么亲近了，在工作上也开始搞起小动作，多次跟李适说李晟功高盖主不应该再让他手握兵权，李适在这方面恰好也有点儿想法，借着这次与吐蕃结盟的机会对李晟说："朕已经决定跟吐蕃和亲，你跟吐蕃仇恨太深，不适合出席，所以，你选择一个人替你去凤翔跟吐蕃商讨和亲的事情吧。"

数日之后，李适封李晟为太尉、中书令，但军权全部罢免。

安顿好李晟之后，李适开始操办跟吐蕃会盟的事情，在这过程中小问题不断，不过总算都能解决，最终会盟的时间、地点全部定好。

浑瑊作为会盟的唐朝代表，出发之前李晟再三嘱咐，让他一定小心行事，不能有丝毫大意。张延赏得知此事后对李适说："李晟不希望会盟顺利，所以让浑瑊处处戒备，可咱这边要是拿不出诚意来，吐蕃也不会安心结盟啊！"李适听完张延赏的话立刻派人告诉浑瑊必须要诚心诚意对待吐蕃，不要草木皆兵，把会盟搞砸了。

后来，张延赏再次旁敲侧击讽刺李晟不想会盟的事情，李晟十分无奈地跟身边人说："我太了解吐蕃了，此次会盟不可能顺利完成，我只不过不想让大唐因此蒙羞而已。"

跟李晟一样信不过吐蕃的还有骆元光和韩游瑰，李适命令骆元光把部队驻扎在潘园，骆元光觉得潘园距离会盟地点有七十多里，如果发生意外来不及救援，于是他把队伍拉到浑瑊的营地，这样一来距离会盟地点只有三十多里，并且他把壕沟挖得又深又宽，把拒马的栅栏做得又高又结实，另外还让手下将士打起十二分精神，时刻准备战斗。

这些准备会不会白做呢？

答案即将揭晓！

会盟仪式马上开始，尚结赞与浑瑊商讨会盟细节，所有约定事项对双方来说都是绝对公平的，尚结赞没有像李晟、骆元光等人预想的那样要手段，可能是他们也想过和平的日子吧。

然而，就在浑瑊高高兴兴准备搞仪式的时候，尚结赞却掏出刀子，唐朝前去会盟的大臣有的直接被砍掉脑袋，有的被生擒活捉，还好浑瑊久经沙场应对特殊事件能力超强，混乱之中捡到一匹战马，放开四蹄向东逃去，一口气跑出十多里地，后面的吐蕃军穷追不舍。

等浑瑊逃回自己营地的时候肠子都悔青了，他之前安营扎寨的时候虽然也挖了壕沟、放了栅栏，但这些不过都是摆摆样子，壕沟浅得撒泡尿都能溢出来，栅栏跟纸糊的差不多，留守士兵也丝毫没有战斗准备，听说会盟失败，已经全部撒丫子跑了。

浑瑊后悔已经来不及了，只好跑到骆元光的营地，骆元光根据防御工事列阵迎敌，吐蕃军一看没便宜可占便叫骂一番扬长而去。

会盟这一天，李适和诸位大臣正在朝堂之上眉飞色舞地互相道贺，只有一个叫柳浑的大臣不识时务，当着皇帝的面说："吐蕃何时讲过信用，靠结盟根本不可能约束住虎豹豺狼，关于今天的结盟我一直不踏实。"

李晟听柳浑说完之后表示赞同，这下惹得李适十分不高兴，他说："柳浑是个书生不懂军旅之事尚可原谅，你李晟怎么能说出这样的话呢？"

最终，大家不欢而散。

当天晚上，韩游瑰加急表章便送到长安，李适看完关于会盟的情况之后，又生气又羞愧，表扬柳浑虽为一介书生但却有远见卓识，然后又准备到长安外溜达溜达，以躲避吐蕃人的威胁。诸位大臣坚决反对皇帝如此不负责任的做法，最终，李适决定坚守长安，跟吐蕃对抗到底。

伴君如伴虎

经历这次失败的会盟后，张延赏再也没脸在人前走动，跟皇帝请了病假，朝也不上了，但这对朝廷并没有太大损失，朝廷真正的损失是李晟、马燧和浑瑊。当初，尚结赞说要想对付大唐必须除掉这仨人，他在明着使用拙劣的离间计之时，暗地也做了不少工作，例如通过马燧向唐朝请求通婚等，现在他的目的基本都已达到，唯一令其遗憾的是让浑瑊给跑了。

吐蕃玩了这么一手背信弃义，把马燧给坑苦了，尚结赞继续落井下石，到处向别人表达对马燧的感激之情，说当初要不是他放自己一马，自己哪能有命回吐蕃。

李适正为这事儿恼火呢，总要找个罪魁祸首啊，那马燧自然是最抢镜的，并且他确实难辞其咎，这样一来君臣之间便产生裂痕。

李泌看到这裂痕之后不能不管啊，找了个机会和李晟、马燧、柳浑一起去见皇帝。

君臣几人东拉西扯说些工作上的事情之后，李泌话锋一转对李适说道："臣想与陛下约定一件事情。"李适当即表示凭咱俩这关系有啥话请讲当面，还用吞吞吐吐嘛。

李泌也不客气，张嘴说道："希望陛下不要加害有功之臣！"

对于这话，李适甚是不解，他对李泌一直推心置腹，从来没有过任何其他想法。李泌接着说道，"我深受陛下恩典，不会有丝毫担心，我是担心李晟、马燧等人，他们都为大唐立过巨大功劳，现在却时不时地有各种流言蜚语，虽然陛下不会相信，但我怕上演'三人成虎'的悲剧，因此当着陛下和李晟、马燧的面把这事说清楚，希望陛下能一如既往的英明，也希望二位将军不要心存疑虑，大家能够以诚相待，大唐方能长治久安。"

很多事情就是这样的，如果都憋在心里不说出来，甚至刻意回避，反倒容易弄出乱子，如果能够开诚布公讲出来，很多问题根本都不算问题。

李适表示一定遵守这个约定，李晟和马燧当场热泪直流，再次表达自己绝对忠心无二。

君无戏言，李适表示遵守约定绝不辜负李晟和马燧，那李、马二人便可高枕无忧，但李泌自己不在这个约定范围之内，他的安危谁来保障？

俗话说：伴君如伴虎。再好的驯兽师都有被老虎咬伤，甚至咬死的风险！

更何况这位大臣为国为民已把自身安危置之度外。

不过读者可能会想："什么样的事情能威胁到李泌的安危呢？"

这个世界上可能真的没有让李适想处理李泌的事情，除了太子的问题之外。

敢直接惦记皇位的人并不是很多，但间接惦记皇位的人可不少，历朝历代都是如此，太子几乎永远都是斗争的焦点。

太子李诵宽厚仁德，忠孝双全，这样合格的太子绝对是太子中的楷模，当初，李适被泾原乱兵赶出长安城的时候，李诵手提宝剑亲自殿后，让大家安心逃命，坚守奉天之时他再次身先士卒带头杀敌。这样优秀的太子仍然遭人排挤，李适这个糊涂蛋还真的动了更换太子的念头。

李泌跟李适商量国家政策、军队管理、税收制度等方面的问题时，李适都能从谏如流，但说到太子问题之时，他立刻就换了一副嘴脸。

公元787年8月，李适把李泌叫到身边，跟他说起一件事，其实这事也没多复杂，就是李诵的一个媳妇——萧妃——家里人生活不检点，惹怒了李适，李适大骂李诵，李诵吓得不知如何是好，要求跟萧妃和离。说完这事，李适继续说道，"舒王已经长大成人，心胸宽阔，待人谦和，可以册立。"

李适刚把话说到这，李泌立刻将其打断，直接说道："陛下怎么可以怀疑儿子，而想着去册立侄子呢？"

"谁告诉你舒王是朕的侄子？！"这话简直就是吼出来的，以往李适从来没有用这样的态度对李泌说过话。

李泌并未慌张，依然还是那副不温不火的样子，答道："这是陛下亲口告诉我的。"

舒王李谊并不是李适的儿子，而是他弟弟李邈的儿子，李适很喜欢这个侄子，将其认作儿子，绝大多数外人并不知道此事。

李泌不管李适已经暴跳如雷，继续说道，"陛下连自己的亲儿子都信不过，怎么可能信得过侄子呢？"

李适是越来越生气，简直到了抓狂的地步，他对李泌说："你这样跟朕说话，难道不在乎自己家人的安危吗？"

李泌答道："正是因为在乎自己的家人，所以才如此说话，臣不能因为陛下生气就把该说的话咽进肚子里，等到陛下消气之后该怪我身为宰相却不尽职尽责。如果陛下再杀了我的儿子，让我的侄子做我继承人，那还真没法保证将来他会一直祭祀我。"

说完之后，李泌终于不那么不温不火，而是流下眼泪。

这时，李适也有些醒悟，哭了起来，边哭边说："事情闹到这个地步，朕该如何是好呢？"

李泌一看转机来了，赶忙把以往一些太子和兄弟之间斗争的事情翻出来说了个遍，尤其格外强调自己当初跟代宗李豫说《黄台瓜辞》的情形，当说起这事的时候，李适自然心存感激，当初要不是李泌极力维护，他李适别说当皇帝，就连能否活到今天都是未知数。

李适态度缓和下来之后问李泌："这是朕的家事，跟你没什么关系，为何还要如此直言不讳地跟朕争辩？"

李泌答道："天子以四海为家，臣身为宰相，四海之内的事情都是臣该管理的事情，何来家事、国事之分！"

李适想了想觉得这话在理，也不生李泌的气了，表示自己好好想想，

明天再做决定。

该说的李泌都说了，但他还是格外强调了一下，皇帝对于太子的问题不能有丝毫动摇，否则，太子就危险了。

回到家后，李泌对家里人说："唉！我本不喜欢这世俗的荣华富贵，偏偏造化弄人，让我高居宰相之位，现在可能还会连累到你们。"

太子李诵知道此事后派人跟李泌表达自己的想法："如果事情真的到那步，我绝不会让大家难办，毒药都准备好了，到时我会自行了断。"

李泌连忙派人安慰太子，让他安心做好本职工作，要相信皇帝能够处理好这件事情。

过了一天，李适单独召见了李泌，没等开口已是老泪纵横，拍着李泌的肩膀说："若不是你冒死相劝，说不定朕现在已经做出无法挽回的事情！从今以后，所有朝廷大事朕都要与你商量。"

李泌可不喜欢这样的日子，这次是逃过一劫，但谁能保证以后皇帝会不会手一抖把他给咔嚓了呢，于是，趁机跟李适说自己想要退休。

李适当然不会让他退休，而是对他更加宠信，大事小情都会找他商量。

耿直的农民

就在李适因太子问题而烦恼的时候，吐蕃再次大举进犯，不到一个月的时间已经深入大唐，军营足足连了几十里。

不过，李适收到的也不都是坏消息，同时也有好消息传来，回纥的合骨咄禄可汗多次想跟大唐和好，请求通婚，但李适一直不同意，他跟回纥的仇是刻在骨子里的。各位应该还会记得，当初李适当太子兼天下兵马大元帅的时候跟回纥牟羽可汗联手对付内乱，牟羽当众羞辱李适，当着他的面鞭打大唐高官，致使魏琚、韦少华含恨而死，这事李适一直无法释怀。

眼下大唐的局势很不乐观，不但对付吐蕃吃力，战马也严重短缺，李适便向李泌寻求良策。

说到良策，早就在李泌腹中，只不过时机不成熟不能说，现在时机终于成熟，他便对李泌说道："北面跟回纥搞好关系，南面跟南诏搞好关系，西面与大食和天竺搞好关系，这样可以从回纥那解决战马的问题，而且吐蕃被孤立起来之后自然没办法再掀风浪。"

李适想了想，答道："除了回纥，全听你的。"

李泌提出的建议绝大部分被采纳，但他依然不满意，说道："另外那三个还好说，回纥才是我这建议的关键环节。"说完这话之后，李泌继续说道，"我知道陛下放不下二十多年前的屈辱，但身为宰相该说的话臣一定不能回避，况且，那事儿也不是不能提起的，当初杀韦少华等人的是牟羽，后来合骨咄禄可汗把牟羽给杀了，这么看来还是合骨咄禄帮咱报了仇，咱跟回纥之间也就不应该再有仇恨。"

在接下来的一段时间里，李泌几乎每次见到皇帝都说回纥的事，说了十几遍之后，李适终于准备不计前嫌接纳回纥，但还是过不去心中那道坎，他对李泌说："朕知道你让朕跟回纥和好是正确的做法，只是朕实在不忍心辜负韦少华等人啊！"

李泌苦口婆心发表长篇大论，终于说服李适与回纥和好。

不久，回纥可汗派来使者自称儿臣，同意李泌跟他们约定好的多件事情，这些事情都是对大唐有利的。李适看着儿臣的使者非常高兴，便问李泌："为何他们肯臣服于你？"

"回纥臣服的不是我，而是陛下，陛下英明神武，他们自然就会臣服。"这个时候李泌当然不会把功劳揽在自己身上。

处理完回纥的事情之后，李泌又开始策划与南诏、大食和天竺修好，这几个地方都比较容易搞定，南诏地区一直是附属于大唐的，大食和天竺跟大唐也没什么矛盾，大唐长期处于绝对强大的位置，他们也都愿意跟唐朝交好。

吐蕃很难靠谈判搞定，毕竟人家兵强马壮，物资又不丰富，当然要用自己的优势弥补自己的不足，隔三岔五就拉支队伍到大唐来抢钱、抢粮、抢女人，大唐除了被动防守之外别无良策。

大唐西部地区百姓日子很不好过，长期受战乱影响，其他地区还好，这几年粮食连续大丰收，朝廷也启动相应方案，避免谷贱伤农的事情发生。

在这个大背景下，李适终于可以抽出时间娱乐一下。

公元 787 年 12 月，李适带着群臣到新店打猎，打猎之余到一个叫赵光奇的农民家做客，那个时候的人们比较傻，不知道提前安排，相关部门并没有提前通知赵光奇，当然这个农民面对皇帝的时候也就没有稿子可背。

当李适问赵光奇"老百姓们都幸福吗"的时候，得到的答案竟然是："不幸福！"

李适先是觉得没面子，又感到纳闷儿，继续问道："庄稼连年丰收，为何不幸福？"

没想到这个姓赵的农民丝毫不给皇帝面子，叽里呱啦抱怨了一大通，并且抱怨的都是客观事实，几乎没有掺杂个人主观因素，这个农民抱怨完之后还不忘总结一番："每次颁发诏书都说为改善百姓生活，实际上大多数不过是一纸空文而已！真正落实的并不多，老百姓过这样的日子有何幸福可言！另外，这些情况陛下都不知道吧？因为陛下身居深宫，怎能了解民间疾苦！"

（《资治通鉴》记载，上畋于新店，入民赵光奇家，问："百姓乐乎？"对曰："不乐。"上曰："今岁颇稔，何为不乐？"……"愁苦如此，何乐之有！每有诏书优恤，徒空文耳！恐圣主深居九重，皆未知之也！"）

李适听完赵光奇的抱怨，并未责罚，而是免掉其赋税，还格外赏赐一些财物。

为君难，为臣不易

并不是所有农民都像赵光奇这么不懂得讨皇帝欢心，公元 788 年，咸阳一个百姓历尽千辛万苦终于有机会跟皇帝说上一句话，他说："我看见白起了，他让我转达给陛下一句话：'请让我替大唐驻守西部，吐蕃很快便会大举入侵，我一定帮助朝廷打退敌军。'"（白起是战国时期著名军事家，战国四大名将之首。）

没过几天，吐蕃还真来骚扰边境，边境将领拼死杀敌，才没让吐蕃深入大唐腹地。

缺心眼儿的李适并未表彰英勇杀敌的将士，而是把这功劳记在白起头上，准备在京城为白起建造祠庙，再追封他个大官。

李泌知道这事儿之后必须出来阻止啊，身为正直的宰相，咋能让皇帝丢这个人呢，他对李适说："将士用鲜血和生命立下功劳得不到奖励，反倒把这奖励给一个死了一千多年的人，陛下是怕边疆将士不够心寒吗？另外，白起是诸侯国的将领，不是周朝将领，所以不能封他三公这么高的职位，给个兵部尚书足矣。除了这个之外，陛下在京城修祠庙大肆祈祷，会滋长民间不正之风。"

李适不以为然，竟然笑嘻嘻地跟李泌说："白起已经死了一千多年，你还舍不得给他个官儿啊？"

李泌严肃地答道："人和神都是一样的，如果陛下不珍惜官位，那人家也不会以得到官位而骄傲自豪。"

最终还好，李适听从了李泌的建议，但李泌仍然不想继续当官，最近跟皇帝的冲突越来越多，于是，他再次严肃地提出致仕的问题。

李适也不直接说不让李泌致仕，而是说还没合适人选，说完之后又开始讨论起自己在位期间的诸位宰相，讨论到卢杞时，李适说道："卢杞这人真不错，清正廉洁，忠心耿耿，能力超强，大家都说他是大奸大恶的坏人，我觉得他真的是大仁大义的好人啊。"

听完这话，李泌答道："陛下，全天下的人都说卢杞大奸大恶，偏偏陛下看不出他大奸大恶，这正是他大奸大恶的表现啊，他欺瞒不了天下，偏偏能欺瞒陛下。如果没有他，过去的很多灾难都是可以避免的。就拿李怀光来说吧，要不是卢杞排挤，李怀光也不见得就真的造反。另外还有四朝元老颜真卿若不是被卢杞算计送到李希烈那里，应该也能得到善终。"

除了这些之外，李泌又列举了其他一些关于卢杞的例子，李适仍然不服，竟然说道："卢杞就是对朕好，朕说啥他就听啥，就做啥，从不反驳，难道这还不算大忠臣吗？"

听完这话，李泌当即把孔子请出来给李适上了一课。

《论语》中有这样一段记载：

定公问："一言而可以兴邦，有诸？"孔子对曰："言不可以若是其几也。人之言曰：'为君难，为臣不易。'如知为君之难也，不几

乎一言而兴邦乎？"曰："一言而丧邦，有诸？"孔子对曰："言不可以若是其几也。人之言曰：'予无乐乎为君，唯其言而莫予违也。'如其善而莫之违也，不亦善乎？如不善而莫之违也，不几乎一言而丧邦乎？"

鲁定公是当时鲁国的国君，他问孔子："是否能有这样一句话，就是应用这句话来治理国家能让国家兴盛、繁荣富强。"孔子答道："不可能有这样的话，但有类似于这样的话。有人说：'当国君难，当臣子的也不容易'。如果知道了做君的难、做臣子的也不容易，用这样的态度治理国家，国家就一定会繁荣富强。"鲁定公又问："是否能有这样一句话，就是应用这句话来治理国家能使国家灭亡。"孔子回答说："不可能有这样的话，但有类似于这样的话。有人说：'我并不是真的喜欢当国君，我之所以当国君是因为我说的话没人敢违抗，这样很威风啊。'如果说得对而没有人违抗，当然没问题，但如果说得不对也没有人违抗，那怎么能治理好国家呢？用这样的态度治理国家，国家就一定会灭亡。"

听完李泌讲的这些大道理，李适终于算是明白了，并且作出总结性发言："你说得还真对，如果朕作出英明决定的时候，你就立刻高高兴兴接受，如果朕作的决定很糊涂，你就显得很着急、很忧伤，并且特别坚决地反对我，事后朕一琢磨才发现你的逆耳忠言才会使得大唐长治久安。"

晚节不保

公元788年5月，吐蕃三万大军进犯唐朝，在泾州、邠州、宁州、庆州、鄜州等地抢走数以万计的人口和牛羊。

几个月后，吐蕃再次进犯，这次他们想多抢点东西，足足派出十万兵马，同时还从南诏征调部队。不过这次他们的如意算盘落空了，因为南诏不想再给他当鹰犬，再加上几个月前，南诏王异牟寻已经派他手下的几个王爷到大唐打探情况，李适热情款待了几个蛮王，赏赐丰厚，经过此次试探，异牟寻心中已拿定主意——跟大唐搞好关系，但他仍然不敢公开跟吐蕃翻脸，吐蕃征调人马，他也派出数万人远远地跟着。

剑南节度使韦皋了解到异牟寻心中尚有顾虑，决定帮他一把，于是写了一封信，信是写给异牟寻的，但特意送到吐蕃人手中，吐蕃本就信不过异牟寻，看了这信之后就更不踏实了，怕自己正跟唐朝拼命的时候异牟寻在背后捅刀子，不得已分出两万人马驻扎在异牟寻和大唐之间，异牟寻立刻就明白这是吐蕃用来防备自己的，关系搞到这个程度就再没什么可犹豫的了，当即跟吐蕃翻脸，带着将士掉头就撤。

跟吐蕃闹翻的不止南诏，之前李泌制定的对付吐蕃的策略中回纥是关键，这个策略执行得非常理想，大唐和回纥顺利和亲，回纥请求将名字改为回鹘，更改的不仅是名字，还有他们的态度，回鹘可汗对大唐的恭敬程度前所未有，以儿臣自称，他知道汉族有句俗话叫"一个女婿半个儿"，这半个儿要表达孝心，此刻最好的方式就是痛打吐蕃。（《资治通鉴》记载：今为子婿，半子也。若吐蕃为患，子当为父除之！）

回纥是行动派，那些好话可不是说给大唐听听就得了的，他们大骂吐蕃使者，宣布从此绝交。

吐蕃军的士气和实力都大大削弱，但队伍已经开出来了，总不能空手回去吧，不过这样硬着头皮打仗还真不如不打，几乎派出去的每一路兵都被打得大败。

在接下来的几年里，吐蕃一直规模或大或小地发起战争，多次跟回鹘交手，虽然互有胜负，但整体来说吐蕃还是吃亏多、占便宜少，甚至酋长尚结心还被回鹘生擒活捉送给了李适。

异牟寻那边态度一直暧昧，但也越发明朗，跟吐蕃矛盾越来越有摆在桌面上的趋势。在这过程中韦皋发挥出很大作用，他隔三岔五就给异牟寻写封信，陈述利害，搞得异牟寻迫切希望跟大唐站在一条战线上。

（经过几位官员的长期努力，异牟寻重新回归大唐怀抱。公元794年，异牟寻派他的弟弟来到长安，献上地图，把吐蕃授予他们的金印也交给朝廷，这事终于取得圆满结局。）

这样的事情令李适无比舒畅，但也有极度郁闷的事情。李泌年纪大了，身体也不是很好，多次表示要辞掉宰相职务，李适看出来李泌时日无多，于是让他推荐接班人，李适看好的是户部侍郎班宏，李泌认为班宏虽然清正廉洁、勤勤恳恳，但做事过于拖泥带水，不适合当宰相，否定班宏也就罢了，令人万万想不到的是英明一世的李泌竟然晚节不保，

推荐窦参当宰相，史书对窦参的评价是"刚果峭刻，无学术，多权数""阴狡而愎，恃权而贪"，并且他还结党营私，把亲信安插在各个重要岗位。

当然，这些情况李泌是看不到的，他于公元789年3月驾鹤西游，虽然他在为官期间有些小的过失，并且最后推荐了不靠谱的人当宰相，但这些都无法掩盖这位四朝元老的卓越功勋，后世对李泌的赞誉并不是很高，因为他崇尚玄学，虽不炼丹，但一直修道，喜欢谈论些神仙妖怪一类的事情，这些都是为儒家文化所不齿的，因此对其在政治方面的贡献也有所忽视。本书前文中有过不少关于李泌的描写，这里不再赘述。

李泌推荐的窦参实在不是一位合格的宰相，阴险狡诈、独断专权、视财如命，借助职务之便暗中指使侄子窦申收受贿赂，而且还是大张旗鼓地这样干，甚至都传到李适耳朵里，李适不想因为这事就把宰相处理掉，只是提醒窦参让他管管侄子，窦参并未理解皇帝的苦心，反倒拍着胸脯打包票，说侄子肯定不会做出对不起皇帝的事情。这样一来窦申更是无法无天，竟然把矛头指向陆贽，陆贽跟李适的渊源可太深了，那关系也就仅次于李泌，当李适得知陆贽挨欺负之后立刻下令彻查窦申，很快这个犯罪团伙就被揪了出来，一群高官被贬，涉案严重者还被处死。

没过多久窦参也被贬出京城。

宰相与法

窦参被贬之后，大唐终于迎来一位合格的宰相。公元792年4月，李适任命尚书左丞赵憬和兵部侍郎陆贽担任中书侍郎、同平章事。

陆贽上任之后为大唐选拔贤才，他让中书、门下和尚书三省的领导推荐自己管理的官员，把那些人的名字记录下来，以便日后提拔或者贬谪，李适欣然接受这个建议。但是，没过多久，有人就跟李适反映说推荐官员的时候有人徇私舞弊、弄虚作假，甚至还收受贿赂，李适听说这情况之后便找了个机会跟陆贽说："以后官员升降这事还是你亲自把关为好，不要让下面那些人来办了。"

陆贽一听李适的话就明白怎么回事了，再加上他也听到类似传言，于是给李适呈上奏章，详细论述官员升降的问题，各种情况的利弊一一作了对比，最后结论就是：选拔官员过于慎重和细致那么就会错失很多人才。

陆贽对皇帝绝对是尽心尽力，他对百姓怎么样？真正考验他良心的时刻很快就到了。

公元792年7月，河南、河北、江淮等多地闹水灾，淹死两万多人，陆贽请求皇帝派人赈灾，李适却说："听说损失不严重啊，朕派人安抚的话肯定会有刁民出来欺诈，骗取朝廷钱财。"

陆贽听完这话真是无言以对，身为皇帝咋能置百姓生命财产于不顾，身为宰相就算无言以对也得对啊，不能任由皇帝作孽，陆贽耐心地对李适说："救济灾民是会花些钱财，但可以得到民心。'财散则人聚，财聚则人散。'如果天下归心，老百姓能一心一意为大唐，那皇帝又何愁国库空虚呢？"

李适一听有道理，决定派人前去赈灾，但不都赈，淮西不赈，因为淮西好多年不向朝廷纳贡交税，所以不管他们的死活。

听完李适的赈灾对象，陆贽再次十分无奈地对他说："陛下为停止内战已经宽容了很多犯上作乱的将领，对于那些本就深受其害的老百姓更应该格外关爱，身为一国之君，如果连这点容人之量都没有，怎能领导好大唐？"

李适听完面红耳赤，安排人手到受灾地区安抚百姓，发放救灾物品。

李适和这个宰相配合越来越默契，宠爱之情溢于言表，甚至还派人告诉陆贽："以后说到大事的时候别当着赵憬的面说，咱俩私下商量就行。另外，你这人太清正廉洁，廉洁得有些过了，别人送你金山银山你不收也就罢了，别人送你点儿土特产或者小玩意儿什么的还是可以收下的嘛。"

李适这样说是对陆贽好，但想当一名名垂青史的宰相的陆贽并不领这个情，他对李适说："赵憬也是宰相，这些工作都是他该知道的，陛下要想治理好国家就要有无私的品德，不能因为个人好恶而对大臣有亲疏之分。另外，身为官员而收受贿赂是绝对不能容忍的，按照目前法律规定，收到的财物如果折合成布帛能达到一尺，那便要追究法律责任，一般官员尚且要遵守这条法律，何况我这做宰相的呢？宰相是官员的表率，法律只能对宰相等高官更严格，而不应该打折扣。陛下说如果行贿

【第三章】后劲乏力

之人送些土特产可以接受，那慢慢就会发展成金银珠宝，收人家东西跟人家有了交情，那人家求我办事我不就得徇私枉法嘛！如果官员都这样，国家岂不要遭殃。"

陆贽不但是这样说的，而且也是这样做的，可以说是古往今来各位官员的表率。陆贽不贪财，那是否拉帮结派，打击异己呢？这要拿窦参做个例子，看看陆贽到底是什么表现。

窦参被贬之前坑害不少同僚，被贬之后自然成为被报复的对象，并且他不会审时度势，已经落难还不知夹起尾巴做人，有人给他送礼还敢收，并且一收就收了足足五十匹绢帛。他这五十匹绢帛还没等捂热乎呢就被举报了，李适很生气，后果很严重，严重到要砍窦参脑袋的程度。陆贽跟窦参不是一路人，也看不上这种人，但陆贽要维护的是律法，不能因为皇帝的个人感情而破坏律法，最终在他的据理力争下，窦参才保住性命。（按照当时法律规定，官员受贿五十匹绢帛还到不了死罪的程度。）

李适没有杀窦参，但心中已经容不下他了，派人对陆贽说："窦参不是好东西，曾经身为宰相，朋党甚多，可能有不臣之心，关系到国家安危，你应该尽快收集证据把他办了。"

陆贽打心眼里讨厌窦参这样的奸佞之臣，但他不能因为皇帝和自己讨厌这样的人就把人给办了，因此，他这样给李适回答道："不管怎么说，窦参都是朝廷命官，杀他必须名正言顺，不能稀里糊涂地就动刀子，当初处死刘晏时罪名就不清晰，直至今日仍然是大家茶余饭后的话题，实在有损朝廷声誉。全天下人都知道窦参阴险狡诈、贪婪成性，但说他有不臣之心，这个实在没有根据，如果在这种情况下定他重罪，处以极刑，恐怕又会成为话柄。臣跟窦参没私情，也互相看不顺眼，这个陛下是知道的，臣之所以说这些话只是不想看到朝廷犯错误。"

李适听完陆贽的想法，思考良久，最终决定依法从事，按照相关规定贬了窦参的官。

不过，窦参得罪的人实在太多，并且不顾法律尊严想要顺着皇帝意思办事的大臣也太多，宫内、宫外无数人嚷嚷着应该处死窦参，陆贽为首的少数派最终没能捍卫律法的尊严，李适终于在窦参被贬的路上下令将其处死，又乱棍打死窦申，此案就这样不明不白地画上句号。

好人之所恶

公元793年，陆贽再次上疏讨论边疆防御问题。之所以讨论这个问题，是因为这些年边疆就没消停过，并且一直处于被动挨打的状态，论国力的话，大唐确实远强于那些前来寻衅滋事的吐蕃等，因此，陆贽才会写封奏疏论述其中道理。奏疏大概内容如下：

首先，要从自身找原因，这永远都是解决绝大多数问题的关键所在。我们的士兵为何战斗力低，热情不高？是因为我们的分配制度有问题，士兵们受到不公平待遇，只顾着怨恨朝廷，哪有心情奋勇杀敌。分配制度有问题的主要原因是朝廷对地方控制力大幅度下降，颁布的很多法律无法得到有效执行，奖惩无法落实，有功的得不到奖励，有罪的不会受到惩罚。另外，兵源是个很大问题，来自关东地区的士兵不愿意到边疆去，被强行安排到那之后无心打仗，很多士兵还是犯了罪被流放过去的，本就是打家劫舍、偷鸡摸狗之徒，哪能有保家卫国的觉悟。所以我们的边防脆弱，敌军一来多数防线就崩溃了。

其次，看看我们边疆的将帅，有担当的没有几个，有功劳都出来争，有责任就互相推诿，不管打不打仗只知道跟朝廷伸手要钱，不管朝廷给他们多少钱都不知足，还要压榨当地百姓，当地百姓苦不堪言。这些无良的将帅领导不好手下也不容易被领导，每当吐蕃打来的时候，他们就各自为战，兵力分散又不能互相协调。再看看吐蕃那边总兵力跟我们根本没法比，但人家大部队杀出来，打我们的零散部队还是占优势的。兵力分散，得不到有效整合是我们长期吃亏的另外一个重要原因。

针对这些问题我们要有相应策略，那就是要从根本上把军事大权掌握在皇帝手中，任命合格的将帅，严格落实合理的奖惩制度，再从一些细节上入手不断提高边防力量，这样国家才会长治久安。

李适知道陆贽发表的长篇大论很有道理，但并未采纳，这就是一个普通皇帝跟明君的差别所在，因为很多事情做起来很辛苦，大多数人不想费劲，也不想吃苦，因此只能一事无成。

陆贽一直在劝皇帝应该勤勉，也有大臣想方设法让皇帝堕落。人们的内心总是分裂成两部分，这两部分一正一邪，正的部分代表善，具有积极进取、奋发图强的特征；邪的部分代表恶，具有自甘堕落、贪图

安逸的特征。然而，自然规律恰恰就是那么的奇怪，人与自己的善在一起的时候往往很辛苦，人在与自己的恶在一起的时候往往很舒适。因此，很多人都会让自己舒舒服服地培养着恶习，开开心心地堕落着。

皇帝是人，也逃不出这个自然规律，尤其是像李适这样一个比平庸强点儿不多的皇帝。户部侍郎裴延龄想方设法地把国库里的钱和老百姓兜里的钱转移到皇帝的小金库中，让皇帝享受物质的极大丰富。李适吃饱喝足又玩得极其开心，对裴延龄更是宠爱有加。

左补阙权德舆可不管裴延龄红得发紫，当着李适的面细数裴的过失，并提出相应建议，安乐窝中的皇帝既看不到裴的过失，也不想采纳忠臣的建议。

裴延龄让李适如此痴迷，那他是不是有何过人本领呢？其实，说起来也并没有什么特殊的，跟绝大多数奸佞之臣一样，只要有两件法宝便能升官发财前途无量：第一件法宝是伺候好皇帝；第二件法宝是污蔑同僚。

在这分别举几个例子，看看裴将法宝应用得如何。

裴延龄对李适说："从今以后再有官员出现空缺，先不要急着选拔新人，可以把该岗位的俸禄省出来留着陛下自己花。"多么令人发指的建议啊，俸禄是省了，但该有的官员不到任，朝廷能正常运转吗？

还有一次，李适准备修建寺庙，需要五十尺长的木材，有关部门找了半天也找不到合适的。这时，裴又说了："我刚刚在一个山谷中发现有数千棵大树，各个都有八十尺长。"李适一听就纳闷儿了，问道："不对啊，几十年前京城大兴土木找遍了周边州县，没有发现这么多好木材啊？"当初没有发现那些木材应该是相关人员疏忽了，但裴不能这样说，他说的是："天下珍宝要遇到圣明君主才会现世，否则即便就在眼皮底下大家也看不到的。"这话虽然听着好听，但傻子都能知道是在瞎扯，李适不是傻子，他知道这是瞎扯，不过仍然爱听。

李适知道裴能瞎扯，仍然重用，这就是因为裴的第二件法宝，他没事就跟皇帝说些各位大臣的负面新闻，当然大多数都是假的。李适可不管真假，他生性多疑，谁都信不过，特别喜欢从裴那里打听一些上至王公贵族下至州县官员的事情，裴也因此得以重用。

有些读者看到这里可能会笑话李适缺心眼儿，可是您想想从古至今都不缺这样的人，他们喜欢下属天马行空一样的拍马屁，也喜欢下属关上门跟他打同事的小报告，这些像裴延龄一样的人升迁速度绝对令人咋舌。

几年下来，裴延龄的势力已经非常壮大，群臣怕而远之，都不敢跟李适汇报实情，还好以陆贽为首的包括盐铁转运使张滂、京兆尹李充、司农卿李铦等在内的正直大臣从来不畏惧奸邪，他们频频向裴发动进攻，遗憾的是，这只能证明"邪不胜正"这句俗语不是放之四海而皆准的。渐渐地，陆贽这位一向深受皇帝器重的宰相也失去他的地位。李适见到陆贽之后越来越感到头疼，见到裴之后这种头疼感迅速消失。终于，在公元 794 年底，陆贽被贬为太子宾客，结束宰相生涯。

裴延龄对这样的结果并不满意，继续做工作，并且很快就见到成效，转过年来，陆贽、张滂、李充、李铦等人均被贬出京城。

可以说裴延龄在欺骗皇帝、打击大臣方面以绝对优势胜出，人世间已无对手，但他再厉害最终也得覆于黄土之下。公元 796 年 9 月，裴延龄病死榻上，当这个消息传出裴家之后，大唐上下锣鼓喧天、鞭炮齐鸣，朝廷内外喜气洋洋，但也有一个人感到很悲伤，这人既不是裴家子孙，也不是裴家亲友，而是当今皇帝——德宗李适。

这是一个多么有个性的皇帝啊，自以为英明神武，但总与天下背道而驰，大唐有这么个皇帝难道还能兴盛吗？

《大学》中有这样一句话：好（hào）人之所恶（wù），恶（wù）人之所好（hào），是谓拂人之性，菑（zāi）必逮夫身。

这句话的意思是：喜欢大家所厌恶的，厌恶大家所喜欢的，这是违背人的本性，灾难必定会落到他的身上。

有人可能会觉得李适也没遇到什么灾难啊，不是当着皇帝呢吗。

李适能当皇帝最主要原因是他是先皇的大儿子，名正言顺的太子，至于皇帝当成什么样这个还用我说嘛？两次被赶出京城，大唐走下坡路的趋势不但没得到遏制，反而加剧。

客观来讲，李适确实有他的优点，在诸多优点中最大的优点就是善良，这应该也是为何他经过几次大起大落，还能在长安当皇帝的一个最重要的原因吧。

前文中提到过一个农民赵光奇，这里还要再提一个无名无姓的卖

柴农，提这农民之前需要稍微介绍一下背景。

当时皇宫的采购员均为太监，他们到市场上打着皇帝的旗号强买强卖，价钱就更不用说了，心情好就给几个大钱，心情不好就不给，这群太监到市场之后四处张望，然后白白拿人家东西，因此得到一个雅号——白望。

这一天，一农民用驴拉着木柴到市场来卖，十分倒霉地遇到"白望"。"白望"一眼就望见这头小毛驴，拿走木柴还不肯罢休，非要把驴也据为己有，农民哭哭啼啼地讲述家中情况："我上有父母，下有儿女，中间还有老婆，一家子人等着吃饭呢，现在木柴白白送给你们我也认了，但这驴是我的命根子，没了驴还怎么过日子啊！"可怜的农民哀求半天，丝毫无法打动铁石心肠的"白望"。被逼无奈的农民暴打了太监一顿，准备逃跑的时候被官差给抓个正着。

看到这里，各位可能会想起白居易的一首诗——《卖炭翁》！

卖炭翁，伐薪烧炭南山中。

满面尘灰烟火色，两鬓苍苍十指黑。

卖炭得钱何所营？身上衣裳口中食。

可怜身上衣正单，心忧炭贱愿天寒。

夜来城外一尺雪，晓驾炭车辗冰辙。

牛困人饥日已高，市南门外泥中歇。

翩翩两骑来是谁？黄衣使者白衫儿。

手把文书口称敕，回车叱牛牵向北。

一车炭，千余斤，宫使驱将惜不得。

半匹红绡一丈绫，系向牛头充炭直。

这个卖柴的农民运气比"卖炭翁"好，他的案子闹到李适那里，李适十分同情他，严惩那群太监，赐给农民十匹绢帛。

对于这个个案来说，李适处理得无可挑剔，但他并未从制度入手，改变"白望"横行市集的问题，只能说他是个有同情心的好人，绝不能说他是个明君。

事情说到这里难免引出一个无法回避的问题——小贩为了自身合法利益，能否殴打无良官员？（请大家注意，小贩和官员分别加了定语——"合法"和"无良"，对于官员的正常执法大家当然应该拥护。）

这个问题在此讨论并不合适，但我想李适作为一个极好的反面教材还是应该被利用一下的，他这个反面教材告诉我们：如果不从制度上进行改革，那么一定会有无良的官员侵犯合法的小贩。

人才流失

李适不断地犯着糊涂，任用的宰相多是奸佞之臣，大唐形势又在朝着混乱的方向发展，地方藩镇割据情况再次加剧，划地为王者比比皆是，虽然有些人没有划地为王，但也视朝廷命令如无物，地方军队发生哗变、叛乱的数不胜数，有些偏远一点儿的队伍甚至闹哗变闹成习惯，士兵只要对将帅有些不满意便杀死或赶走主帅，然后拥护一个大家看好的，很多高级将领的任命都不是出自李适之手。

不过，就算把任命官员的权力都让李适行使，他也行使不好。大唐并不是没有人才，且不说民间，即便是朝廷内部也有不少人才，当初有个叫阳城的风流才子被任命为谏议大夫，他上任一段时间后毫无建树，只知道整天饮酒作乐，大家都认为此人不过是徒有虚名。然而，当陆贽等人被贬的时候，没有一个大臣敢大声出气儿，全都吓得往后缩，只有阳城挺身而出，据理力争。正在气头上的李适怎会把一个小小的谏议大夫放在眼里，准备连他一起收拾了，还是太子李诵出面帮忙，阳城才能平安无事。经过这次事件之后，阳城并未被李适吓到，依然做着他该做的事情。

当时阳城最应该做什么事呢？

对抗裴延龄，不能让这样的奸佞之臣扰乱朝纲。

陆贽都对付不了的人，一个小小的谏议大夫必然也会败下阵来，阳城没扳倒裴延龄，反倒得罪了皇帝。

公元 798 年，一个叫薛约的人因为言辞不当被贬到连州，薛约一

直把阳城当成自己的老师，阳城也不会辜负学生。他亲自把薛约送出城外，这样一来，阳城便被定义成罪犯薛约的同党，被贬为道州刺史。

阳城到了道州之后爱民如子，他看老百姓生活艰辛，便在收税的时候放松政策，税收不能按要求完成，多次惹来观察使的责备，没想到这个阳城相当有个性，他在官员考核表上这样写道："爱民如子，心神憔悴，税收难以完成，政绩低劣，考核成绩为下下。"[《唐盛唐衰（贰）：贞观长歌》中曾简单介绍过官员考核制度，下下为不合格。]

观察使知道后鼻子差点被气歪了，派判官前去责罚，顺便督促快点儿征税。等判官到道州时，阳城竟然不在衙门里迎接，而是把自己关进监狱，在囹圄之中恭候判官大驾。刚好这个判官也是有良心、明辨是非之人，听说阳城把自己关起来之后，连忙跑到监狱去拜见，并且说："您爱民如子，考虑百姓生活才无法完成征税，您哪有过失啊！我来这里是给您请安的。"

这个判官在道州待了两天一看也没啥结果，只好回去交差。

观察使也很无奈，只好再派别的判官去道州，结果这个判官更夸张，连道州都没去，直接带着老婆孩子消失在人海中。

在当时，像阳城这样的人虽说不是非常多，但也还是有一些的，监察御史韩愈跟阳城一样也是把民生放在第一位的人，他给李适上奏疏道："京城周边老百姓生活困苦，请求陛下调整税收办法，等到明年麦子熟了再去征税吧。"李适当时就把奏疏扔到了地上，心想："明年去征税的话，今年我花啥？"于是把韩愈贬到阳山去当县令。

大唐的人才就这样被一个一个浪费掉，不但李适身边没几个好人，就连太子李诵身边的人也都不是德才兼备者，翰林待诏王伾（pī）擅长书法，王叔文擅长下棋，这二人靠书法和棋艺便能在东宫任意进出，跟李诵打成一片。

这二人倒也说不上是坏人，只不过品德一般，又擅长使用手段，尤其是王叔文，靠一些小伎俩取得李诵信任之后，开始暗中干预朝政，例如跟李诵说某人适合当宰相啦，某人适合当将军啦。这些事情都是应该杜绝的，因为这应该是皇帝管的事情，如果太子管了，容易造成极大麻烦，甚至引发宫廷政变，朝廷都不稳定了，那老百姓自然也得跟着吃苦受罪。

王叔文暗中做了一些不该做的事情，但手段比较高明，一直没有被人发现，并且还跟当时一些口碑很好的中、低级别官员打成一片，因为他很看好这些"潜力股"，后来，他确实跟这些"潜力股"干了一番轰轰烈烈的事情。要说王叔文还真有些眼光，从"潜力股"的名单——柳宗元、刘禹锡、吕温、李景俭、韩晔、韩泰、陈谏——不难看出他眼光的独到之处。

柳宗元是"唐宋八大家"之一，著名的文学家、哲学家、散文家和思想家。他的《捕蛇者说》《种树郭橐驼传》《桐叶封弟辨》等作品脍炙人口，流传千年。刘禹锡的作品也是数不胜数，仅仅《陋室铭》一文就足以令其跻身名流。关于这些人会在《唐盛唐衰（伍）：晚唐血泪》之中进行介绍。

王叔文结交了一群盟友，并且还十分隐蔽地铲除异己，他之所以这样做，无非就是想扶持李诵，等太子即位后他便可以大展拳脚实现政治抱负。但往往都是事与愿违，公元804年9月，李诵中风，话都说不了。

太子中风是件大事，人们没想到这事还引发了更大的事。

后劲乏力

公元805年正月初一，诸位皇子皇孙以及各种够级别的皇亲国戚纷纷来到宫中给李适拜年，唯独太子李诵不能来，因为他病得确实很重，说不了话，起不了床。

这让李适无比揪心，一着急、一上火，自己也一病不起，二十几天后，李适驾崩，结束了二十六年的皇帝生涯。

德宗李适即位之初颇有一番中兴的气象，没想到最终竟然后劲乏力，下面让我们回顾一下这位开始让人满怀期待，后来让人大跌眼镜的皇帝。

李适经历过极盛，也经历过衰败，对人生和皇帝感悟颇深，最终受才能所限，只能当个时明时昏的一般皇帝。

李适的少年时期在开元盛世中度过，十多岁后发生"安史之乱"，身为皇子饱受战火洗礼，亲眼看到太爷爷李隆基仓皇逃出长安，看到繁

华的大唐陷入一片火海，也亲身感受着盛唐的倾颓，任何人经历这些都会对他产生重大影响，何况一个皇子呢，更应该在心中无数次暗下决心要重整河山。李适即位后励精图治，把自己的雄心壮志表现得淋漓尽致，唐朝经过多年的混乱终于有了兴盛的苗头，但是，好景不长，李适很快就显露出昏庸皇帝的特征，尤其是"泾师之变"导致他逃离长安，此后开始愈发堕落，通过下面简单的对比可以看出他即位之初和堕落之后的情况。

首先，在生活方面，即位之初的李适无比勤俭，根本不追求奢华，吃的能填饱肚子就行，穿的得体就行，宫中闲杂人等大肆削减，后花园中圈养的动物大量放生。再看看后来的李适，为了把自己的小金库填满简直无所不为，重用那些能为其敛财的大臣，搜刮民脂民膏，令百姓苦不堪言。

其次，在任用宦官方面，李适刚即位便一改以往重用宦官的做法，但"泾师之变"让李适对宦官的看法发生转变，他发现关键时刻那些大臣不给力，竟然调不来一兵一卒，反倒是几个忠心耿耿的大太监带着几百个小太监一路相随，在这之后他便开始重用太监，部分禁军都掌握在太监手中。中国几千年的历史中对朝廷和社会有益的太监只有那么几个，除了那几个优秀太监之外，几乎所有的太监都是变态，而且他们都会将自己的变态带给社会，对国家和百姓产生或大或小的危害。

再次，李适在对藩镇的态度上前后也有极大差别，开始时对割据的藩镇态度极其明朗——绝不姑息，拒绝一切乱臣的谈判，对付他们的唯一方法就是武力铲除，收到极好的效果，像田悦、李纳、王武俊等势力庞大的割据藩镇最终都选择无条件投降。但到后期，藩镇割据再次加剧，很多藩镇的官员都是节度使自己任命的，李适睁一只眼闭一只眼基本不管，当然这也是因为他感觉自己实在没有精力，也没有能力去收拾他们。

除了上述有明显对比的三个方面之外，李适之所以无法实现大唐的复兴还有一个最重要的原因，那就是人才的应用上，自始至终李适在这方面做得都不够好，到后期就更差了。他刚即位时任用的宰相就是一般般的人物，人品方面有明显缺陷，虽然他的身边出现两个难得的人才——李泌和陆贽，但他并未让这两个人才得以充分发挥，陆贽仅当几年的宰相就被贬出长安，得以重用的反倒是卢杞、裴延龄等奸佞之臣。大家都明白一个道理，大到国家，小到单位，决定其发展的就是人才，优秀的人才能够充分发挥出才能，国家就能兴盛，单位就能发展，如果优秀的人才被埋没，一群小人上演着群魔乱舞，国家必然衰败，单位必然混乱。

正是因为李适自己不能明辨是非，用人又出了重大问题，唐朝才会继续走下坡路。

李适也并不是一无是处，他的身上还是有些优点的，例如，他留下了著名的"罪己诏"。"罪己诏"一般是国家出了重大问题之后，皇帝开展自我批评的诏书。李适在被逼出长安之后颁布"罪己诏"，这份"罪己诏"是陆贽起草的，但从中也能看出李适的态度，这对后世有着相当积极的影响。

除了政治之外，李适在诗词歌赋方面也小有贡献，另外，在中医方面还有不错的成就，他亲自编写的《贞元集要广利方》（又称《广利方》）虽没有传至今天，但《旧唐书》等史料中均有记载，被后世多本医书所引用。

这可能就是造化弄人吧，如果李适不是生在帝王家，说不定会是一名神医，但他偏偏就当了二十多年的皇帝，没机会成为名医，也没能医好大唐，甚至还使病情加重，直至几十年后，终于病入膏肓。

后 记

　　"安史之乱"是唐朝由盛转衰的转折点，繁华开始渐渐消退，各种衰败纷至沓来，肃宗、代宗、德宗也都不够英明神武，无法挽救颓势。接下来的皇帝中仅有两个还算不错，其他的要么平庸、要么昏庸，社会中的各种问题越来越严重，唐朝也进入全面的衰败期。

　　衰败的历史并不精彩，也不好看，但有句话说得好——前事不忘，后事之师。细细观察、琢磨、分析、总结衰败的过程及原因，才能让我们吸取经验和教训。晚唐时期，皇族和百姓都很悲惨，之后的几位皇帝，绝大多数都是太监拥立的，这些皇帝大部分时间都受太监的操控，要尊严没尊严，要地位没地位。朝廷昏乱，社会动荡，百姓生活苦不堪言。黄巢起义之后，吃人成为普遍的社会现象，可以说晚唐的历史就是一部血泪史。

　　让我们共同品读《唐盛唐衰（伍）：晚唐血泪》，让这些血泪成为我们最宝贵的财富，以史为鉴，不重蹈覆辙，这也正是一个民族要实现伟大复兴的重要因素。